JN213875

M＆Aと
グループ内組織再編成の
税務

税理士
佐々木みちよ　著　あいわ税理士法人　税理士
齋藤洋祐

中央経済社

はじめに

　「M＆Aの税務と，グループ内組織再編成の税務を一冊で把握できる本」が本書のコンセプトです。

　M＆Aのスキーム検討は，取引対象（株式か事業か），取引対価（金銭か株式か），取引対価の受領者（買収対象事業を行う法人か，その株主か），法的リスクの負担，売手及び買手の税負担，事務負担の軽重など，多くの要素を総合的に勘案して行われます。その中でも，売手及び買手の税負担はスキーム選定の決定打になることが少なくありません。買収後のグループ内組織再編成による課税を見据えた上でM＆Aスキームを検討すべき場合もあります。本書は，M＆Aとグループ内組織再編成における税務の全体像を整理し，読者の皆さまが直面する具体的な事案に当てはめて検討できるように構成しています。

　「第1章　M＆Aの手法と税務」では，M＆Aの手法の特徴とケース別のスキーム選定における重要な着眼点を解説し，実務で広く採用されている株式譲渡，事業譲渡，会社分割，株式交換について，売手及び買手それぞれの税務上の取扱いを詳細に説明しています。

　税務上の取扱いの検討には，所得税や法人税といった所得に対する課税だけでなく，消費や流通に対する課税も含め広い知識が求められます。第1章では，各手法別に，またM＆Aの当事者（売手，買手，売手の株主等）別に税務上の取扱いを整理し，各手法の特徴を比較できる構成にしています。

　「第2章　グループ内組織再編成の税務」では，グループ内組織再編成を行う際に見落としてはならない税務上の論点を解説しています。

　実務上行われる企業グループ内の組織再編成は，適格要件を満たすケースが多いものの，組織再編成を行う法人の事業内容や資産・負債の所有状況，過去の資本等取引，繰越欠損金の発生状況などを十分に確認せずに実行すると，想定外の税負担が生じる可能性があり，慎重な検討が不可欠です。

4

　第2章では，グループ内組織再編成の税務で陥りやすい落とし穴を「大誤算！」として取り上げ，各「大誤算！」の末尾に，そこから得られる「教訓」をまとめています。それらの「教訓」は，筆者自身が20年以上にわたり組織再編成の実務を通じて学び，心に刻んできたものです。その知見を読者の皆さまと共有することが，本書の目的のひとつでもあります。「大誤算！」と「教訓」には，グループ内組織再編成の税務に関し，税目横断的に幅広く役立つ内容を取り上げていますので，まずは気になる「大誤算！」と「教訓」に目を通し，その後に関連する解説を読んでいただくのもお勧めです。

　著者一同，難解でとっつきにくい組織再編税制をできるだけわかりやすく解説することを心がけて執筆しました。本書が，M＆A及び組織再編成の実務に携わる税理士，公認会計士，企業経営者，事業会社の税務担当の方々のお役に立つことができれば幸いです。なお，本書の解説は，特に断りのない限り株式会社を前提としています。あらかじめご了承ください。

　最後に，著者の遅筆を温かく見守っていただき，本書の刊行にあたり多大なご尽力をいただきました株式会社中央経済社の川上哲也氏に，心より感謝申し上げます。

2025年3月

税理士　佐々木みちよ

税理士　齋藤洋祐

目　　次

はじめに／3

第1章　M&Aの手法と税務

1．スキーム検討の着眼点 ———————————————— 20

(1) M&Aの手法の概要 ……………………………………………… 20

(2) M&Aの手法の具体例 …………………………………………… 21

　① 株式譲渡／21

　② 事業譲渡／22

　③ 株式交換／22

　④ 株式移転／24

　⑤ 株式交付／25

　⑥ 会社分割／27

　⑦ 吸収合併／32

(3) M&Aのスキーム検討 …………………………………………… 33

　① 被買収会社の全事業を取得したい場合／33

　② 被買収会社の簿外債務の金額が大きい場合／34

　③ 被買収会社の一部の事業のみを取得したい場合／34

　④ 買収資金を抑制したい場合／35

2．M&Aに関連する税制の基礎知識 ———————————— 36

(1) M&Aに関連する税制の概要 …………………………………… 36

(2) 所得税 ……………………………………………………………… 37

　① 株式譲渡益（個人株主）／37

　② 配当金（個人株主）／38

　　　③　退職金／39

　(3)　法人税 …………………………………………………………… 40

　　　①　株式譲渡損益（法人株主）／40

　　　②　事業譲渡損益／40

　　　③　繰越欠損金／41

　　　④　配当金（法人株主）／42

　　　⑤　資産調整勘定・差額負債調整勘定／42

　　　⑥　中小法人特例・中小企業者特例／44

　　　⑦　組織再編税制（適格組織再編成と非適格組織再編成）／45

　(4)　地方税（資本金等の額）……………………………………………… 47

　(5)　消費税 …………………………………………………………… 47

　　　①　株式譲渡／47

　　　②　事業譲渡／47

　　　③　合併及び会社分割／48

　(6)　不動産取得税 …………………………………………………… 48

　(7)　登録免許税 ……………………………………………………… 49

　(8)　印紙税 …………………………………………………………… 49

3．株式譲渡によるM＆Aの税務 ────────────── 50

　(1)　売手（株主ｔ）の税務 ………………………………………… 50

　　　①　株式譲渡益／50

　　　②　消費税／51

　　　③　役員退職金／51

　　　④　株式譲渡前の配当／52

　(2)　買収会社（A社）の税務 ……………………………………… 54

　　　①　株式の取得／54

　　　②　買収後の配当／54

　　　③　その他の税務上の論点／55

　(3)　被買収会社（T社）の税務 …………………………………… 55

　　　①　中小法人等の優遇税制／55

4．事業譲渡によるM＆Aの税務 ———————————— 56

(1)　売手（Ｔ社）の税務 ·· 56

　①　事業譲渡益／56

　②　消費税／56

　③　印紙税／57

(2)　株主（ｔ）の税務 ·· 58

(3)　買手（Ａ社）の税務 ·· 58

　①　資産・負債の時価取得と資産調整勘定・差額負債調整勘定／58

　②　M＆A関連費用の取扱い／59

　③　不動産取得税／59

　④　登録免許税／60

　⑤　未経過固定資産税／60

　⑥　消費税／60

　⑦　印紙税／60

5．会社分割によるM＆Aの税務 ———————————— 61

(1)　買収会社を分割承継法人とする分割（現金対価） ························· 62

　①　分割法人（Ｔ社）の税務／62

　　(a)　分割利益／62

　　(b)　消費税／62

　　(c)　印紙税／63

　②　株主（ｔ）の税務／63

　③　分割承継法人（Ａ社）の税務／63

　　(a)　資産・負債の時価取得と資産調整勘定・差額負債調整勘定／63

　　(b)　M＆A関連費用の取扱い／64

　　(c)　資本金等の額／64

　　(d)　消費税／64

　　(e)　不動産取得税／65

　　(f)　登録免許税／65

　　(g)　印紙税／65

(2) 買収対象事業の分割＋株式譲渡（分社型分割）‥‥‥‥‥‥‥‥‥‥‥65
　① 分割法人（T社）の税務／66
　　(a) 分割利益／66
　　(b) 株式譲渡益／67
　　(c) 消費税／67
　　(d) 印紙税／67
　② 分割承継法人（S社）の税務／67
　　(a) 資産・負債の時価取得と資産調整勘定・差額負債調整勘定／67
　　(b) 資本金等の額／68
　　(c) 消費税／69
　　(d) 不動産取得税／69
　　(e) 登録免許税／70
　③ 株主（t）の税務／70
　④ 買収会社（A社）の税務／71
(3) 買収対象事業の分割＋株式譲渡（分割型分割）‥‥‥‥‥‥‥‥‥‥‥71
　① 分割法人（T社）の税務／72
　　(a) 分割利益／72
　　(b) 資本金等の額と利益積立金額／73
　　(c) 消費税／74
　　(d) 印紙税／74
　② 分割承継法人（S社）の税務／74
　　(a) 資産・負債の時価取得と資産調整勘定・差額負債調整勘定／74
　　(b) 資本金等の額／75
　　(c) 消費税／75
　　(d) 不動産取得税／76
　　(e) 登録免許税／77
　③ 株主（t）の税務／77
　　(a) みなし配当／77
　　(b) S社株式譲渡損益／77
　　(c) 消費税／78

④　買収会社（A社）の税務／78

(4)　買収対象事業以外の分割＋株式譲渡（分割型分割）······················78

　①　分割法人（T社）の税務／79

　　(a)　分割利益／79

　　(b)　資本金等の額と利益積立金額／80

　　(c)　消費税／81

　　(d)　印紙税／81

　②　分割承継法人（S社）の税務／81

　　(a)　資産・負債の簿価引継ぎ／81

　　(b)　資本金等の額と利益積立金額／81

　　(c)　消費税／82

　　(d)　不動産取得税／82

　　(e)　登録免許税／83

　③　株主（t）の税務／83

　　(a)　みなし配当／83

　　(b)　T社株式譲渡損益／83

　　(c)　消費税／84

　④　買収会社（A社）の税務／84

6．株式交換によるM＆Aの税務 ──────────────── 85

(1)　株式を対価とする株式交換 ······································ 85

　①　売手（株主t）の税務／86

　　(a)　譲渡損益／86

　　(b)　消費税／86

　②　被買収会社（T社）の税務／87

　　(a)　時価評価課税／87

　　(b)　中小法人等の優遇税制／87

　③　買収会社（A社）の税務／88

　　(a)　T社株式の取得価額と資本金等の額／88

　　(b)　買収後の配当／88

　　　(c)　その他の税務上の論点／89

　(2)　金銭を対価とする株式交換 ……………………………………… 89

　　①　売手（株主 t ）の税務／90

　　　(a)　譲渡損益／90

　　　(b)　消費税／91

　　②　被買収会社（T社）の税務／91

　　　(a)　時価評価課税／91

　　　(b)　中小法人等の優遇税制／92

　　③　買収会社（A社）の税務／92

　　　(a)　T社株式の取得価額と資本金等の額／92

　　　(b)　買収後の配当／92

　　　(c)　その他の税務上の論点／93

　参　考　株式交付／94

第2章　グループ内組織再編成の税務

1．組織再編成の類型と活用例 ―――――――――――――――――― 96

　(1)　法人の統合 ………………………………………………………… 96

　　①　親法人が子法人を統合／97

　　②　子法人を事業の種類ごとに統合／97

　　③　一の子法人が他の全ての子法人を統合／97

　(2)　事業部門の統合・切り離し ……………………………………… 98

　　①　β事業部門の統合（吸収分割）／99

　　②　β事業部門のA社からの切り離し（新設分割）／99

　(3)　子法人の孫法人化 ………………………………………………… 99

　　①　分割による子法人の孫法人化／99

　　②　株式交換による子法人の孫法人化／100

(4)　孫法人の子法人化 …………………………………………………… 101

　　①　現物分配による孫法人の子法人化／101

　　②　分割による孫法人の子法人化／102

(5)　ホールディングス化 …………………………………………………… 103

　　①　分割によるホールディングス化／103

　　②　株式移転＋現物分配によるホールディングス化／103

(6)　子法人の債務超過の解消 ……………………………………………… 104

2．適格判定 ──────────────────────── 106

(1)　適格組織再編成と非適格組織再編成 ………………………………… 106

(2)　グループ内組織再編成の適格要件 …………………………………… 107

　　①　完全支配関係のある法人間の組織再編成／108

　　②　支配関係のある法人間の組織再編成／110

(3)　完全支配関係法人間の組織再編成の適格判定の具体例 …………… 111

　　①　合　併／111

　　素朴な疑問Ｑ＆Ａ　三社合併の適格判定／113

　　②　分　割／114

　　素朴な疑問Ｑ＆Ａ　分割型分割と分社型分割／116

　　③　現物出資／118

　　④　現物分配／119

　　⑤　株式交換／119

　　⑥　株式移転／120

　　大誤算！　無対価で合併を行ったら非適格になった。／121

　　素朴な疑問Ｑ＆Ａ　対価の交付が省略されたと認められない無対価非適格
　　　　　　　　　　　　組織再編成の税務処理／126

(4)　連続して組織再編成を行う場合の適格判定 ………………………… 127

　　大誤算！　グループ内の支配株主の変更により適格合併に該当しないこ
　　　　　　　とになった。／129

　　素朴な疑問Ｑ＆Ａ　ホールディングス化の方法／132

(5) 支配関係法人間の組織再編成の適格判定の具体例 ……………………… 133

   ① 合併によるスクイーズアウト／133

   ② 株式交換によるスクイーズアウト／134

(6) 株式交換による買収後に適格合併が予定されている場合の株式交換の適
格判定 ………………………………………………………………………… 136

3．繰越欠損金の取扱い ——————————————————— 138

(1) 繰越欠損金の引継制限 ……………………………………………………… 138

> **大誤算！** 支配関係発生事業年度に生じた役員退職金を基因とする繰越
> 欠損金が切り捨てられると勘違いした。／140

(2) 繰越欠損金の使用制限 ……………………………………………………… 141

> **大誤算！** 買収手法を現金交付型分割にすれば合併法人の繰越欠損金は
> 切り捨てられなかった。／142

(3) M＆A後のグループ内適格組織再編成の繰越欠損金使用可否判定 …… 145

(4) 5年前の日から支配関係が継続している法人間の適格合併等とは …… 146

> **大誤算！** 買収により支配関係発生日がリセットされると勘違いした。
> ／146

> **大誤算！** 合併の実行を前倒ししたら繰越欠損金が切り捨てられた。／148

> **大誤算！** 合併の実行を延期したら繰越欠損金が切り捨てられた。／150

(5) 設立時から支配関係が継続している法人間の適格合併等とは ……… 152

> **大誤算！** グループ内新設分割子法人と合併したら繰越欠損金が切り捨
> てられた。／154

(6) みなし共同事業要件を満たす適格合併等とは ………………………… 156

   ① 適格合併のみなし共同事業要件／157

> **大誤算！** 合併前に事業移管したらみなし共同事業要件を満たせなく
> なった。／164

   ② 適格分割のみなし共同事業要件／166

> **大誤算！** 分割のみなし共同事業要件は合併と同じと勘違いした。／170

(7) 繰越欠損金の引継ぎ・使用に関する特例 ……………………………… 172

   ① 時価純資産超過額がある場合の特例／172

②　事業を移転しない適格分割・適格現物出資，適格現物分配の特例／175

素朴な疑問Q & A　被合併法人から引き継いだ繰越欠損金の帰属事業年度
／177

4．特定資産譲渡等損失の取扱い ——————————————— 180
(1)　特定資産譲渡等損失の損金算入制限 ……………………………… 180
　①　制度概要／180
　②　特定資産の範囲／181
　③　損金算入が制限される金額／182
　④　損金算入が制限される期間／182
　大誤算！　帳簿価額1,000万円未満かどうかを会計上の帳簿価額で判定
　　していた。／182
　大誤算！　被買収会社が買収前に譲渡した有価証券の譲渡損が特定資産
　　譲渡等損失に該当した。／185
(2)　特定資産譲渡等損失の損金算入制限に関する特例 …………………… 187
　①　時価純資産超過額がある場合の特例／187
　②　事業を移転しない適格分割・適格現物出資，適格現物分配の特例／188

5．欠損等法人の欠損金の繰越しの不適用 ——————————— 189
(1)　制度概要 ………………………………………………………………… 189
(2)　欠損等法人とは ………………………………………………………… 189
(3)　適用期間及び適用事由 ………………………………………………… 190
(4)　適用事例 ………………………………………………………………… 191
　①　資産管理会社T社で事業を開始する場合／192
　②　資産管理会社T社を被合併法人，A社を合併法人とする適格合併を行う場
　　合／192
　③　資産管理会社T社を被合併法人，事業会社S社を合併法人とする適格合併
　　を行う場合／193
　④　資産管理会社T社を合併法人，事業会社S社を被合併法人とする適格合併
　　を行う場合／193

| 大誤算！ | 買収した資産管理会社と事業会社を合併したら，事業会社の繰越欠損金が切り捨てられた。／194 |

素朴な疑問Q＆A 被買収会社の事業の廃止見込みの状況下で行う適格合併／196

6．グループ法人税制―譲渡損益の繰延べと取崩し ―――――― 199

| 大誤算！ | 事業譲渡益の繰延べができなかった。／200 |

| 大誤算！ | 適格合併なのに，合併当事者ですらないのに課税が発生した。／202 |

7．グループ通算制度 ――――――――――――――――――― 205

(1) 通算グループへの加入と加入時期の特例 ………………………… 205

(2) 通算グループへの加入と時価評価・繰越欠損金の切捨て ………… 206

(3) 通算グループ内法人間の適格合併と繰越欠損金の取扱い ………… 207

① 法人税の繰越欠損金／208

② 事業税の繰越欠損金／208

③ 法人住民税法人税割計算上の欠損金／209

| 大誤算！ | 100％子法人になったのに通算承認が生じなかった。／210 |

| 大誤算！ | 事業税の欠損金が切り捨てられた。／214 |

(4) 通算グループ離脱時の投資簿価修正 ……………………………… 216

① 制度概要／216

② 投資簿価修正後の通算子法人株式の帳簿価額（原則）／217

③ 投資簿価修正後の通算子法人株式の帳簿価額（特例）／218

| 大誤算！ | 株式取得時ののれん相当額が譲渡原価に算入できなかった。／221 |

| 大誤算！ | 被合併法人ののれん相当額が譲渡原価に算入できなかった。／223 |

8．その他法人税法上の留意点 ――――――――――――――― 226

(1) 資産調整勘定の取崩し ……………………………………………… 226

　　　　　大誤算！　資産調整勘定は，計上の基因となった事業を譲渡した場合に
　　　　　　　　全額取り崩せると勘違いした。／227

　　(2)　期中損金経理額等の届出 ……………………………………………… 229

　　　　　大誤算！　分割前の期間の償却費を損金の額に算入できなくなった。／230

　　　　素朴な疑問Ｑ＆Ａ　新設分割の日／232

　　(3)　受取配当等の益金不算入 ……………………………………………… 233

　　　　　大誤算！　100％子法人からの配当の額の50％が益金算入された。／234

　　(4)　被買収会社の新株予約権を取得している場合 ……………………… 235

　　(5)　賃上げ促進税制 ………………………………………………………… 236

　　　　素朴な疑問Ｑ＆Ａ　賃上げ促進税制の繰越控除制度／237

　　　　素朴な疑問Ｑ＆Ａ　繰越税額控除限度超過額を有する法人の合併／238

　　　　　大誤算！　分割前の給与等支給額がわからない！／239

9．不動産移転コスト ──────────────────── 242

　　(1)　不動産移転に係る登録免許税と不動産取得税 ……………………… 242

　　(2)　不動産取得税の非課税特例 …………………………………………… 242

　　　　　大誤算！　適格合併なのに多額の税金が発生した。／243

10．住民税均等割・事業税資本割 ────────────── 247

　　(1)　住民税均等割・事業税資本割の計算と組織再編成による影響 ……… 247

　　(2)　欠損塡補と資本金等の額 ……………………………………………… 247

　　(3)　組織再編成による資本金等の額の変動 ……………………………… 248

　　　　①　適格合併／248

　　　　②　適格分割型分割／248

　　　　③　適格分社型分割／249

　　　　　大誤算！　欠損塡補による資本金等の額の減額措置は合併法人に引き継
　　　　　　　　げない。／249

　　　　　大誤算！　分割承継法人の資本金等の額は移転簿価純資産価額を限度に
　　　　　　　　増加するとは限らない。／251

11. 消費税 ————————————————————————— 255

(1) 組織再編成の手法と消費税の課税関係 ……………………………… 255

① 合　併／255

② 分　割／255

③ 現物出資／255

④ 現物分配／256

⑤ 株式交換・株式移転／256

⑥ 事業譲渡／258

| 大誤算！ | 無対価株式交換にしていれば……。／258

素朴な疑問Q＆A　ＤＥＳが課税売上割合に与える影響／260

(2) 会社分割後の納税義務判定と簡易課税制度適用可否判定 …………… 261

① 新設分割の場合／261

② 吸収分割の場合／264

| 大誤算！ | 分割承継法人の納税義務判定と簡易課税制度適用可否判定を
混同してしまった。／266

巻末資料 ｜ 組織再編成の手法別適格要件

1. 合　併 ————————————————————————— 270

2. 分　割 ————————————————————————— 273

(1) 分割型分割 ………………………………………………………… 273

(2) 分社型分割 ………………………………………………………… 276

3. 現物出資 ——————————————————————————— 279

4. 現物分配 ——————————————————————————— 280

5. 株式交換 ——————————————————————————— 281

6. 株式移転 ——————————————————————————— 284

法令等の略記

所法	所得税法
所令	所得税法施行令
所基通	所得税基本通達
法法	法人税法
法令	法人税法施行令
法規	法人税法施行規則
法基通	法人税基本通達
消法	消費税法
消令	消費税法施行令
消規	消費税法施行規則
消基通	消費税法基本通達
地法	地方税法
地令	地方税法施行令
地規	地方税法施行規則
登免法	登録免許税法
措法	租税特別措置法
措令	租税特別措置法施行令
措通	租税特別措置法関係通達
復興財確法	東日本大震災からの復興のための施策を実施するために必要な財源の確保に関する特別措置法

本書は，2025年2月1日現在の法令，通達等によっています。

第 **1** 章

Ｍ＆Ａの手法と税務

　Ｍ＆Ａのプロセスは，売手企業及び買手企業の目的，経営戦略，取引価格，法的及び税務的な条件といった多岐にわたる要素を総合的に考慮し，両者間の交渉を通じて進行します。

　Ｍ＆Ａの手法は，目的や対価の種類などにより様々です。本章では，各手法の特徴とケース別のスキーム選定における着眼点を解説し，実務において広く採用される株式譲渡，事業譲渡，会社分割，株式交換に関する売手及び買手それぞれの税務上の取扱いについて詳述します。

1．スキーム検討の着眼点

⑴　M＆Aの手法の概要

　M＆Aの手法は，目的や対価の種類などにより様々ですが，大きく分類すると，株式を譲渡・取得するM＆Aと事業を譲渡・取得するM＆Aに分けることができます。さらに，組織再編成の活用の有無により次の表の通り分類できます。

【M＆Aの手法の分類】

		組織再編成の活用	
		な　し	あ　り
①	株式の譲渡・取得	➤ 株式譲渡	➤ 株式交換 ➤ 株式移転 ➤ 株式交付
②	事業の譲渡・取得	➤ 事業譲渡	➤ 会社分割 ➤ 吸収合併

　株式譲渡又は事業譲渡は，一般に金銭を対価として被買収会社の株式又は事業を取得する手法であるのに対して，組織再編成を活用するM＆Aでは対価が金銭に限られず，また，会社分割＋株式譲渡や，株式交換＋吸収合併など，複数の手法を組み合わせて活用することもあり，やや複雑な手法といえます。

　M＆Aのスキーム検討は，取引対象（株式 or 事業），取引対価（金銭 or 株式），取引対価の受領者（買収対象事業を行う法人 or 買収対象事業を行う法人の株主），法的リスクの負担，売手及び買手の税務上の取扱い，事務負担の軽重等を総合的に勘案して行われます。

⑵　M＆Aの手法の具体例

①　株式譲渡

　株式譲渡では，買収会社と被買収会社の株主の間で被買収会社株式の譲渡が行われます。買収会社は被買収会社株式を取得し，被買収会社の株主は対価として金銭を取得します。

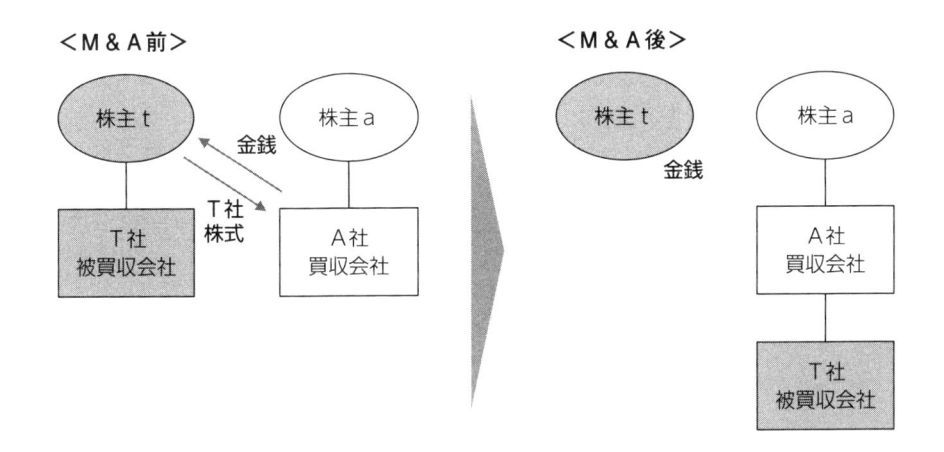

【主な特徴】

　a．買収対象事業を行う会社（T社）の株式を取得する最もシンプルな方法。

　b．譲渡対価は株主tが取得する。

　c．T社（被買収会社）の法人格を取得するため，T社の有する許認可や権利義務を全て引き継ぐ。

　d．T社（被買収会社）の事業の一部のみが買収対象である場合は，株式譲渡の前に買収対象事業以外の事業の移管が必要になる。

　e．T社（被買収会社）の権利義務を全て引き継ぐため，T社の簿外債務も引き継ぐデメリットがある。簿外債務の金額に重要性がある場合は，他の方法が推奨される。

②　事業譲渡

　事業譲渡では，買収会社と被買収会社の間で被買収会社の事業の譲渡が行われます。買収会社は買収対象事業を取得し，被買収会社は対価として金銭を取得します。

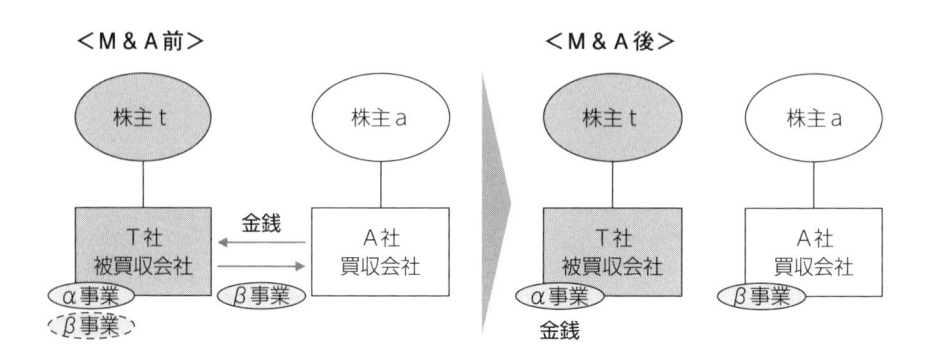

【主な特徴】

> a．Ｔ社（被買収会社）の事業の全部又は一部を取得する方法。
>
> b．Ａ社（買収会社）は，買収対象事業を直接取得する。
>
> c．譲渡対価はＴ社（被買収会社）が取得する。
>
> d．Ｔ社（被買収会社）の法人格を取得しないため，Ｔ社の有する許認可を引き継ぐことはできない。
>
> e．Ｔ社（被買収会社）の簿外債務を引き継ぐリスクを遮断できるメリットがある一方で，権利義務を個別に承継する手続きが必要になり，取引先との契約の巻き直しなどの事務負担が生じる。この事務負担を回避するためには，会社分割の方法が推奨される。

③　株式交換

　株式交換とは，会社法上は「株式会社がその発行済株式の全部を他の株式会社又は合同会社に取得させること」と規定されていますが（会社法 2 三十一），かみ砕いていうと，既存の二社間で100％親子関係を構築する行為をいいます。

　株式交換では，親法人となる法人と子法人となる法人とで株式交換契約を締結し（会社法767），親法人が子法人の全株式を取得します。M&Aでは，買収会社を株式交換完全親法人とし，被買収会社を株式交換完全子法人とする株式交換を行うと，被買収会社は買収会社の100％子法人になるため，被買収会社の少数株主からも強制的に被買収会社株式を取得できるという効果があります。また，会社法上，株式交換の対価に制限はないため（会社法768①二），買収資金を抑制したい場合に，金銭対価による株式譲渡に代わる買収手法として株式を対価とする株式交換が検討されます。

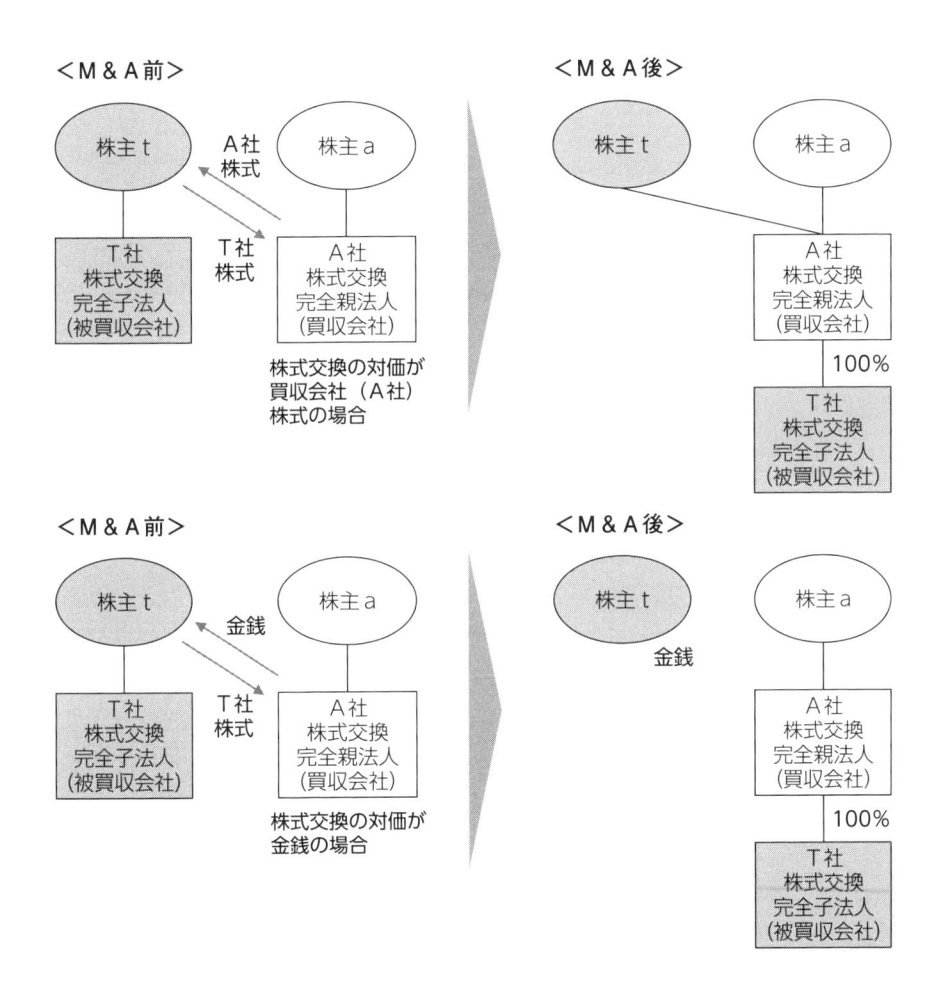

【主な特徴】

> a．買収対象事業を行う会社（T社）の株式を取得する方法。
>
> b．株式交換の対価は株主tが取得する。対価を買収会社（A社）株式とした場合，株主tはM&A後にA社の株主となる。
>
> c．T社（被買収会社）の法人格を取得するため，T社の有する許認可や権利義務を全て引き継ぐ。
>
> d．T社（被買収会社）の事業の一部のみが買収対象である場合は，株式交換の前に買収対象事業以外の事業の移管が必要になる。
>
> e．T社（被買収会社）の権利義務を全て引き継ぐため，T社の簿外債務も引き継ぐデメリットがある。簿外債務の金額に重要性がある場合は，他の方法が推奨される。

④　株式移転

　株式移転とは，会社法上は「一又は二以上の株式会社がその発行済株式の全部を新たに設立する株式会社に取得させること」と規定されていますが（会社法2三十二），かみ砕いていうと，持株会社を新設して自社はその持株会社の100%子法人になる行為をいいます。

　M&Aにおいては，買収会社と被買収会社がともに株式移転完全子法人となり，新たに設立される株式移転完全親法人のもとで兄弟会社となる共同株式移転が行われることがあります。買収会社の株主は，株式移転完全親法人の株式保有を通じて間接的に被買収会社を支配することになりますが，株式交換と比較すると，買収・被買収というよりも両社が対等の立場で事業を行っていくためのM&Aであるという印象を与える効果があります。なお，株式移転の対価は，株式移転完全親法人の株式，社債，新株予約権又は新株予約権付社債に限られ，金銭を交付することはできません（会社法773①五，七）。

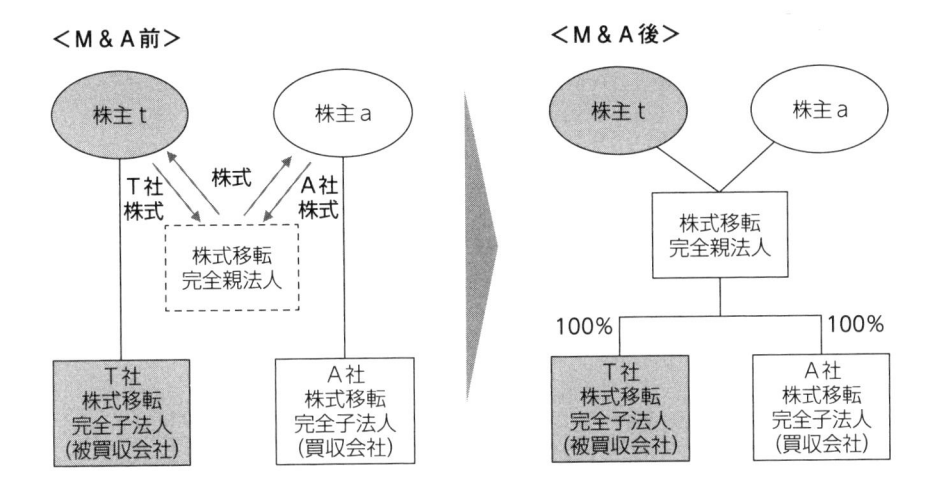

【主な特徴】

- a．買収対象事業を行う会社（Ｔ社）の株式を取得する方法。
- b．Ｍ＆Ａ前の買収会社株主ａ及び被買収会社株主ｔは，Ｍ＆Ａ後に株式移転完全親法人の株主となる。
- c．Ｔ社（被買収会社）の法人格を取得するため，Ｔ社の有する許認可や権利義務を全て引き継ぐ。
- d．Ｔ社（被買収会社）の事業の一部のみが買収対象である場合は，株式移転の前に買収対象事業以外の事業の移管が必要になる。
- e．Ｔ社（被買収会社）の権利義務を全て引き継ぐため，Ｔ社の簿外債務も引き継ぐデメリットがある。簿外債務の金額に重要性がある場合は，他の方法が推奨される。

⑤　株式交付

　株式交付とは，会社法上は，「株式会社が他の株式会社をその子会社とするために当該他の株式会社の株式を譲り受け，当該株式の譲渡人に対して当該株式の対価として当該株式会社の株式を交付すること」と規定されていますが（会社法２三十二の二），かみ砕いていうと，既存の二社間で50％超（100％を

含みます。）の親子関係を構築する行為をいいます。株式交付は，親法人となる法人と子法人株主との取引であり，親法人は子法人株主のうち保有株式の譲渡の申込みをした者から子法人株式を取得します（会社法774の4，774の7）。

　M＆Aにおいては，買収会社を株式交付親会社とし，被買収会社を株式交付子会社として株式交付が行われることがあります。既存の二社間で親子関係を構築する点で株式交換に類似していますが，株式交換が被買収会社を100％子会社とする手法であるのに対して，株式交付は被買収会社の議決権の50％超を取得する手法である点で異なっています。また，株式交換が実行されると強制的に100％親子関係が構築されますが，株式交付は親法人となる法人と子法人株主との取引であるため，子法人の株主が子法人株式を譲渡するか否かは任意です。したがって，被買収会社の主要株主が株式交付に応じる合意が成立している場合に，M＆Aの手法として株式交付が選択されます。

　株式交付では，対価として株式交付親会社の株式を必ず交付することとされていますが，金銭等を交付することもできます（会社法774の3①三，五）。

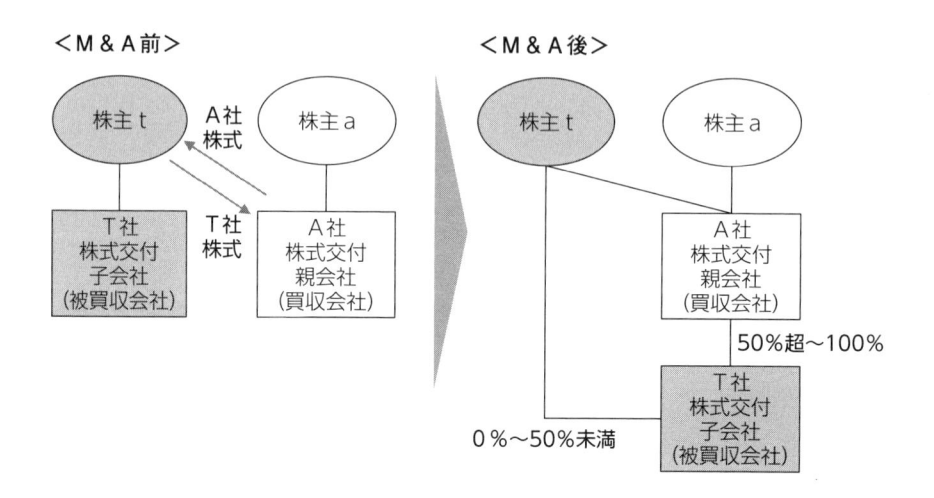

【主な特徴】

> ａ．買収対象事業を行う会社（Ｔ社）の議決権の50％超を取得する方法。
> ｂ．株式交付の対価は株主ｔが取得する。株主ｔは，Ｍ＆Ａ後に買収会社（Ａ社）の株主となる。
> ｃ．Ｔ社（被買収会社）の法人格を取得するため，Ｔ社の有する許認可や権利義務を全て引き継ぐ。
> ｄ．Ｔ社（被買収会社）の事業の一部のみが買収対象である場合は，株式交付の前に買収対象事業以外の事業の移管が必要になる。
> ｅ．Ｔ社（被買収会社）の権利義務を全て引き継ぐため，Ｔ社の簿外債務も引き継ぐデメリットがある。簿外債務の金額に重要性がある場合は，他の方法が推奨される。

⑥　会社分割

　会社分割とは，株式会社又は合同会社がその事業に関して有する権利義務の全部又は一部を分割後他の会社に承継させること（吸収分割），又は，一又は二以上の株式会社又は合同会社がその事業に関して有する権利義務の全部又は一部を分割により設立する会社に承継させること（新設分割）をいいます（会社法２二十九，三十）。

　Ｍ＆Ａにおいては，買収会社を分割承継法人とする吸収分割が行われたり，買収対象事業を新設分割により移転した後に分割承継法人株式を譲渡したりというように，会社分割はＭ＆Ａの場面において多用されています[1]。吸収分割では一般に分割承継法人株式又は金銭が対価として交付されますが，新設分割では分割承継法人株式が対価として交付されます。

1　本書に掲げる事例の他にも，買収会社が事前に受け皿会社を設立し，その受け皿会社が会社分割により被買収会社から買収対象事業の移転を受けるケースなどもあります。

（a）　買収会社を分割承継法人とする分割（現金対価[2]）

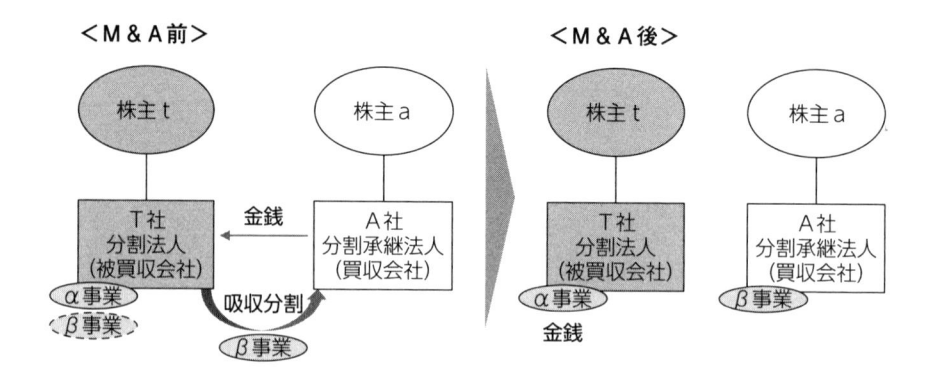

【主な特徴】

> a．T社（被買収会社）の事業の全部又は一部を取得する方法。
> b．A社（買収会社）は，買収対象事業を直接取得する。
> c．分割の対価はT社（被買収会社）が取得する。
> d．買収対象事業に係る権利義務を包括的に承継する（取引先との契約の巻き直しなどは必要ない）。
> e．T社（分割法人）の簿外債務を引き継ぐリスクを遮断できる。
> f．債権者保護手続きが必要になる[3]。

(b)　会社分割後の株式譲渡

◆買収対象事業の分割＋株式譲渡（その１）

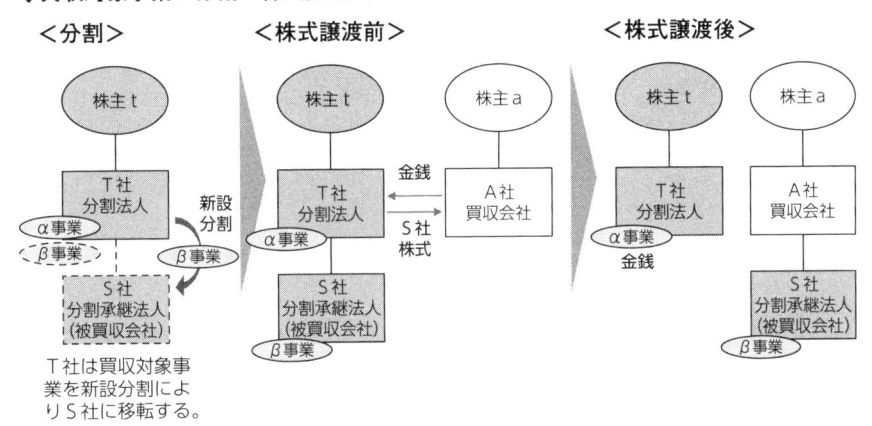

【主な特徴】

a．T社（分割法人）の事業の全部又は一部を取得する方法。

b．A社（買収会社）は，買収対象事業を行う会社（S社）の株式を取得する。

c．譲渡対価はT社（分割法人）が取得する。

d．買収対象事業に係る権利義務を包括的に承継する（取引先との契約の巻き直しなどは必要ない）。

e．T社（分割法人）の簿外債務を引き継ぐリスクを遮断できる。

f．債権者保護手続きが必要になる[4]。

4　分割後に分割法人に対し債務の履行を請求できない分割法人の債権者に対し，債権者保護手続きが必要です（会社法810①二）。

◆買収対象事業の分割＋株式譲渡（その2）

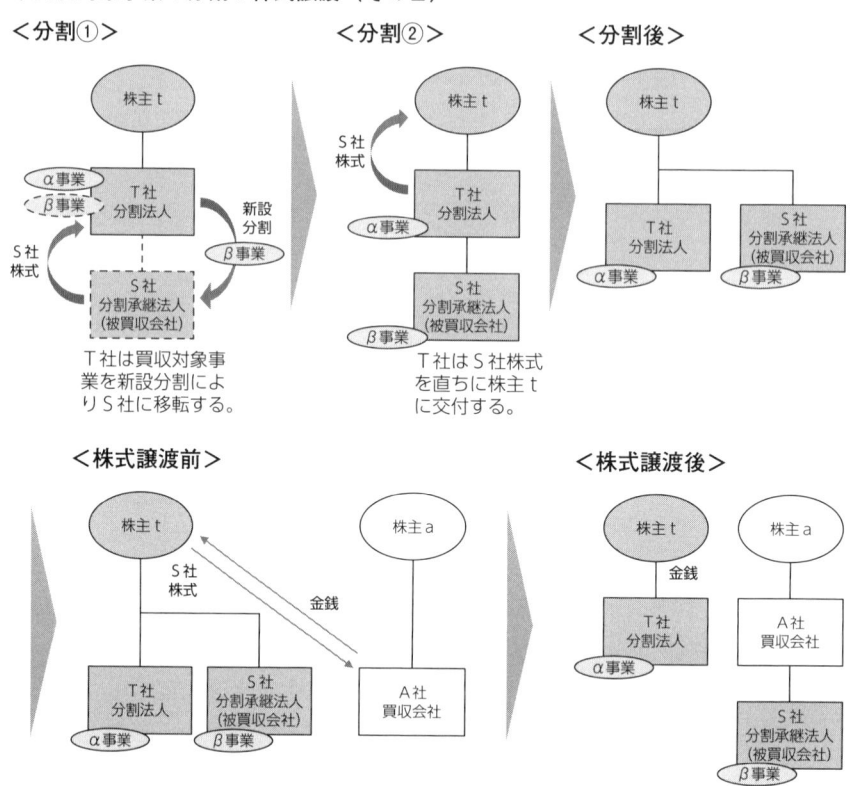

【主な特徴】

- a．T社（分割法人）の事業の全部又は一部を取得する方法。
- b．A社（買収会社）は，買収対象事業を行う会社（S社）の株式を取得する。
- c．譲渡対価はT社（分割法人）の株主tが取得する。
- d．買収対象事業に係る権利義務を包括的に承継する（取引先との契約の巻き直しなどは必要ない）。
- e．T社（分割法人）の簿外債務を引き継ぐリスクを遮断できる。
- f．債権者保護手続きが必要になる[5]。

5　分割法人の債権者に対し，債権者保護手続きが必要です（会社法810①二）。

◆買収対象事業以外の分割＋株式譲渡

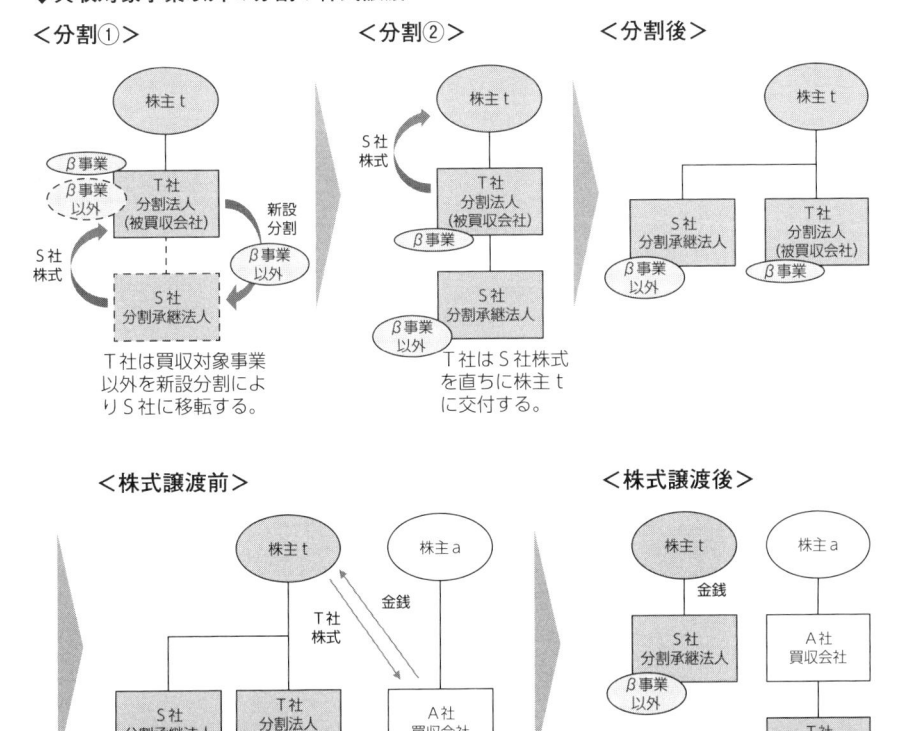

【主な特徴】

a．T社（分割法人）の事業の一部を取得する方法。

b．A社（買収会社）は，買収対象事業を行うT社（分割法人）の株式を取得する。

c．譲渡対価はT社（分割法人）の株主tが取得する。

d．T社（分割法人）の法人格を取得するため，会社分割によりS社に移転したものを除き，T社の有する許認可や権利義務を全て引き継ぐ。

e．T社（分割法人）の簿外債務も引き継ぐデメリットがある。簿外債務の金額に重要性がある場合は，他の方法が推奨される。

f．債権者保護手続きが必要になる[6]。

⑦　吸収合併

　吸収合併とは，会社が他の会社とする合併であって，合併により消滅する会社の権利義務の全部を合併後存続する会社に承継させるものをいいます（会社法2二十七）。

　M&Aにおいては，被買収会社を被合併法人，買収会社を合併法人とする吸収合併が検討されることがあります。

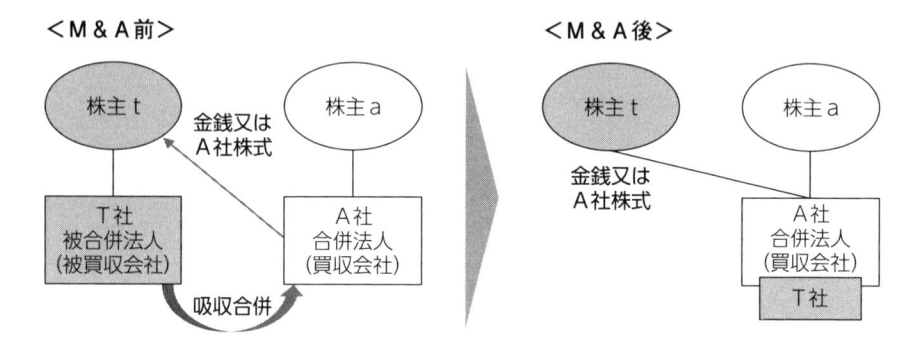

【主な特徴】

　a．T社（被買収会社）の事業の全部を取得する方法。

　b．A社（買収会社）は，T社（被買収会社）の全ての事業を直接取得する。

　c．合併の対価は株主tが取得する。

　d．T社（被買収会社）は消滅し，T社の権利義務はA社（買収会社）が包括的に承継する。

　e．T社（被買収会社）の事業の一部のみが買収対象である場合は，合併前に買収対象事業以外の事業の移管が必要になる。

　f．T社（被買収会社）の権利義務を全て引き継ぐため，T社の簿外債務も引き継ぐデメリットがある。簿外債務の金額に重要性がある場合は，他の方法が推奨される。

　g．債権者保護手続きが必要になる[7]。

6　分割法人の債権者に対し，債権者保護手続きが必要です（会社法810①二）。

7　合併法人及び被合併法人の債権者に対し，債権者保護手続きが必要です（会社法789①一，799①一）。

　被買収会社を被合併法人とする吸収合併は，買収会社が被買収会社株式の全てを取得した後に，買収会社グループ内で合併を行うことが実務上はほとんどです。

⑶　M＆Aのスキーム検討

　M＆Aのスキーム検討は，取引対象（株式 or 事業），取引対価（金銭 or 株式），取引対価の受領者（買収対象事業を行う法人 or 買収対象事業を行う法人の株主），法的リスクの負担，売手及び買手の税務上の取扱い，事務負担の軽重等を総合的に勘案して行われます。売手及び買手の税務上の取扱いは，取引価格交渉に影響する重要な要素になります。

　ケース別のスキーム検討の着眼点は次の通りです。なお，次に掲げるM＆Aの手法別の税務上の取扱いは，本章「3．株式譲渡によるM＆Aの税務」から「6．株式交換によるM＆Aの税務」で解説します。

①　被買収会社の全事業を取得したい場合

　株式譲渡は被買収会社の株式を取得する方法であり，被買収会社の全事業を取得する最もシンプルな方法です。実務上は，株式譲渡によるM＆Aが広く実行されています。

　なお，買収会社は被買収会社の法人格を取得するため，被買収会社が有する簿外債務もそのまま引き継ぎます。簿外債務とは貸借対照表に計上されていない債務を指し，例えば，従業員に対する未払残業代，訴訟や損害賠償請求を受けるリスクなどが該当します。簿外債務を引き継ぐリスクを軽減するためには，コストは生じますが専門家による十分なデューデリジェンスの実施が肝要であり，重大な簿外債務が存在しないことを確認した上で，法人格として取得することに問題がない場合に株式譲渡による方法が採用されます。

　株式譲渡によると被買収会社の株主が譲渡対価を受領するため，売手において被買収会社自身が譲渡対価の受取りを希望する場合は，株式譲渡による方法は採用されません。

②　被買収会社の簿外債務の金額が大きい場合

　株式譲渡は被買収会社の法人格を取得するため，被買収会社が有する簿外債務も引き継ぐデメリットがあります。簿外債務の金額に重要性がある場合は，株式譲渡ではなく，簿外債務を引き継ぐリスクを遮断できる事業譲渡又は会社分割の方法が採用されます。

③　被買収会社の一部の事業のみを取得したい場合

(a)　買収対象事業を事業として取得する方法

　買収対象事業を（株式ではなく）事業として取得する方法には，事業譲渡，又は，買収会社を分割承継法人とする会社分割があります。いずれも事業を直接取得する方法ですが，次の相違点があります[8]。

	事業譲渡	会社分割
対　価	金　銭	・金　銭 ・分割承継法人株式
許認可	承継できない	主務官庁により異なる（承継できるものと承継できないものがある）
契約関係	承継できない（契約の巻き直しが必要）	承継できる
債権者保護手続き	不　要	必　要

　買収対象事業が許認可事業である場合，許認可が承継できるか否かはスキーム決定にあたり重要な論点になります。承継できない場合は再取得手続きが必要になり，時間と手間を要することになります。

　また，事業譲渡では契約関係が承継できないため各種契約の巻き直しが必要になり，そのためには契約の相手方の同意を取り付けなければなりません。契約件数が多いほど，被買収会社及び買収会社双方に相当な事務負担が生じる可能性があります。

8　表中の相違点のほか，消費税や不動産取得税などの取扱いも異なります（本章「2．M＆Aに関連する税制の基礎知識　(5)消費税，及び，(6)不動産取得税」参照）。

⒝　買収対象事業を株式で取得する方法

　買収対象事業を株式で取得する方法には，会社分割後の株式譲渡があります。

　分割する事業が許認可事業である場合は許認可の承継可否の確認が必要です。承継できない場合は事前に分割準備会社を設立し，その分割準備会社が許認可を取得した上で会社分割を実行します。この場合の会社分割は新設分割ではなく，吸収分割になります。

④　買収資金を抑制したい場合

　株式譲渡は現金を対価に被買収会社の株式を取得する手法であるため，被買収会社株式の時価によっては，買収会社において多額の買収資金が必要になります。買収資金を抑制する手法としては，対価を買収会社株式とする株式交換又は株式交付の採用が考えられますが，売手において金銭による譲渡対価の受取りを希望する場合は採用されません。

2．M＆Aに関連する税制の基礎知識

⑴　M＆Aに関連する税制の概要

　M＆Aを行った場合には，買収会社，被買収会社，及び，被買収会社の株主に様々な課税が生じる可能性があります。一般に，所得に対する課税である所得税又は法人税の影響が大きいケースが多いため，これらの税目に関する検討は積極的に行われているようです。他方で，消費・流通に対する課税に関しては，十分な検討が行われていないことも少なくありません。しかしながら，多くの不動産を保有している場合のM＆Aでは，所得に対する課税よりも不動産取得税などの不動産移転コストの影響が大きくなることがあります。M＆Aに係る税務の検討を行う場合には，M＆Aの手法や買収対象事業に含まれる資産の内容等から多角的な検討を行うことが肝要です。

【M＆Aに関連する税目と具体例】

	税　目	具体例
所得等に対する課税	所得税	➢ 株式譲渡益 ➢ 配当金 ➢ 退職金
	法人税	➢ 株式譲渡益 ➢ 事業譲渡益 ➢ 繰越欠損金 ➢ 配当金 ➢ 資産調整勘定等 ➢ 組織再編税制
	地方税	➢ 資本金等の額
消費・流通に対する課税	消費税	➢ 事業譲渡
	不動産取得税	➢ 不動産の移転
	登録免許税	➢ 不動産登記 ➢ 商業登記
	印紙税	➢ 契約書

(2)　所得税

　所得税は個人の所得に対して課される税金です。所得はその性質によって10種類に区分され，それぞれの種類ごとに収入や必要経費の範囲，所得の計算方法が異なります。

　M&Aにおいては，主に次の項目について所得税の課税関係の検討を要します。

①　株式譲渡益（個人株主）

　個人が株式を譲渡した場合において譲渡所得（譲渡益）が生じたときは，所得税の課税が生じます。譲渡所得の金額の計算方法は次の通りです（所法33）。

【譲渡所得の金額の計算】

> 譲渡所得の金額 ＝ 譲渡価額 － (取得費[1] ＋ 売却手数料等)

　取得時期が古い株式や相続で取得した株式などで取得費が不明の場合には，譲渡価額の5％相当額を取得費（以下，「概算取得費」といいます。）とすることができます（措通37の10・37の11共－13）。なお，実際の取得費が概算取得費を下回る場合にも，概算取得費を取得費とすることができます。

　株式の譲渡所得は分離課税の対象とされ，その税率合計は20.315％です。内訳は所得税15％及び住民税5％であり，さらに所得税に対して2.1％の復興特別所得税が課されます（措法37の10①，地法制定附則35の2①⑤，復興財確法13）。株式譲渡損が発生した場合は，同一区分の株式譲渡益のみと通算できますが[2]，給与所得等の他の所得と通算することはできません。

　M&Aにおいては，個人株主が保有する株式を譲渡した場合等に，譲渡所得

1　取得費には，株式を取得したときに支払った払込代金や購入代金のほか，購入手数料（消費税を含みます。）や名義書換料など，その株式を取得するために要した費用が含まれます。
2　上場株式等に係る譲渡損は，他の上場株式等に係る譲渡益から控除することができます。また，一般株式等（上場株式等以外の株式等）に係る譲渡損は，他の一般株式等に係る譲渡益から控除することができます。

に対する課税関係の検討が必要になります。

②　配当金（個人株主）

　個人が配当金を受け取った場合には，配当所得として所得税の課税が生じます。配当所得の金額の計算方法は次の通りです（所法24）。

【配当所得の金額の計算】

> 配当所得の金額 ＝ 収入金額（源泉徴収前）－ 株式などを取得するための借入金利子[3]

　配当所得は総合課税，確定申告不要制度，又は，申告分離課税のいずれかの対象とされますが，個人が非上場会社から受け取る配当（少額配当[4]を除きます。）は総合課税が適用されます。総合課税の税率は，所得税の税率に最高税率（45％[5]）が適用されることを前提とすると，所得税45％＋住民税10％のほか，所得税に対して2.1％の復興特別所得税が課されるため，合計税率は55.945％になります。

　確定申告により総合課税の適用を受ける配当所得については，配当控除という税額控除が適用され，一定の方法で計算した金額を所得税から控除することができます（所法92）。配当控除による控除額は所得の金額等によって異なりますが，配当所得以外の所得の金額が1,000万円を超える場合は，配当所得の金額の6.4％（所得税5％＋住民税1.4％）しか控除されません。

　結果として，総合課税の配当所得の税率（配当控除適用後）は，所得税の税率に最高税率（45％）が適用されることを前提とすると，所得税40％＋住民税8.6％のほか，所得税に対して2.1％の復興特別所得税が課されるため，合計税率は49.44％になります。

3　収入金額から差し引くことができる借入金の利子は，株式など配当所得を生ずべき元本のその年における保有期間に対応する部分の金額に限られます（所法24②）。

4　少額配当とは，1回に支払いを受けるべき金額が「10万円×配当計算期間の月数÷12か月」以下の配当をいいます（措法8の5①一）。

5　課税される所得金額が4,000万円以上の場合，所得税率は最高税率の45％になります（所法89①）。

　利益剰余金を原資とする配当のほか，非適格分割型分割等の際に生じるみな
し配当についても配当所得の対象となるため（所法25），M&Aにおいては，
採用するスキームにより配当所得に対する課税関係の検討が必要になります。

③　退職金

　個人が退職金を受け取った場合には，退職所得として所得税の課税が生じま
す。退職所得の金額の計算方法は次の通りです（所法30①②）。

【退職所得の金額の計算】

$$退職所得の金額 ＝ （収入金額（源泉徴収前） － 退職所得控除額） \times \frac{1}{2}$$

　退職所得控除額は勤続年数に応じて次の通り計算します（所法30③，⑥二）。

勤続年数	退職所得控除額
20年以下	40万円 × 勤続年数 （80万円に満たない場合には，80万円）
20年超	800万円 ＋ 70万円 × （勤続年数 － 20年）

　退職所得の金額の計算では，退職所得控除額が控除できることと，退職所得
控除額の控除後の金額に2分の1を乗じる点が特徴です[6]。

　退職所得に対する税率は，累進税率により最高で55.945％になります。ただ
し，退職所得控除額の控除及び「2分の1」により，退職金の支給額に対する
税率はその半分以下（約27％以下）に圧縮されます。

　M&Aにおいては，M&Aに伴い退任する役員に対して退職金を支給する場
合に退職所得に対する課税関係の検討を要します。

---

[6]　勤続年数が5年以下である役員が支払いを受ける退職手当等については，「×1／2」の適用は
　ありません（所法30②⑤）。また，役員以外の者が支払いを受ける退職手当等は，勤続年数が5年以
　下である場合，収入金額から退職所得控除額を控除した残額のうち300万円を超える部分の金額につ
　いては「×1／2」の適用はありません（所法30②④）。

(3)　法人税

　法人税は法人の所得に対して課される税金で，各事業年度の所得の金額[7]に税率を乗じて計算します。法人の所得に対しては，法人税のほか，地方法人税や法人住民税，事業税等が課され，実効税率は約30％〜35％程度となります。

　M＆Aにおいては，主に次の項目について法人税の課税関係の検討を要します。

①　株式譲渡損益（法人株主）

　法人が株式を譲渡した場合，譲渡益の金額は益金の額に算入され，譲渡損の金額は損金の額に算入されます（法法61の2①）。譲渡益の金額又は譲渡損の金額は，譲渡価額から譲渡原価を差し引いて計算します。譲渡原価は譲渡した株式の税務上の帳簿価額であるため，会計上の帳簿価額と税務上の帳簿価額が異なる場合は，会計と税務で異なる譲渡損益が算出されることになります。

　M＆Aにおいては，法人株主が保有する株式を譲渡した場合に株式譲渡損益に関する課税関係の検討が必要になります。また，分割型分割における分割法人の株主，株式交換における完全子法人の株主等においても，株式譲渡損益が生じる可能性があります。

　法人税は所得税と異なり，所得の発生原因によって計算方法が区分されていないため，M＆Aにより生じた株式譲渡益を事業で生じた損失や繰越欠損金（後述「③繰越欠損金」参照）と相殺することも可能です。

②　事業譲渡損益

　法人が事業を譲渡した場合，譲渡益の金額は益金の額に算入され，譲渡損の金額は損金の額に算入されます（法法22②③）。譲渡益の金額又は譲渡損の金額は，譲渡価額から譲渡原価を差し引いて計算します。譲渡原価は，譲渡した事業に係る資産・負債の税務上の帳簿価額であるため，会計上の帳簿価額と税務上の帳簿価額が異なる場合は，会計と税務で異なる譲渡損益が算出されるこ

7　各事業年度の所得の金額は，その事業年度の益金の額から損金の額を控除して計算します（法法22①）。

とになります。

　Ｍ＆Ａにおいては，法人が事業譲渡をした場合に事業譲渡損益に関する課税関係の検討が必要になります。

　法人税は所得税と異なり，所得の発生原因によって計算方法が区分されていないため，Ｍ＆Ａにより生じた事業譲渡益を事業で生じた損失や繰越欠損金（後述「③繰越欠損金」参照）と相殺することも可能です。

③　繰越欠損金

　法人税の課税標準である各事業年度の所得の金額は事業年度ごとに計算するのが原則です。ただし，青色申告法人[8]については，過年度に生じた欠損金を10年間繰り越し，所得の生じた事業年度において損金の額に算入することができます（法法57①）。損金算入限度額は，次の通りです。

法人の区分	損金算入限度額
中小法人等※	所得の金額の100％
中小法人等以外	所得の金額の50％

※資本金の額又は出資金の額が１億円以下である法人をいいます。ただし，資本金の額又は出資金の額が５億円以上である大法人との間に完全支配関係がある法人等は中小法人等から除かれます。

　Ｍ＆Ａにおいては，株式譲渡益や事業譲渡益が生じた場合に，これらの譲渡益と繰越欠損金を相殺することが可能です。

　なお，株式譲渡により繰越欠損金を有する被買収会社を子会社化した場合，買収後においても被買収会社はその繰越欠損金を使用することができますが，「欠損等法人の欠損金の繰越しの不適用」の規定が適用される場合には，繰越欠損金が切り捨てられるため注意を要します（「第２章　５．欠損等法人の欠損金の繰越しの不適用」参照）。また，買収後にその被買収会社を再編当事者とするグループ内組織再編成を行った場合，被買収会社の繰越欠損金が切り捨てられることがあります（「第２章　３．繰越欠損金の取扱い」参照）。

8　法人税の確定申告書等を青色申告書によって提出することの承認を受けた法人をいいます（法法121①）。

④　配当金（法人株主）

　法人が配当金を受け取った場合には，受取配当等の益金不算入の規定が適用され，株式の保有割合等に応じ，一定額が益金不算入（非課税）となります（法法23）。益金不算入額は，配当等の区分に応じ，次の表の通りです（法法23①④⑤⑥，法令22，22の2，22の3）。

配当等の区分		益金不算入額
完全子法人株式等	配当等の計算期間を通じて完全支配関係がある法人の株式等	配当金の額 × 100%
関連法人株式等	配当等の基準日以前6か月の期間を通じた株式等の保有割合が3分の1超である株式等（完全子法人株式等を除く。）	配当金の額 －控除負債利子の額
その他株式等	他のいずれにも該当しない株式等	配当金の額 × 50%
非支配目的株式等	配当基準日時点の株式等保有割合が5%以下である株式等	配当金の額 × 20%

　M&Aにおいては，株式譲渡に先立って被買収会社が余剰資金を株主に配当することにより被買収会社株式の時価を引き下げ，法人株主における株式譲渡益を圧縮するケースや，買収後に買収会社が投下資本の早期回収を企図し，被買収会社から配当を受け取るケースなどにおいて，受取配当に対する課税関係の検討が必要になります。また，非適格分割型分割等により金銭等の交付を受けた場合，法人税法上は一定の金額が配当とみなされるため（法法24①二），法人が分割法人等の株主である場合にも検討を要します。

⑤　資産調整勘定・差額負債調整勘定

　法人が次の事由により交付する対価の価額が，移転を受けた資産・負債の時価純資産価額[9]を超える場合の，その超える部分の金額を資産調整勘定といいます。また，対価の価額が移転を受けた資産・負債の時価純資産価額に満たない場合の，その満たない部分の金額を差額負債調整勘定といいます（法法62の

9　営業権については，独立して取引される慣習のあるもののみを資産の取得価額に含めて資産・負債の時価純資産価額を計算します（法令123の10③）。差額負債調整勘定の計算においても同様です。

8①③，法令123の10①）。

- 非適格合併
- 非適格分割（事業が移転するものに限る。）
- 非適格現物出資（事業が移転するものに限る。）
- 事業の譲受け

　資産調整勘定は60か月間で均等に取り崩して損金の額に算入し，差額負債調整勘定は60か月間で均等に取り崩して益金の額に算入します（法法62の8④⑤⑦⑧）。

【資産調整勘定と差額負債調整勘定】

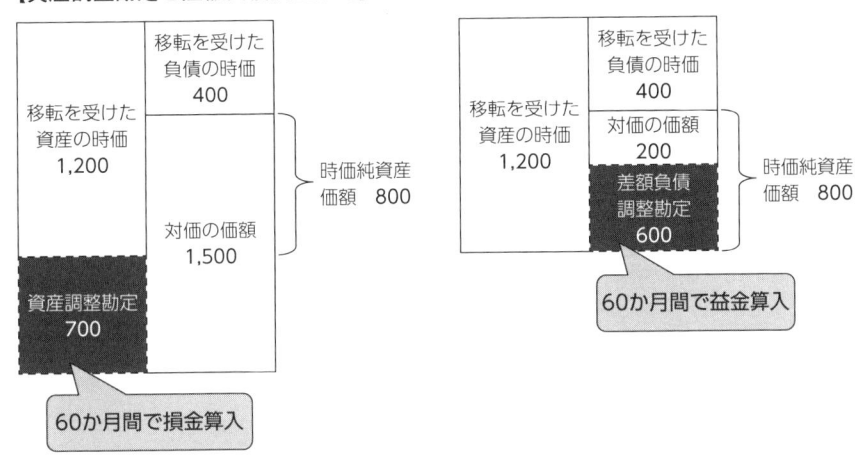

　なお，資産調整勘定及び差額負債調整勘定は，事業及びその事業に係る主要な資産又は負債のおおむね全部が移転していることを前提に計上することとされています（法令123の10①）。土地のみの移転を受ける分割など，分割対象が個別資産のみで事業の移転を受けていない場合は，資産調整勘定及び差額負債調整勘定は計上されません。

　事業譲渡や分割はM＆Aの手法として多用されていますが，事業譲渡又は非適格分割により事業を受け入れた場合は資産調整勘定又は差額負債調整勘定が生じるため，資産調整勘定の取崩しによる損金算入額又は差額負債調整勘定の取崩しによる益金算入額が，将来の納税額に与える影響について検討が必要に

なります。

⑥　中小法人特例・中小企業者特例
　中小法人とは，次の法人をいいます。

期末の資本金の額又は出資金の額が1億円以下である法人（期末において次に掲げる法人に該当するものを除く。）
　(a)　大法人（資本金の額又は出資金の額が5億円以上である法人等）との間に当該大法人による完全支配関係がある法人
　(b)　完全支配関係のある複数の大法人に発行済株式等の全部を直接又は間接に保有されている法人

　中小企業者とは，次の法人をいいます。

資本金の額又は出資金の額が1億円以下である法人（次に該当する法人を除く。）
　(a)　同一の大規模法人※に発行済株式等（自己株式等を除く。以下同じ。）の2分の1以上を所有されている法人
　(b)　2以上の大規模法人※に発行済株式等の3分の2以上を所有されている法人
　　※大規模法人とは，次の法人をいいます。
　　　(イ)　資本金の額又は出資金の額が1億円超の法人
　　　(ロ)　資本又は出資を有しない法人のうち常時使用する従業員の数が1,000人超の法人
　　　(ハ)　大法人（資本金の額又は出資金の額が5億円以上である法人等）の100％子法人等
　　　(ニ)　100％グループ内の複数の大法人に発行済株式等の全部を保有されている法人

　中小法人・中小企業者に対する主な優遇税制は，次の通りです。

項　目	中小法人・中小企業者	中小法人・中小企業者以外
法人税率	所得金額年800万円までは15％[10]，年800万円を超える部分の金額は23.2％	一律23.2％
繰越欠損金の損金算入限度額	所得金額の100％	所得金額の50％
欠損金の繰戻還付	適用あり	適用なし
留保金課税	適用なし	適用あり
貸倒引当金の損金算入	適用あり	適用なし
租税特別措置法上の各種税額控除等	優遇あり	優遇なし

　中小法人・中小企業者とも，自社の資本金の額とともに，親法人の資本金の額が判定に影響します。M&Aにより，中小法人・中小企業者であった法人が規模の大きい法人に買収され，中小法人・中小企業者に該当しないこととなった場合，買収前に被買収会社が受けていた各種優遇税制の適用を受けることができなくなるため，買収後の納税額への影響について検討が必要になります。

⑦　組織再編税制（適格組織再編成と非適格組織再編成）

　法人が合併，分割，現物出資，現物分配を行った場合，法人税法上は，被合併法人等（被合併法人，分割法人，現物出資法人又は現物分配法人をいいます。）の資産・負債は原則として時価で譲渡したものとされ，被合併法人等において資産等の含み損益に対し課税が生じます（法法22②③，62①）。

　しかしながら，あらゆる組織再編成に対し一律に課税してしまうと，企業が行う健全な経済活動を税制が阻害してしまうことになりかねません。そこで法人税法では，一定の要件（適格要件）を満たす組織再編成を「適格組織再編成」として課税が生じないようにしています。例えば適格合併では，被合併法人に資産等の譲渡損益が生じることはなく（法法62の2①，法令123の3①），合併法人は被合併法人の資産・負債を被合併法人における帳簿価額により引き

10　前3年間の平均所得金額が15億円を超える法人は19％になります。なお，2025年度税制改正により，2025年4月1日以後に開始する事業年度から，所得の金額が年10億円を超える事業年度は17％，通算法人は19％になる予定です。

継ぎます（法法62の2④，法令123の3③）。

　また，株式交換は，合併と整合性の取れた課税関係になるように制度が構築されています。合併は法人の事業や資産を直接的に取得する行為ですが，株式交換は法人の株式取得を通じてその法人の事業や資産を実質的に取得するという効果があります。実質的に同様の効果を得られる行為に対しては同様の課税が行われることが望ましいことから，適格要件を満たさない株式交換では，株式交換完全子法人の有する一定の資産に対し時価評価課税を行うこととしています（法法62の9①）。株式移転についても同様に，適格要件を満たさない株式移転では，株式移転完全子法人の有する一定の資産に対し時価評価課税を行うこととしています（法法62の9①）。

　なお，適格要件を満たさない組織再編成は，一般に「非適格組織再編成」といわれます。

【組織再編成の適格・非適格による課税の違い】

		適　格	非適格
合　併 分　割 現物出資	被合併法人 分割法人 現物出資法人	➢移転資産・負債に係る 　<u>譲渡損益計上なし</u>	➢移転資産・負債に係る 　<u>譲渡損益計上あり</u>
	合併法人 分割承継法人 被現物出資法人	➢資産・負債の<u>簿価引継ぎ</u>	➢資産・負債の<u>時価取得</u>
現物分配	現物分配法人	➢移転資産に係る 　<u>譲渡損益計上なし</u>	➢移転資産に係る 　<u>譲渡損益計上あり</u>
	被現物分配法人	➢資産の<u>簿価引継ぎ</u>	➢資産の<u>時価取得</u>
株式交換 株式移転	完全子法人	➢保有資産の<u>時価評価なし</u>	➢保有資産の<u>時価評価あり</u>
（参考） 事業譲渡	事業譲渡法人	（適格・非適格なし） ➢移転資産・負債に係る<u>譲渡損益計上あり</u>	
	事業譲受法人	（適格・非適格なし） ➢資産・負債の<u>時価取得</u>	

　適格要件の内容は，巻末資料「組織再編成の手法別適格要件」を参照してください。

(4)　地方税（資本金等の額）

　法人の都道府県民税均等割は，資本金等の額を基礎として事業所ごとに課税され，市町村民税の均等割は，資本金等の額と従業者数を基礎として事業所ごとに課税されます（地法52①，312①）。事業税資本割は，資本金の額が1億円超である法人[11]を対象とし，資本金等の額に税率を乗じて計算します（地法72の12二，72の21①）。ただし，これらの税額計算の基礎となる資本金等の額が，事業年度終了の日における資本金の額及び資本準備金の額の合計額に満たない場合は，資本金の額及び資本準備金の額の合計額を基礎に計算することとされています（地法52④，72の21②，312⑥）。このような計算の仕組み上，組織再編成により資本金の額や資本準備金の額，税務上の資本金等の額に変動が生じると，住民税均等割や事業税資本割の納税額に影響を及ぼすことになります。

　M＆Aにおいては，会社分割等の組織再編成による手法を選択する場合に，組織再編成後の資本金等の額に関する検討を要します。

(5)　消費税

　消費税は資産の譲渡や役務の提供に対して課されますが，M＆Aや組織再編成における主な取扱いは次の通りです。

①　株式譲渡

　消費税法上，株式譲渡は非課税取引であるため（消法別表第2二），消費税は課されません。ただし，課税売上割合の計算においては，株式の譲渡対価の額の5％相当額を分母に算入します（消令48①⑤）。

②　事業譲渡

　事業譲渡では，譲渡の対象となる資産を個別に譲渡したものとして，各資産ごとに消費税の取扱いを検討することになります。移転資産の中に課税資産が

11　外形標準課税の適用対象法人に関する改正は，「第2章　10．住民税均等割・事業税資本割」参照。

含まれていれば課税売上げを計上し，土地や貸付金などの非課税資産が含まれていれば非課税売上げを計上します。なお，自己創設のれん（営業権）の譲渡対価は課税売上げに該当します（本章「4．事業譲渡によるM＆Aの税務　(1)売手（T社）の税務　②消費税」参照）。

　事業の譲受け側の消費税の取扱いも同様です。譲り受けた資産の内容により課税仕入れに該当するか否かの判定を行います。

③　合併及び会社分割

　合併及び会社分割は，資産・負債や権利義務を包括的に承継します（会社法2二十七，二十八，二十九，三十）。包括承継は資産の譲渡等に該当しないため（消令2①四），消費税の課税の対象になりません。

(6)　不動産取得税

　不動産取得税は，土地や家屋の購入，贈与，家屋の建築などで不動産を取得したときに，取得した者に対して課される税金です。M＆Aや組織再編成により不動産を取得した場合，原則として不動産取得税の課税の対象とされますが，合併及び一定の会社分割による不動産の取得に限り非課税とされます（地法73の7二）。分割における不動産取得税の非課税要件は次の通りです（地令37の14）。

要　件		要件の内容
①	対価要件	分割法人の株主に分割承継法人の株式以外の資産が交付されないこと（対価を交付する分割型分割の場合は，分割承継法人の株式が分割法人の株主の有する分割法人株式数の割合に応じて交付されること）
②	主要資産負債引継要件	分割事業に係る主要な資産・負債が分割承継法人に移転していること
③	従業者従事要件	分割の直前の分割事業に係る従業者のおおむね80％以上の者が，分割後に分割承継法人の業務に従事することが見込まれていること
④	事業継続要件	分割事業が，分割承継法人において分割後に引き続き営まれることが見込まれていること

(7)　登録免許税

　登録免許税は，不動産，船舶，航空機，会社，人の資格などについての登記や登録，特許，免許，許可，認可，認定，指定及び技能証明について課される税金です。M＆Aや組織再編成においては，不動産の取得による不動産登記や資本金の増加による商業登記の際に登録免許税が生じます。

(8)　印紙税

　印紙税とは，印紙税法上の課税文書を作成した場合に，当該課税文書に課される税金です。M＆Aや組織再編成における主な取扱いは，次の通りです。

分　類	契約書	印　紙
株式譲渡	株式譲渡契約書	原則として不要※
事業譲渡	事業譲渡契約書	契約書記載金額に応じ200円〜60万円
合　併	合併契約書	4万円
会社分割	分割契約書又は分割計画書	4万円
株式交換	株式交換契約書	不　要
株式移転	株式移転計画書	不　要

※株式譲渡契約書に譲渡対価を受領した旨の記載がある場合は200円

3. 株式譲渡によるM&Aの税務

株式譲渡は金銭を対価に株式を取得するM&Aの手法であり，実務上，広く一般に行われています。

株式譲渡では，買収会社は被買収会社株式を取得し，被買収会社の株主は対価として金銭を取得します。

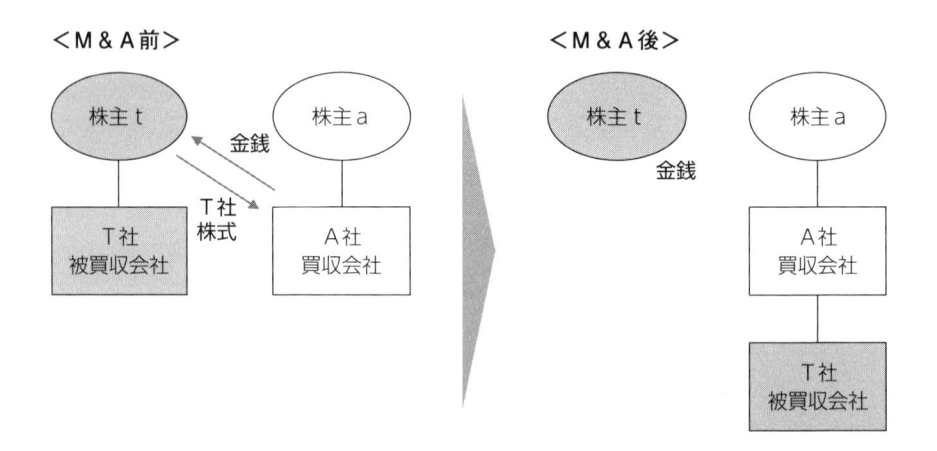

(1) 売手（株主 t ）の税務

① 株式譲渡益

(a) 個人株主の場合

個人が株式を譲渡した場合，譲渡所得の金額に対して20.315％の所得税等が課されます。譲渡所得の金額の計算上控除する取得費が不明の場合には，譲渡価額の5％相当額を取得費（概算取得費）とすることができます。なお，実際の取得費が概算取得費を下回る場合にも，概算取得費を取得費とすることができます。

【概算取得費による計算例】

前提：譲渡収入5億円，実際の取得費1,000万円

- 実際の取得費による譲渡所得の金額

  5億円 − 1,000万円 ＝ 4億9,000万円

- 概算取得費による譲渡所得の金額

  5億円 − 5億円 × 5 ％ ＝ 4億7,500万円

判定：概算取得費の方が有利

(b)　法人株主の場合

　法人が株式を譲渡して譲渡益が生じた場合，譲渡益に対し約30％〜35％の法人税等が課税されます。ただし，M&Aにより生じた株式譲渡益を事業で生じた損失や繰越欠損金と相殺した場合には，譲渡益に対する課税が生じないこともあります[1]。

　なお，所得税と異なり，法人の株式譲渡原価の計算上，概算取得費の取扱いはありません。

②　消費税

　消費税法上，株式譲渡は非課税取引であり，譲渡対価の額の5％相当額を課税売上割合の分母に算入します。

③　役員退職金

　退職所得は，給与所得等の他の所得と分離して累進課税の対象とされますが，勤続年数が5年以下である役員を除き，退職金の支給額に対する税率は最高で約27％です（本章「2．M&Aに関連する税制の基礎知識　(2)所得税　③退職金」参照）。退職所得の金額の計算上は退職所得控除額が控除できるため，勤続年数によっては株式の譲渡所得に対する税率（20.315％）よりも低い税率になることもあります。したがって，株主 t が被買収会社（T社）の役員であり，

1　繰越欠損金の相殺については，中小法人等を除き，欠損金控除前の所得金額の50％相当額が損金算入限度額とされます。

株式譲渡に伴って役員を退任する場合は，役員退職金の支給による税負担の軽減可否について検討を行います。

　また，法人が支払う役員退職金は，不相当に高額なものを除き，原則として株主総会の決議等によって退職金の額が具体的に確定した日の属する事業年度の損金の額に算入できますので（法法34②，法令70二，法基通9－2－28），法人税の圧縮効果もあります。非上場会社の役員退職金は，次の方法（功績倍率法）により計算した金額を基礎に支給することが一般的です。

【功績倍率法による役員退職金の計算】

役員退職金 ＝ 最終報酬月額 × 役員在任年数 × 功績倍率

　なお，被買収会社（T社）の役員が，M＆A後の一定期間T社の業務に従事することがM＆Aの条件になっている場合，株式譲渡時に支払う退職金はその役員に対する賞与として取り扱われる可能性があることに注意が必要です。

④　株式譲渡前の配当

　M＆Aにおいては，株式譲渡に先立って被買収会社が余剰資金を株主に配当することにより被買収会社株式の時価を引き下げ，株主における株式譲渡益を圧縮することが検討されます。

事例検討

　下記の事例において，M＆A前の配当の有無による影響を，株主tが法人である場合と個人である場合とに分けて検討します[2]。

2　株主tが法人の場合，グループ通算制度の採用，留保金課税（法法67）の適用，及び，子会社株式簿価減額特例（法令119の3⑩）の適用はいずれもないものとします。グループ通算制度を採用している場合には，株式譲渡時の投資簿価修正による影響を考慮する必要があります。留保金課税が適用される場合には，課税対象となる留保金額は，受取配当等の益金不算入の規定の適用前の所得金額を基礎に計算するため，判定には留意が必要です。子会社株式簿価減額特例の適用がある場合には，受取配当等の益金不算入額相当額を子会社株式の帳簿価額から減額するため，受取配当等の益金不算入による税負担減少効果がなくなります。

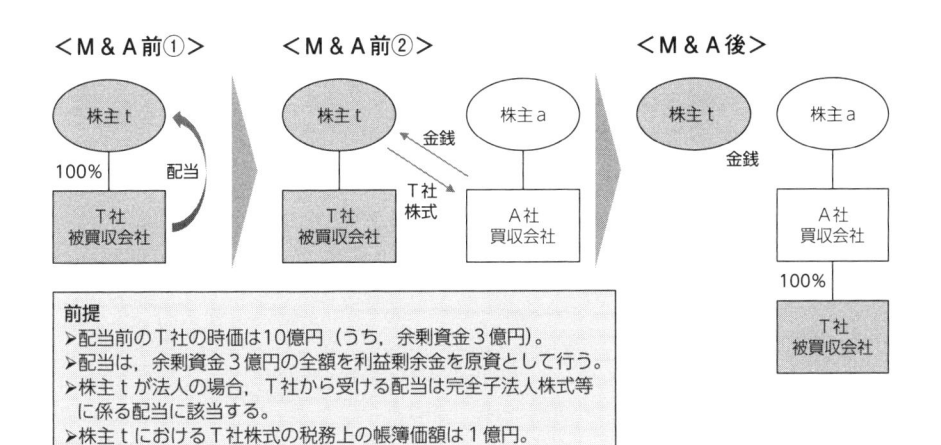

【各会社（個人）ごとの課税関係】

	配当しない場合	配当する場合	判　定
A社 （買収会社）	➢10億円でT社株式を取得する。	➢7億円でT社株式を取得する。	➢配当ありの場合，買収資金が抑制される
T社 （被買収会社）	➢株主が変わるだけなので課税関係は生じない。	➢同左（純資産は減少）	➢有利不利なし
株主t （法人の場合）	➢T社株式譲渡益（10億円－1億円＝9億円）に対して法人税等（約30％〜35％）の課税が生じる。	➢受取配当金3億円は全額益金不算入になる。 ➢T社株式譲渡益（7億円－1億円＝6億円）に対して法人税等（約30％〜35％）の課税が生じる。	➢配当ありが有利
株主t （個人の場合）	➢T社株式譲渡益（10億円－1億円＝9億円）に対して所得税等（20.315％）の課税が生じる。	➢受取配当金3億円に対して所得税等（約50％）の課税が生じる。 ➢T社株式譲渡益（7億円－1億円＝6億円）に対して所得税等（20.315％）の課税が生じる。	➢配当なしが有利

　事前に配当を行うことで，被買収会社の時価が配当の金額相当分引き下げられるため，買収会社における買収資金を抑制できます。

　被買収会社株主が法人の場合は，受取配当等の益金不算入の規定が適用されるため，事前に配当を行う方が配当を行わないよりも税負担は少なくなります。

　他方で，被買収会社株主が個人の場合，配当所得の金額に対し約50％の所得税等の課税が生じます。株式譲渡所得に対する税率は20.315％であるため，配当を行わない方が税負担は少なくなります。

(2)　買収会社（A社）の税務

①　株式の取得

　A社は株式譲渡によりT社株式を取得します。時価[3]で取引が行われることを前提とすると，A社に法人税等の課税は生じません。なお，買収先特定後に行ったデューデリジェンス費用や仲介手数料などの費用は，株式取得に係る付随費用としてT社株式の取得価額に加算します[4]。

②　買収後の配当

　T社がA社による買収後，早期に配当の支払いを行う場合，その配当のA社における益金不算入額について事前に慎重な確認が必要です。益金不算入額は，配当等の区分に応じ，次の表の通りです（法法23①④⑤⑥，法令22，22の2，22の3）。

3　非上場会社の株式の時価については，「純然たる第三者間において種々の経済性を考慮して定められた取引価額は……一般に常に合理的なものとして是認されることとなろう」とされます（松尾公二編著『法人税基本通達逐条解説〔十一訂版〕』869頁（税務研究会出版局・2023年）参照）。

4　買収先特定前の調査費用等（買収対象会社を探すための費用など）は，付随費用に該当しないため支出時の費用になります。

配当等の区分		益金不算入額
完全子法人株式等	配当等の計算期間を通じて完全支配関係がある法人の株式等	配当金の額 × 100％
関連法人株式等	配当等の基準日以前6か月の期間を通じた株式等の保有割合が3分の1超である株式等（完全子法人株式等を除く。）	配当金の額 － 控除負債利子の額
その他株式等	他のいずれにも該当しない株式等	配当金の額 × 50％
非支配目的株式等	配当基準日時点の株式等保有割合が5％以下である株式等	配当金の額 × 20％

　買収後，早期に配当の支払いを行うと，完全子法人株式等及び関連法人株式等に該当しない可能性があり，その場合はその他株式等として益金不算入額は配当金の額の50％になります（「第2章　8．その他法人税法上の留意点　(3)受取配当等の益金不算入」参照）。

③　その他の税務上の論点
　T社が不動産を保有している場合であっても，不動産はT社から移転しないため，不動産移転コスト（登録免許税及び不動産取得税）は生じません。宿泊業や不動産賃貸業など多くの不動産を保有している業種のM＆Aでは，不動産移転コストの抑制の観点から，M＆Aの手法として株式譲渡を選択せざるを得ない場合があります。

(3)　被買収会社（T社）の税務

① 　中小法人等の優遇税制
　中小法人・中小企業者であったT社が規模の大きい法人に買収され，中小法人・中小企業者に該当しないこととなった場合，買収前にT社が受けていた各種優遇税制の適用を受けることができなくなります。

4．事業譲渡によるM＆Aの税務

　事業譲渡は金銭を対価に事業を取得するM＆Aの手法であり，実務上，広く一般に行われています。

　事業譲渡では，買収会社は買収対象事業を取得し，被買収会社は対価として金銭を取得します。

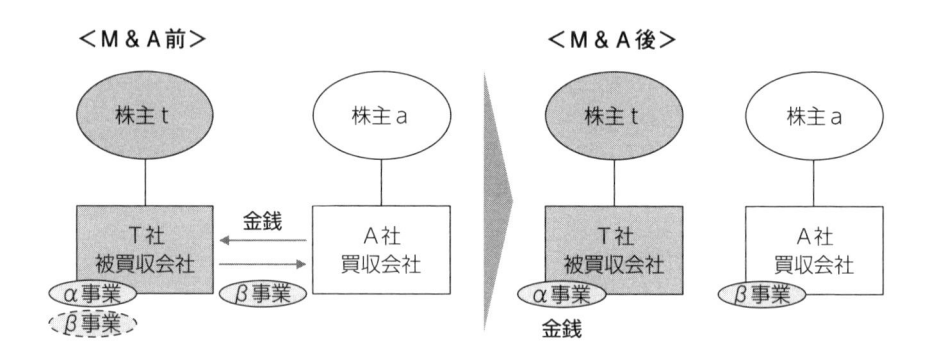

(1)　売手（T社）の税務

①　事業譲渡益

　法人が事業を譲渡して譲渡益が生じた場合，譲渡益に対し約30％〜35％の法人税等が課税されます。ただし，M＆Aにより生じた事業譲渡益を事業で生じた損失や繰越欠損金と相殺した場合には，譲渡益に対する課税が生じないこともあります[1]。

②　消費税

　事業譲渡は消費税の課税対象になります。事業譲渡により譲渡する資産に土

1　繰越欠損金の相殺については，中小法人等を除き，欠損金控除前の所得金額の50％相当額が損金算入限度額とされます。

地や有価証券，金銭債権が含まれている場合は，これらの資産の譲渡対価は非課税売上げに該当し，課税売上割合が減少します。

また，自己創設のれん（営業権）の譲渡対価は課税売上げに該当します[2]。例えば，譲渡対価を5億円（時価）とする事業譲渡で，譲渡対象資産が売掛金と有形減価償却資産の合計2億円（時価）である場合，差額の3億円は自己創設のれんの譲渡対価であると考えられ，課税売上げになります。事業譲渡契約書には「営業権の対価として○○円支払う」という記載がなく，課税売上げの計上が漏れてしまう傾向があるため注意が必要です。

③　印紙税

事業譲渡契約書は印紙税法における第1号文書に該当するため，事業譲渡の契約金額に応じた印紙の貼付が必要です。

【事業譲渡契約書の印紙税額】

契約書記載金額	印紙税額
1万円未満	非課税
1万円以上10万円以下	200円
10万円を超え50万円以下	400円
50万円を超え100万円以下	1,000円
100万円を超え500万円以下	2,000円
500万円を超え1,000万円以下	1万円
1,000万円を超え5,000万円以下	2万円
5,000万円を超え1億円以下	6万円
1億円を超え5億円以下	10万円
5億円を超え10億円以下	20万円
10億円を超え50億円以下	40万円
50億円を超えるもの	60万円
契約金額の記載のないもの	200円

2　課税の対象となる資産の譲渡等の「資産」には無形資産である営業権も含まれます（消基通5－1－3）。

⑵　株主（ t ）の税務

　株式譲渡と異なり，事業譲渡益が生じるのはT社であるため，株主 t に課税は生じません。

　事業譲渡の対価はT社が取得するため，その後，株主 t がその対価を受け取るためには，T社が別途配当などを行う必要があります。株主 t が法人の場合は，T社から株主への配当は受取配当等の益金不算入が適用されるため，完全子法人株式等に係る配当に該当することを前提とすると，株主は税負担なく対価を受け取ることができます。他方で，株主 t が個人の場合は，T社から受け取る配当には最高で約50％の税率が適用され，税負担が重くなります。実務上は，T社の株主が個人であり，かつ，株主が対価の受取りを希望する場合は，事業譲渡ではなく株式譲渡が採用されます。

　なお，T社が事業の全部を譲渡し，事業譲渡後に解散を見込んでいるのであれば，役員退職金の支給を組み合わせた節税策が考えられます。役員退職金の支給額に対する所得税率は最高で約27％であるため（本章「2．M&Aに関連する税制の基礎知識　⑵所得税　③退職金」参照），株主がT社の役員である場合には，対価を配当として受け取る場合に比較すると，税負担の圧縮効果があります。

⑶　買手（A社）の税務

①　資産・負債の時価取得と資産調整勘定・差額負債調整勘定

　A社は，譲り受けた資産・負債の時価を取得価額として計上します。

　事業の譲受けの対価の価額が，移転を受けた資産・負債の時価純資産価額を超える場合，A社はその超える部分の金額を資産調整勘定として計上します。資産調整勘定は60か月間で均等に取り崩して損金の額に算入します。

　逆に，事業の譲受けの対価の価額が移転を受けた資産・負債の時価純資産価額に満たない場合，A社はその満たない部分の金額を差額負債調整勘定として計上します。差額負債調整勘定は60か月間で均等に取り崩して益金の額に算入します。

【資産調整勘定と差額負債調整勘定】

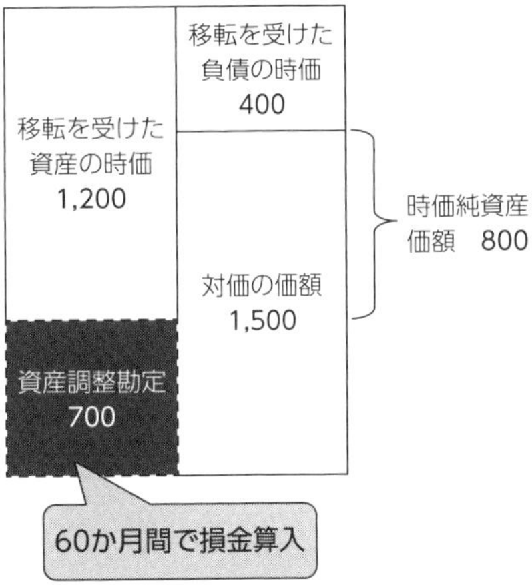

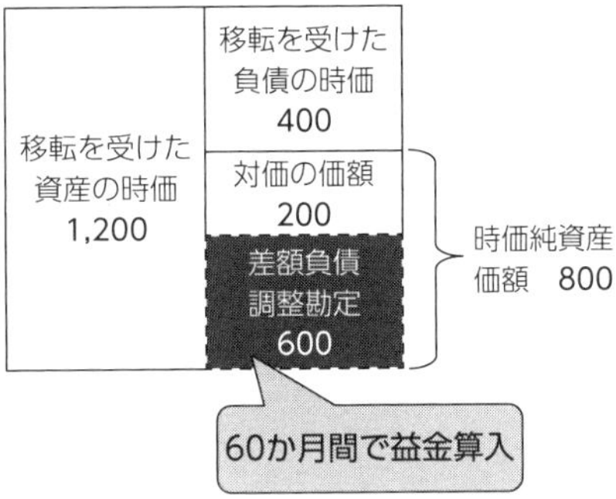

　資産調整勘定及び差額負債調整勘定は事業譲渡によるM＆Aの重要な論点になります。事業の譲受けにより資産調整勘定が計上される場合には，買収会社の買収後の税金費用が減少することになり，差額負債調整勘定が計上される場合には，買収会社の買収後の税金費用が増加することになるため，売手・買手双方において取引価格交渉の材料になり得ます。

②　M＆A関連費用の取扱い

　事業の譲受けに係るデューデリジェンス費用や仲介手数料は，資産の取得価額に含まれることなく損金の額に算入されます。

③　不動産取得税

　事業譲渡により不動産を取得した場合には，下記の不動産取得税が課されます（地法73の13①，15，地法制定附則11の2①）。

- 土地……固定資産税評価額[3]×3％（2027年3月31日まで）
- 建物……固定資産税評価額×4％[4]

3　2027年3月までに取得した宅地等に係る不動産取得税は，「取得した宅地等の価格×1／2」が課税標準額となります（地法制定附則11の5①）。

　なお，会社分割の場合には，一定の要件を充足することにより不動産取得税を非課税とする措置が設けられていますが（本章「2．M＆Aに関連する税制の基礎知識　(6)不動産取得税」参照），事業譲渡の場合は当該措置の適用はありません。また，株式譲渡の場合には，不動産の移転がないため不動産取得税は課されません。したがって，買収対象事業に多くの不動産が含まれ，不動産取得税の負担が多額にのぼることが見込まれる場合には，事業譲渡ではなく他の手法の採用が検討されます。

④　登録免許税

　事業譲渡により不動産を取得した場合には，所有権移転登記の際に下記の登録免許税が課されます（登免法9，別表第1）。

- 土地……固定資産税評価額×2％
- 建物……固定資産税評価額×2％

⑤　未経過固定資産税

　実務上，不動産の売買が行われると，一般に未経過固定資産税の精算が行われます。買収会社が被買収会社に対して支払う未経過固定資産税の精算金は，固定資産税そのものではなく譲渡対価の一部として取り扱われるため，不動産の取得価額に含まれます。

⑥　消費税

　事業譲渡により譲り受けた資産の内容により，課税仕入れに該当するか否かの判定を行います。なお，営業権の譲受対価は課税仕入れに該当します（「(1)売手（T社）の税務　②消費税」参照）。

⑦　印紙税

　事業譲渡契約書は印紙税法における第1号文書に該当するため，事業譲渡の契約金額に応じた印紙の貼付が必要です（「(1)売手（T社）の税務　③印紙税」参照）。

4　取得した建物が住宅の場合，2027年3月までの取得には3％の税率が適用されます（地法制定附則11の2①）。

5．会社分割によるM＆Aの税務

　会社分割はM＆Aの場面において多用されています。手法により非適格分割になる場合と適格分割になる場合があり，また，その分割が分割型分割か分社型分割かにより関係当事者の課税関係が大きく異なります。

　分割の適格要件は，次の表の通りです。各要件の内容は，巻末資料「組織再編成の手法別適格要件」を参照してください。

完全支配関係[※]のある法人間の分割	支配関係[※]のある法人間の分割	共同事業を行うための分割
ⅰ．対価要件 ⅱ．完全支配関係要件	ⅰ．対価要件 ⅱ．支配関係要件 ⅲ．主要資産負債引継要件 ⅳ．従業者従事要件 ⅴ．事業継続要件	ⅰ．対価要件 ⅱ．事業関連性要件 ⅲ．事業規模要件又は特定役員引継要件 ⅳ．主要資産負債引継要件 ⅴ．従業者従事要件 ⅵ．事業継続要件 ⅶ．株式継続保有要件

※完全支配関係及び支配関係については，「第2章　2．適格判定　(2)グループ内組織再編成の適格要件」参照。

　分割対価を交付する場合の分割型分割と分社型分割の定義は，次の表の通りです（法法2十二の九，十二の十）[1]。

分割型分割	分割により分割法人が交付を受ける分割対価資産の全てが当該分割の日において当該分割法人の株主等に交付されるもの
分社型分割	分割により分割法人が交付を受ける分割対価資産が当該分割の日において当該分割法人の株主等に交付されないもの

1　分割対価を交付しない場合の分割型分割と分社型分割の定義は「第2章　2．適格判定　(3)完全支配関係法人間の組織再編成の適格判定の具体例　②分割」参照。

⑴ 買収会社を分割承継法人とする分割（現金対価）

　現金を対価とする会社分割では，下記の図のように，被買収会社（T社）は β事業を分割し，対価として金銭を受け取ります。買収会社（A社）はβ事業を分割承継し，対価として金銭を支払います。

　この会社分割は，法人税法上，分社型分割に該当します。また，分割の対価として金銭を交付することから対価要件を充足せず，非適格分割になります。

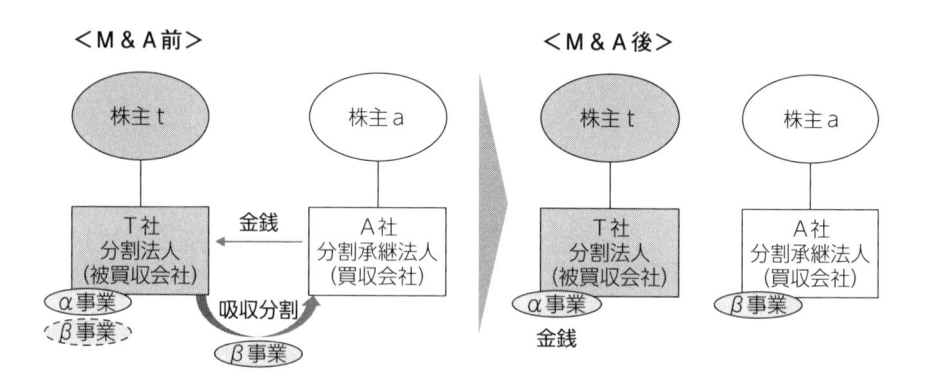

① 分割法人（T社）の税務

(a) 分割利益

　非適格分割では，分割法人の資産・負債は時価で譲渡したものとされ（法法62①），分割利益に対して約30％〜35％の法人税等が課税されます。ただし，分割利益を事業で生じた損失や繰越欠損金と相殺した場合には，分割利益に対する課税が生じないこともあります[2]。

(b) 消費税

　会社分割は資産・負債や権利義務を包括的に承継します。包括承継は資産の譲渡等に該当しないため，消費税の課税の対象になりません。

2　繰越欠損金の相殺については，中小法人等を除き，欠損金控除前の所得金額の50％相当額が損金算入限度額とされます。

(c) 印紙税

分割契約書は印紙税法における第5号文書に該当するため，4万円の印紙の貼付が必要です。

② 株主（t）の税務

分割利益が生じるのは分割法人T社であるため，株主tに分割利益の課税は生じません。

現金を対価とする分社型分割では分割法人T社が対価を取得するため，その後，株主tがその対価を受け取るためには，T社が別途配当などを行う必要があります。株主tが法人の場合は，T社から株主への配当は受取配当等の益金不算入が適用されるため，完全子法人株式等に係る配当に該当することを前提とすると，株主は税負担なく対価を受け取ることができます。他方で，株主tが個人の場合は，T社から受け取る配当には最高で約50％の税率が適用され，税負担が重くなります。

なお，T社が事業の全部を分割し，分割後に解散を見込んでいるのであれば，役員退職金の支給を組み合わせた節税策が考えられます。役員退職金の支給額に対する所得税率は最高で約27％であるため（本章「2．M＆Aに関連する税制の基礎知識　(2)所得税　③退職金」参照），株主がT社の役員である場合には，対価を配当として受け取る場合に比較すると，税負担の圧縮効果があります。

③ 分割承継法人（A社）の税務

(a) 資産・負債の時価取得と資産調整勘定・差額負債調整勘定

A社は，分割により受け入れた資産・負債の時価を取得価額として計上します。

分割対価の価額が，移転を受けた資産・負債の時価純資産価額を超える場合，A社はその超える部分の金額を資産調整勘定として計上します。資産調整勘定は60か月間で均等に取り崩して損金の額に算入します。

逆に，分割対価の価額が移転を受けた資産・負債の時価純資産価額に満たない場合，A社はその満たない部分の金額を差額負債調整勘定として計上します。

差額負債調整勘定は60か月間で均等に取り崩して益金の額に算入します。

【資産調整勘定と差額負債調整勘定】

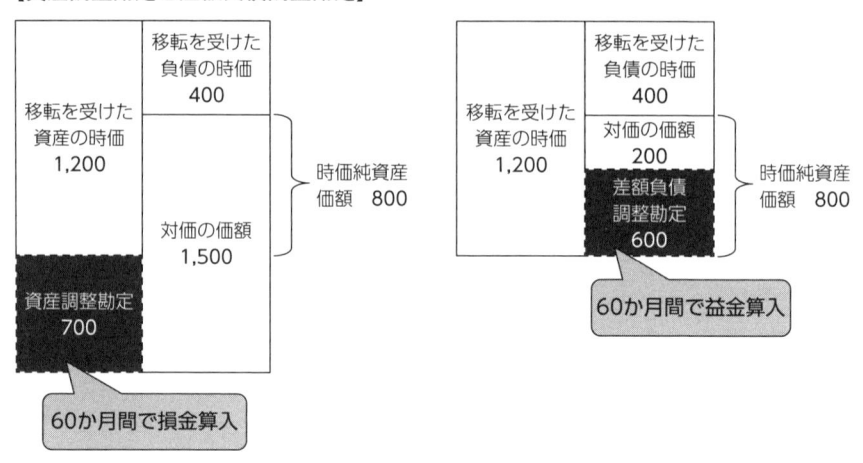

　事業譲渡と同様に，資産調整勘定及び差額負債調整勘定はM&Aの重要な論点になります。分割により資産調整勘定が計上される場合には，買収会社の買収後の税金費用が減少することになり，差額負債調整勘定が計上される場合には，買収会社の買収後の税金費用が増加することになるため，売手・買手双方において取引価格交渉の材料になり得ます。

(b)　M&A関連費用の取扱い

　分割承継に係るデューデリジェンス費用や仲介手数料は，資産の取得価額に含まれることなく損金の額に算入されます。

(c)　資本金等の額

　現金を対価とする非適格分社型分割では，分割承継法人の資本金等の額は増加しません（法令8①七）。

(d)　消費税

　会社分割は資産・負債や権利義務を包括的に承継します。包括承継は資産の

譲渡等に該当しないため，消費税の課税の対象になりません。

(e)　不動産取得税

会社分割により不動産を取得した場合には，原則として下記の不動産取得税が課されます（地法73の13①，15，地法制定附則11の2①）。

- 土地……固定資産税評価額[3]×3％（2027年3月31日まで）
- 建物……固定資産税評価額×4％[4]

会社分割が非課税要件を充足する場合には，不動産取得税は課されませんが，現金を対価とする会社分割は対価要件を充足しないため，不動産取得税は非課税になりません。したがって，買収対象事業に多くの不動産が含まれている場合には，不動産取得税の金額に留意する必要があります。

(f)　登録免許税

会社分割により不動産を取得した場合には，所有権移転登記の際に下記の登録免許税が課されます（登免法9，別表第1）。

- 土地……固定資産税評価額×2％
- 建物……固定資産税評価額×2％

(g)　印紙税

分割契約書は印紙税法における第5号文書に該当するため，4万円の印紙の貼付が必要です。

(2)　買収対象事業の分割＋株式譲渡（分社型分割）

株式譲渡と組み合わせて行う会社分割のうち，売手が買収対象事業を新設分

3　2027年3月までに取得した宅地等に係る不動産取得税は，「取得した宅地等の価格×1／2」が課税標準額となります（地法制定附則11の5①）。

4　取得した建物が住宅の場合，2027年3月までの取得には3％の税率が適用されます（地法制定附則11の2①）。

社型分割により切り出し，分割承継法人株式を譲渡する場合の課税関係を解説します。

　T社はβ事業を新設分社型分割により切り出し，対価として分割承継法人（S社）の株式を受け取ります。その後，T社は買収会社（A社）に対してS社株式を譲渡し，対価として金銭を受け取ります。買収会社（A社）はS社株式を取得し，対価として金銭を支払います。

　この会社分割は，分割法人が受け取った対価を分割法人の株主に交付しないため，法人税法上，分社型分割に該当します（法法2十二の十イ）。また，分割後に分割法人（T社）と分割承継法人（S社）との間に（完全）支配関係の継続が見込まれないことから，（完全）支配関係要件を充足しないため，非適格分割になります。

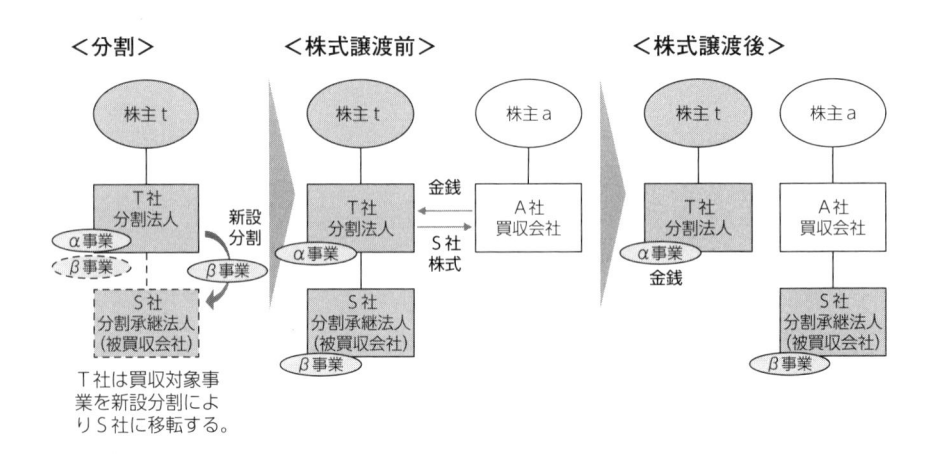

①　分割法人（T社）の税務

（a）　分割利益

　非適格分割では，分割法人の資産・負債は時価で譲渡したものとされ（法法62①），分割利益に対して約30％〜35％の法人税等が課税されます[5]。ただし，

5　分割直後においてはT社とS社との間に完全支配関係があるため，譲渡損益調整資産に係る譲渡損益は一旦繰り延べられますが（法法61の11①），T社がA社に対してS社株式を譲渡した時に繰り延べた譲渡損益が実現することになります（法法61の11③）。

分割利益を事業で生じた損失や繰越欠損金と相殺した場合には，分割利益に対する課税が生じないこともあります[6]。

(b)　株式譲渡益

法人税法上，分割法人が非適格分割により分割承継法人株式の交付を受けた場合は，時価が取得価額になります（法令119①二十七）。分割の直後に行われる株式譲渡もその時価で行われるため，株式譲渡による譲渡損益は生じないことになります。

(c)　消費税

会社分割は資産・負債や権利義務を包括的に承継します。包括承継は資産の譲渡等に該当しないため，消費税の課税の対象になりません。

分割後に行うＳ社株式の譲渡は非課税取引であり，譲渡対価の額の5％相当額を課税売上割合の分母に算入します。

(d)　印紙税

分割計画書は印紙税法における第5号文書に該当するため，4万円の印紙の貼付が必要です。

②　分割承継法人（Ｓ社）の税務

(a)　資産・負債の時価取得と資産調整勘定・差額負債調整勘定

Ｓ社は，分割により受け入れた資産・負債の時価を取得価額として計上します。

分割対価の価額が，移転を受けた資産・負債の時価純資産価額を超える場合，Ｓ社はその超える部分の金額を資産調整勘定として計上します。資産調整勘定は60か月間で均等に取り崩して損金の額に算入します。

逆に，分割対価の価額が移転を受けた資産・負債の時価純資産価額に満たない場合，Ｓ社はその満たない部分の金額を差額負債調整勘定として計上します。

6　繰越欠損金の相殺については，中小法人等を除き，欠損金控除前の所得金額の50％相当額が損金算入限度額とされます。

差額負債調整勘定は60か月間で均等に取り崩して益金の額に算入します。

　資産調整勘定又は差額負債調整勘定は，S社株式譲渡時ではなく，会社分割時に分割承継法人S社において計上します。資産調整勘定又は差額負債調整勘定の計算基礎となる対価の価額は，分割対価であるS社株式の時価となりますが，分割の直後に株式譲渡が行われるため，株式の譲渡価額を分割対価の価額として資産調整勘定又は差額負債調整勘定を計算します。

【資産調整勘定と差額負債調整勘定】

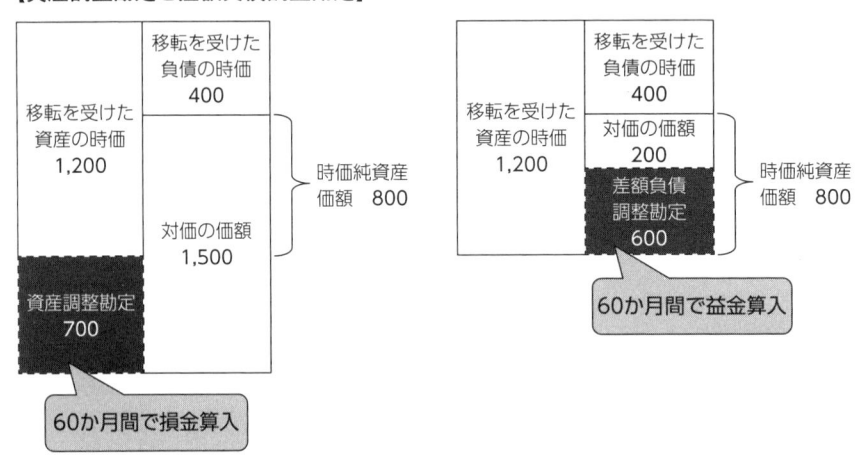

　資産調整勘定及び差額負債調整勘定はM&Aの重要な論点になります。分割により資産調整勘定が計上される場合には，S社の買収後の税金費用が減少することになり，差額負債調整勘定が計上される場合には，S社の買収後の税金費用が増加することになるため，売手・買手双方において取引価格交渉の材料になり得ます。

　(b)　資本金等の額

　株式を対価とし，事業を分割する非適格分社型分割では，分割対価として交付したS社株式の価額がS社設立時の資本金等の額になります（法令8①七イ）。

(c)　消費税

　会社分割は資産・負債や権利義務を包括的に承継します。包括承継は資産の譲渡等に該当しないため，消費税の課税の対象になりません。

(d)　不動産取得税

　会社分割により不動産を取得した場合には，原則として下記の不動産取得税が課されます（地法73の13①，15，地法制定附則11の２①）。
- 土地……固定資産税評価額[7]×３％（2027年３月31日まで）
- 建物……固定資産税評価額×４％[8]

　会社分割が非課税要件を充足する場合には，不動産取得税は課されません。分割における不動産取得税の非課税要件は次の通りです（地令37の14）。

要　件		要件の内容
①	対価要件	分割法人の株主に分割承継法人の株式以外の資産が交付されないこと（対価を交付する分割型分割の場合は，分割承継法人の株式が分割法人の株主の有する分割法人株式数の割合に応じて交付されること）
②	主要資産負債引継要件	分割事業に係る主要な資産・負債が分割承継法人に移転していること
③	従業者従事要件	分割の直前の分割事業に係る従業者のおおむね80％以上の者が，分割後に分割承継法人の業務に従事することが見込まれていること
④	事業継続要件	分割事業が，分割承継法人において分割後に引き続き営まれることが見込まれていること

　不動産取得税の非課税要件は，法人税法上の支配関係のある法人間の分割の適格要件に類似していますが，適格要件における支配関係要件[9]が課されていません。本件のように支配関係の継続が見込まれない場合であっても，不動産

7　2027年３月までに取得した宅地等に係る不動産取得税は，「取得した宅地等の価格×１／２」が課税標準額となります（地法制定附則11の５①）。

8　取得した建物が住宅の場合，2027年３月までの取得には３％の税率が適用されます（地法制定附則11の２①）。

取得税の非課税要件を充足する可能性があるため，多くの不動産が分割対象資産に含まれている場合には特に慎重な検討が必要です。

(e)　登録免許税

会社分割により不動産を取得した場合には，所有権移転登記の際に下記の登録免許税が課されます（登免法9，別表第1）。

- 土地……固定資産税評価額×2％
- 建物……固定資産税評価額×2％

③　株主（t）の税務

分割利益が生じるのは分割法人T社であるため，株主tに分割利益の課税は生じません。

S社株式の譲渡対価はT社が取得するため，その後，株主tがその対価を受け取るためには，T社が別途配当などを行う必要があります。株主tが法人の場合は，T社から株主への配当は受取配当等の益金不算入が適用されるため，完全子法人株式等に係る配当に該当することを前提とすると，株主は税負担なく対価を受け取ることができます。他方で，株主tが個人の場合は，T社から受け取る配当には最高で約50％の税率が適用され，税負担が重くなります。

なお，T社が事業の全部を分割し，分割後に解散を見込んでいるのであれば，役員退職金の支給を組み合わせた節税策が考えられます。役員退職金の支給額に対する所得税率は最高で約27％であるため（本章「2．M&Aに関連する税制の基礎知識　(2)所得税　③退職金」参照），株主がT社の役員である場合には，対価を配当として受け取る場合に比較すると，税負担の圧縮効果があります。

9　単独新設分社型分割の法人税法上の適格要件には，分割後に分割法人と分割承継法人との間に分割法人による支配関係があり，その支配関係が継続する見込みであることが求められます（法令4の3⑦一ハ）。

④　買収会社（A社）の税務

　A社は株式譲渡によりS社株式を取得します。時価で取引が行われることを前提とすると，A社に法人税等の課税は生じません。なお，買収先特定後に行ったデューデリジェンス費用や仲介手数料などの費用は，株式取得に係る付随費用として取得価額に加算します。

⑶　買収対象事業の分割＋株式譲渡（分割型分割）

　株式譲渡と組み合わせて行う会社分割のうち，売手が買収対象事業を新設分割型分割により切り出し，分割承継法人株式を譲渡する場合の課税関係を解説します。

　T社はβ事業を新設分割型分割により切り出し，対価として分割承継法人（S社）の株式を受け取ります。分割法人T社は対価として受け取ったS社株式を直ちに株主tに交付します。その後，株主tは買収会社（A社）に対してS社株式を譲渡し，対価として金銭を受け取ります。買収会社（A社）はS社株式を取得し，対価として金銭を支払います。

　この会社分割は，分割法人が分割により受け取った対価の全部を分割法人の株主に交付するため，法人税法上，分割型分割に該当します（法法2十二の九イ）。また，分割後に分割承継法人（S社）株式の全部の譲渡が見込まれていることから，（完全）支配関係要件を充足しないため，非適格分割になります。

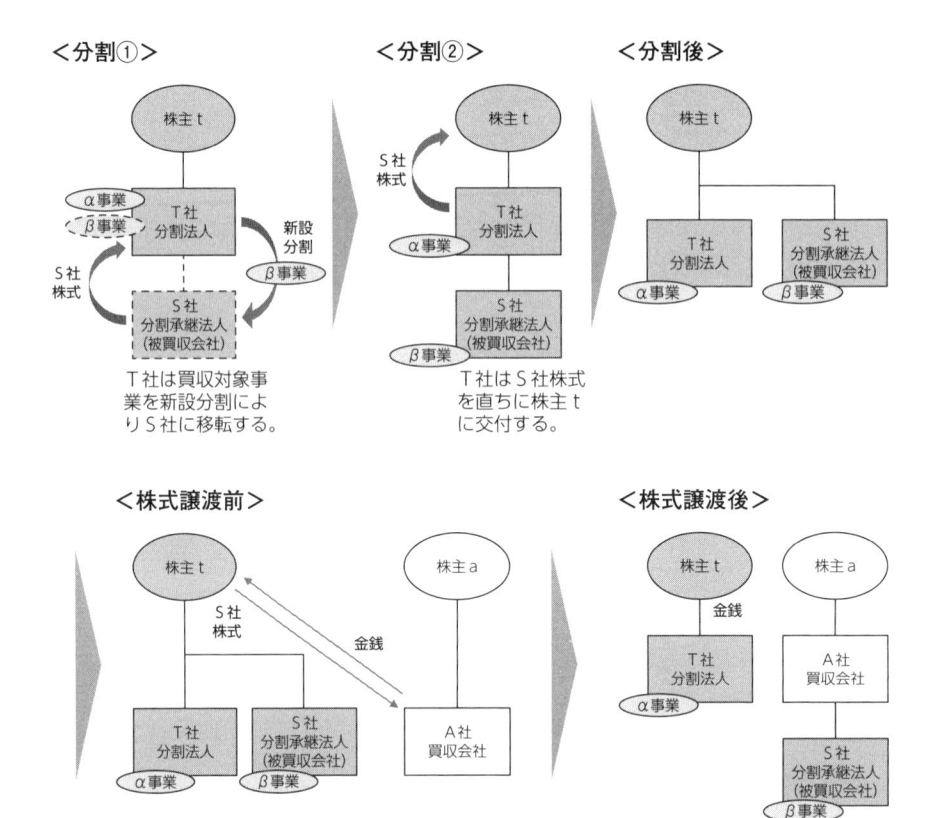

①　分割法人（T社）の税務

(a)　分割利益

　非適格分割では，分割法人の資産・負債は時価で譲渡したものとされ（法法62①），分割利益に対して約30％〜35％の法人税等が課税されます[10]。ただし，分割利益を事業で生じた損失や繰越欠損金と相殺した場合には，分割利益に対する課税が生じないこともあります[11]。

10　分割直後においてはT社とS社との間に完全支配関係があるため，譲渡損益調整資産に係る譲渡損益は一旦繰り延べられますが（法法61の11①），株主tがA社に対してS社株式を譲渡した時に繰り延べた譲渡損益が実現することになります（法法61の11③）。

11　繰越欠損金の相殺については，中小法人等を除き，欠損金控除前の所得金額の50％相当額が損金算入限度額とされます。

(b)　資本金等の額と利益積立金額

　(i)　資本金等の額

　分割型分割では，分割法人の分割直前の資本金等の額に分割移転割合を乗じた金額を分割法人の資本金等の額から減算します（法令8①十五）。

　分割移転割合とは，大雑把にいうならば，分割法人の税務上の簿価純資産価額に占める移転簿価純資産価額の割合をいいますが，その分割がある条件に当てはまった場合には，分割移転割合がゼロになったり1になったりするケースがあります（「第2章　10．住民税均等割・事業税資本割 **大誤算！** 分割承継法人の資本金等の額は移転簿価純資産価額を限度に増加するとは限らない。」参照）。

> この割合が
> 分割移転割合

分割法人の資本金等の額から減算する金額	=	分割法人の分割型分割の直前の資本金等の額	×	$\dfrac{A}{B}$

A＝分割法人の分割型分割の直前の移転資産の帳簿価額から移転負債の帳簿価額を控除した金額（ゼロが下限）

B＝分割法人の分割型分割の日の属する事業年度の前事業年度終了の時の資産の帳簿価額から負債の帳簿価額を減算した金額（税務上の簿価純資産価額）

【分割移転割合計算上の注意事項】

　a．分割法人の分割型分割の直前の資本金等の額がゼロ以下である場合，分割移転割合はゼロになる。

　b．分割法人の分割型分割の直前の資本金等の額及び分子の金額がゼロを超え，かつ，分母の金額がゼロ以下である場合は，分割移転割合は1になる。

　c．分割移転割合は，小数点以下3位未満の端数を切り上げる。

　d．算出した割合（A／B）が1を超えるときは，分割移転割合は1になる。なお，分子の金額がゼロの場合は分割移転割合はゼロになる。

　(ii)　利益積立金額

　非適格分割型分割では，次により計算した金額を分割法人の利益積立金額から減算します（法令9九）。

利益積立金額から減算する金額 ＝ 分割対価の価額 － 資本金等の額の減少額

　前頁の算式からわかるように，分割による資本金等の額の減少額を誤って計算すると，連動して利益積立金額の減少額も正しく計算されないことになります。分割法人の利益積立金額の減少額は，分割法人の株主におけるみなし配当の金額の計算基礎になります[12]。ひとつの計算誤りが関係当事者の課税関係に広く影響するため，分割移転割合と資本金等の額の減少額は慎重に計算する必要があります。

(c)　消費税

　会社分割は資産・負債や権利義務を包括的に承継します。包括承継は資産の譲渡等に該当しないため，消費税の課税の対象になりません。

(d)　印紙税

　分割計画書は印紙税法における第5号文書に該当するため，4万円の印紙の貼付が必要です。

② 分割承継法人（S社）の税務

(a)　資産・負債の時価取得と資産調整勘定・差額負債調整勘定

　S社は，分割により受け入れた資産・負債の時価を取得価額として計上します。

　分割対価の価額が，移転を受けた資産・負債の時価純資産価額を超える場合，S社はその超える部分の金額を資産調整勘定として計上します。資産調整勘定は60か月間で均等に取り崩して損金の額に算入します。

　逆に，分割対価の価額が移転を受けた資産・負債の時価純資産価額に満たない場合，S社はその満たない部分の金額を差額負債調整勘定として計上します。差額負債調整勘定は60か月間で均等に取り崩して益金の額に算入します。

　資産調整勘定又は差額負債調整勘定は，S社株式譲渡時ではなく，会社分割

12　T社は株主から，みなし配当に係る所得税を別途徴収して納付する必要があります（所法181①，212③）。ただし，配当を受領する法人において完全子法人株式等に係る配当に該当する場合や，配当の基準日において発行済株式数の3分の1超を有する法人に対して配当を支払う場合は，所得税の徴収が不要になります（所法177，所令301）。

時に分割承継法人S社において計上します。資産調整勘定又は差額負債調整勘定の計算基礎となる対価の価額は，分割対価であるS社株式の時価となりますが，分割の直後に株式譲渡が行われるため，株式の譲渡価額を分割対価の価額として資産調整勘定又は差額負債調整勘定を計算します。

【資産調整勘定と差額負債調整勘定】

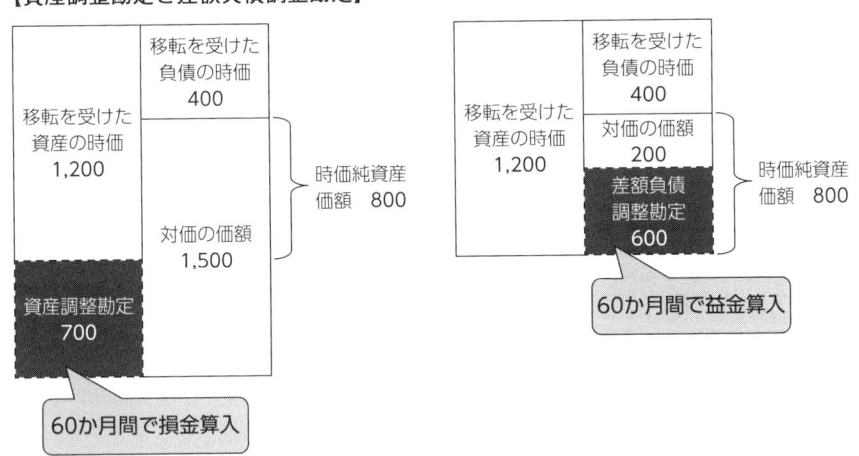

　資産調整勘定及び差額負債調整勘定はM&Aの重要な論点になります。分割により資産調整勘定が計上される場合には，S社の買収後の税金費用が減少することになり，差額負債調整勘定が計上される場合には，S社の買収後の税金費用が増加することになるため，売手・買手双方において取引価格交渉の材料になり得ます。

　(b)　資本金等の額

　株式を対価とし，事業を分割する非適格分割型分割では，分割対価として交付したS社株式の価額がS社設立時の資本金等の額になります（法令8①六イ）。

　(c)　消費税

　会社分割は資産・負債や権利義務を包括的に承継します。包括承継は資産の譲渡等に該当しないため，消費税の課税の対象になりません。

(d)　不動産取得税

　会社分割により不動産を取得した場合には，原則として下記の不動産取得税が課されます（地法73の13①，15，地法制定附則11の2①）。

- 土地……固定資産税評価額[13]×3％（2027年3月31日まで）
- 建物……固定資産税評価額×4％[14]

　会社分割が非課税要件を充足する場合には，不動産取得税は課されません。分割における不動産取得税の非課税要件は次の通りです（地令37の14）。

要　件		要件の内容
①	対価要件	分割法人の株主に分割承継法人の株式以外の資産が交付されないこと（対価を交付する分割型分割の場合は，分割承継法人の株式が分割法人の株主の有する分割法人株式数の割合に応じて交付されること）
②	主要資産負債引継要件	分割事業に係る主要な資産・負債が分割承継法人に移転していること
③	従業者従事要件	分割の直前の分割事業に係る従業者のおおむね80％以上の者が，分割後に分割承継法人の業務に従事することが見込まれていること
④	事業継続要件	分割事業が，分割承継法人において分割後に引き続き営まれることが見込まれていること

　不動産取得税の非課税要件は，法人税法上の支配関係のある法人間の分割の適格要件に類似していますが，適格要件における支配関係要件[15]が課されていません。本件のように支配関係の継続が見込まれない場合であっても，不動産取得税の非課税要件を充足する可能性があるため，多くの不動産が分割対象資産に含まれている場合には特に慎重な検討が必要です。

13　2027年3月までに取得した宅地等に係る不動産取得税は，「取得した宅地等の価格×1／2」が課税標準額となります（地法制定附則11の5①）。

14　取得した建物が住宅の場合，2027年3月までの取得には3％の税率が適用されます（地法制定附則11の2①）。

15　単独新設分割型分割の法人税法上の適格要件には，分割後に分割法人と分割承継法人との間に同一の者による支配関係があり，同一の者と分割承継法人との間に同一の者による支配関係が継続する見込みであることが求められます（法令4の3⑥二ハ(1)，⑦二）。

(e)　登録免許税

　会社分割により不動産を取得した場合には，所有権移転登記の際に下記の登録免許税が課されます（登免法9，別表第1）。
- ●　土地……固定資産税評価額×2％
- ●　建物……固定資産税評価額×2％

③　株主（t）の税務

(a)　みなし配当

　分割法人において減少した利益積立金額（「①分割法人（T社）の税務　(b)資本金等の額と利益積立金額」参照）に株式保有比率を乗じて計算した金額は，分割法人の各株主において配当とみなされます（所法25①二，法法24①二）。

　株主tが法人の場合，みなし配当には受取配当等の益金不算入の規定が適用され，完全子法人株式等に係る配当である場合には全額益金不算入になります。株主tが個人の場合，みなし配当は配当所得に該当し，最高で約50％の税率で所得税が課されることになります。

(b)　S社株式譲渡損益

　株主tが分割により交付を受けた分割承継法人（S社）株式の取得価額は，次により計算した金額になります（所令113①，法令119①六）。

> S社株式取得価額[16] ＝ T社株式帳簿価額 × 分割移転割合[17] ＋ みなし配当の金額

　株主tは分割後にS社株式を時価で譲渡しますので，株主tにはS社株式の譲渡損益が生じることになります。譲渡損益の計算上控除するS社株式の取得価額は，上記算式にあるように，分割前の株主tにおけるT社株式帳簿価額と分割移転割合により大きく左右されます。場合によっては想定外の課税が生じる可能性があるため，事前に十分な確認を行うことが重要です。

16　S社株式の交付を受けるために要した費用がある場合には，その費用の額を取得価額に加算します。
17　分割移転割合は分割法人において計算します。

　譲渡益に対する課税は，株主 t が法人の場合，譲渡益に対し約30％〜35％の法人税等が課税されます。ただし，譲渡益を事業で生じた損失や繰越欠損金と相殺した場合には，譲渡益に対する課税が生じないこともあります[18]。

　株主 t が個人の場合は，譲渡所得の金額に対して20.315％の所得税等が課されますが，概算取得費により譲渡所得の金額を計算することもできます。

(c)　消費税

　消費税法上，株式譲渡は非課税取引であり，譲渡対価の額の5％相当額を課税売上割合の分母に算入します。

④　買収会社（A社）の税務

　A社は株式譲渡によりS社株式を取得します。時価で取引が行われることを前提とすると，A社に法人税等の課税は生じません。なお，買収先特定後に行ったデューデリジェンス費用や仲介手数料などの費用は，株式取得に係る付随費用として取得価額に加算します。

(4)　買収対象事業以外の分割＋株式譲渡（分割型分割）

　株式譲渡と組み合わせて行う会社分割のうち，売手が買収対象事業以外の全ての資産・負債を新設分割型分割により切り出し，分割法人株式を譲渡する場合の課税関係を解説します。

　T社はβ事業以外の全ての資産・負債を新設分割型分割により切り出し，対価として分割承継法人（S社）の株式を受け取ります。分割法人T社は対価として受け取ったS社株式を直ちに株主 t に交付します。その後，株主 t は買収会社（A社）に対してT社株式を譲渡し，対価として金銭を受け取ります。買収会社（A社）はT社株式を取得し，対価として金銭を支払います。

　この会社分割は，分割法人が分割により受け取った対価の全部を分割法人の株主に交付するため，法人税法上，分割型分割に該当します（法法2十二の九

18　繰越欠損金の相殺については，中小法人等を除き，欠損金控除前の所得金額の50％相当額が損金算入限度額とされます。

イ)。また，分割後に株主tと分割承継法人（S社）との間に株主tによる完全支配関係が継続する見込みである場合には，適格分割に該当します[19]（法法22の十一イ，法令4の3⑥二ハ(1)）。

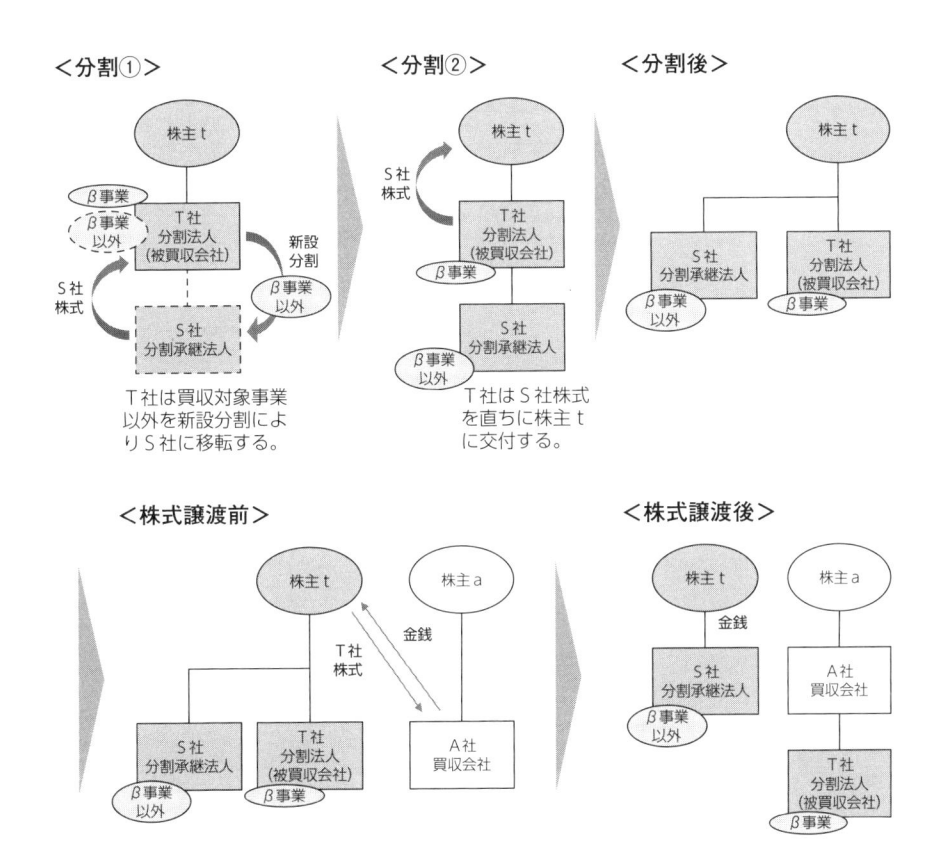

<分割①>

<分割②>

<分割後>

T社は買収対象事業以外を新設分割によりS社に移転する。

T社はS社株式を直ちに株主tに交付する。

<株式譲渡前>

<株式譲渡後>

① 分割法人（T社）の税務

(a) 分割利益

適格分割では，分割法人に移転資産・負債の譲渡損益は生じません（法法62の2②）。

19　完全支配関係の継続が見込まれない場合であっても，支配関係のある法人間の分割の適格要件を満たすときは，適格分割になります（法法22の十一ロ，法令4の3⑦二）。以下では適格分割に該当することを前提に解説しています。

(b)　資本金等の額と利益積立金額

(i)　資本金等の額

分割型分割では，分割法人の分割直前の資本金等の額に分割移転割合を乗じた金額を分割法人の資本金等の額から減算します（法令8①十五）。

分割移転割合とは，大雑把にいうならば，分割法人の税務上の簿価純資産価額に占める移転簿価純資産価額の割合をいいますが，その分割がある条件に当てはまった場合には，分割移転割合がゼロになったり1になったりするケースがあります（「第2章　10.住民税均等割・事業税資本割　**大誤算！**　分割承継法人の資本金等の額は移転簿価純資産価額を限度に増加するとは限らない。」参照）。

この割合が分割移転割合

$$\text{分割法人の資本金等の額から減算する金額} = \text{分割法人の分割型分割の直前の資本金等の額} \times \frac{A}{B}$$

A＝分割法人の分割型分割の直前の移転資産の帳簿価額から移転負債の帳簿価額を控除した金額（ゼロが下限）

B＝分割法人の分割型分割の日の属する事業年度の前事業年度終了の時の資産の帳簿価額から負債の帳簿価額を減算した金額（税務上の簿価純資産価額）

【分割移転割合計算上の注意事項】

a．分割法人の分割型分割の直前の資本金等の額がゼロ以下である場合，分割移転割合はゼロになる。

b．分割法人の分割型分割の直前の資本金等の額及び分子の金額がゼロを超え，かつ，分母の金額がゼロ以下である場合は，分割移転割合は1になる。

c．分割移転割合は，小数点以下3位未満の端数を切り上げる。

d．算出した割合（A／B）が1を超えるときは，分割移転割合は1になる。なお，分子の金額がゼロの場合は分割移転割合はゼロになる。

(ii)　利益積立金額

適格分割型分割では，次により計算した金額を分割法人の利益積立金額から減算します（法令9十）。

> | 利益積立金額から
減算する金額 | ＝ 分割移転純資産の帳簿価額 － 資本金等の額の減少額 |

　分割移転純資産の帳簿価額とは，分割により移転した資産の分割直前の帳簿価額から，分割により移転した負債の分割直前の帳簿価額を減算した金額をいいます。

　上記の算式からわかるように，分割による資本金等の額の減少額を誤って計算すると，連動して利益積立金額の減少額も正しく計算されないことになります。したがって，分割移転割合と資本金等の額の減少額は慎重に計算する必要があります。

(c)　消費税

　会社分割は資産・負債や権利義務を包括的に承継します。包括承継は資産の譲渡等に該当しないため，消費税の課税の対象になりません。

(d)　印紙税

　分割計画書は印紙税法における第5号文書に該当するため，4万円の印紙の貼付が必要です。

②　分割承継法人（S社）の税務

(a)　資産・負債の簿価引継ぎ

　分割承継法人S社は，分割により移転を受けた資産・負債を，分割法人T社における帳簿価額により引き継ぎます（法法62の2④，法令123の3③）。

　適格分割の場合，資産調整勘定及び差額負債調整勘定は計上されません。

(b)　資本金等の額と利益積立金額

　分割承継法人S社では，分割法人T社が減算した資本金等の額及び利益積立金額が，設立時の資本金等の額及び利益積立金額になります（法令8①六ニ，9三）。

(c)　消費税

会社分割は資産・負債や権利義務を包括的に承継します。包括承継は資産の譲渡等に該当しないため，消費税の課税の対象になりません。

(d)　不動産取得税

会社分割により不動産を取得した場合には，原則として下記の不動産取得税が課されます（地法73の13①，15，地法制定附則11の2①）。

- 土地……固定資産税評価額[20]× 3 ％（2027年 3 月31日まで）
- 建物……固定資産税評価額× 4 ％[21]

会社分割が非課税要件を充足する場合には，不動産取得税は課されません。分割における不動産取得税の非課税要件は次の通りです（地令37の14）。多くの不動産が分割対象資産に含まれている場合には特に慎重な検討が必要です。

要　件		要件の内容
①	対価要件	分割法人の株主に分割承継法人の株式以外の資産が交付されないこと（対価を交付する分割型分割の場合は，分割承継法人の株式が分割法人の株主の有する分割法人株式数の割合に応じて交付されること）
②	主要資産負債引継要件	分割事業に係る主要な資産・負債が分割承継法人に移転していること
③	従業者従事要件	分割の直前の分割事業に係る従業者のおおむね80％以上の者が，分割後に分割承継法人の業務に従事することが見込まれていること
④	事業継続要件	分割事業が，分割承継法人において分割後に引き続き営まれることが見込まれていること

20　2027年 3 月までに取得した宅地等に係る不動産取得税は，「取得した宅地等の価格× 1 ／ 2 」が課税標準額となります（地法制定附則11の 5 ①）。

21　取得した建物が住宅の場合，2027年 3 月までの取得には 3 ％の税率が適用されます（地法制定附則11の 2 ①）。

(e)　登録免許税

　会社分割により不動産を取得した場合には，所有権移転登記の際に下記の登録免許税が課されます（登免法9，別表第1）。

- 土地……固定資産税評価額×2％
- 建物……固定資産税評価額×2％

③　株主（t）の税務

(a)　みなし配当

　適格分割型分割では，株主にみなし配当は生じません。

(b)　T社株式譲渡損益

　適格分割型分割では，分割法人の株主 t は，分割法人（T社）株式の帳簿価額を分割承継法人（S社）株式の帳簿価額に付け替える処理を行います（所令113③，法令119の3㉑）。付け替える部分の金額は，次により計算した金額です。

> S社株式帳簿価額に付け替える金額 ＝ T社株式帳簿価額 × 分割移転割合[22]

　株主 t は，帳簿価額の付替え処理後のT社株式を時価で譲渡しますので，株主 t にはT社株式の譲渡損益が生じることになります。譲渡損益の計算上控除するT社株式の帳簿価額は，上記算式にあるように，分割前の株主 t におけるT社株式帳簿価額と分割移転割合により大きく左右されます。場合によっては想定外の課税が生じる可能性があるため，事前に十分な確認を行うことが重要です。

　譲渡益に対する課税は，株主 t が法人の場合，譲渡益に対し約30％〜35％の法人税等が課税されます。ただし，譲渡益を事業で生じた損失や繰越欠損金と相殺した場合には，譲渡益に対する課税が生じないこともあります[23]。

22　分割移転割合は分割法人において計算します。

23　繰越欠損金の相殺については，中小法人等を除き，欠損金控除前の所得金額の50％相当額が損金算入限度額とされます。

　株主 t が個人の場合は，譲渡所得の金額に対して20.315％の所得税等が課されますが，概算取得費により譲渡所得の金額を計算することもできます。

(c)　消費税

　消費税法上，株式譲渡は非課税取引であり，譲渡対価の額の5％相当額を課税売上割合の分母に算入します。

④　買収会社（A社）の税務

　A社は株式譲渡によりT社株式を取得します。時価で取引が行われることを前提とすると，A社に法人税等の課税は生じません。なお，買収先特定後に行ったデューデリジェンス費用や仲介手数料などの費用は，株式取得に係る付随費用として取得価額に加算します。

６．株式交換によるＭ＆Ａの税務

　株式交換は，既存の二社間で100％親子関係を構築する方法です。Ｍ＆Ａにおいては，買収会社において買収資金を抑制したい場合に株式を対価とする株式交換が検討されます。また，被買収会社の株主数が多く，相対取引では被買収会社を100％子法人化することに困難を伴う場合，株式譲渡に代わる買収手法として株式交換が検討されます。

　株式交換が適格株式交換に該当するか否かにより，株式交換完全親法人及び株式交換完全子法人の課税関係が異なりますが，株式交換完全子法人の株主においては，株式交換の対価の種類により課税関係が決まります。

　株式交換の適格要件は次の表の通りです。各要件の内容は，巻末資料「組織再編成の手法別適格要件」を参照してください。

完全支配関係[※]のある 法人間の株式交換	支配関係[※]のある 法人間の株式交換	共同事業を行うための株式交換
ⅰ．対価要件 ⅱ．完全支配関係要件	ⅰ．対価要件 ⅱ．支配関係要件 ⅲ．従業者従事要件 ⅳ．事業継続要件	ⅰ．対価要件 ⅱ．事業関連性要件 ⅲ．事業規模要件又は 　　特定役員引継要件 ⅳ．従業者従事要件 ⅴ．事業継続要件 ⅵ．株式継続保有要件 ⅶ．完全支配関係継続要件

※完全支配関係及び支配関係については，「第２章　２．適格判定　⑵グループ内組織再編成の適格要件」参照。

⑴　株式を対価とする株式交換

　買収会社（Ａ社）を株式交換完全親法人，被買収会社（Ｔ社）を株式交換完全子法人とする株式交換を行い，買収会社（Ａ社）は被買収会社（Ｔ社）の株式の全てを取得し，対価として自社の株式を交付します。被買収会社（Ｔ社）の株主ｔは被買収会社（Ｔ社）株式を買収会社（Ａ社）に譲渡し，対価として

A社株式を受け取ります。

　この株式交換が適格要件を充足する場合は適格株式交換になり，充足しない場合は非適格株式交換になります。

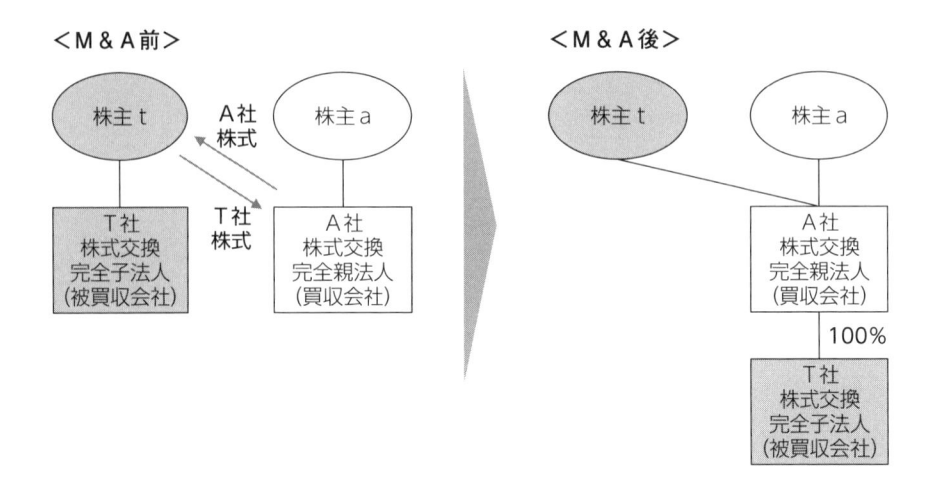

① 　売手（株主 t ）の税務

　(a)　譲渡損益

　株式交換の対価が株式交換完全親法人株式のみの場合，株式交換の適格又は非適格にかかわらず，株主 t において株式譲渡損益は生じません。株主 t は，株式交換完全子法人（T社）株式の帳簿価額を株式交換完全親法人（A社）株式の取得価額として付け替えます（所法57の4①，所令167の7④，法法61の2⑨，法令119①九）。

　(b)　消費税

　消費税法上，資産の交換は資産の譲渡として取り扱われます（消基通5-2-1㊟）。株主 t は，T社株式と交換にA社株式を取得しているため，消費税法上はT社株式という資産を譲渡し，対価としてA社株式を取得していることになります。株式の譲渡は非課税取引であり，株主 t は，A社株式の時価の5％相当額を課税売上割合の分母に算入します。

②　被買収会社（Ｔ社）の税務

(a)　時価評価課税

株式交換が適格要件を満たさない場合，株式交換完全子法人（Ｔ社）が保有する一定の資産を時価評価することとされています。時価評価の対象となった資産の含み益の金額は益金の額に算入され，含み損の金額は損金の額に算入されます（法法62の9①）。

時価評価の対象となる資産は，次の通りです。

- 固定資産
- 土地（土地の上に存する権利を含む。）
- 有価証券
- 金銭債権
- 繰延資産

なお，税務上の帳簿価額が1,000万円未満の資産や，資産の価額と帳簿価額との差額が資本金等の額の2分の1に相当する金額又は1,000万円のいずれか少ない金額に満たない資産は，時価評価の対象から除かれています[1]（法令123の11①四，五）。

株式交換が適格要件を満たす場合は，株式交換完全子法人（Ｔ社）に時価評価課税は生じません。

(b)　中小法人等の優遇税制

中小法人・中小企業者であったＴ社が規模の大きい法人に買収され，中小法人・中小企業者に該当しないこととなった場合，買収前にＴ社が受けていた各種優遇税制の適用を受けることができなくなります。

---

[1]　株式交換完全子法人の自己創設のれん（営業権）の税務上の帳簿価額はゼロであるため，時価評価の対象になりません。

③ 買収会社（A社）の税務

(a) T社株式の取得価額と資本金等の額

A社は株式交換によりT社株式を取得します。A社におけるT社株式の取得価額は株式交換の適格・非適格により異なり，適格の場合はさらに，株式交換の直前の被買収会社（T社）の株主の数が50人未満か以上かにより，それぞれ次の表に掲げる金額になります（法令119①十，二十七）。

また，A社では同額の資本金等の額が増加します（法令8①十）。

		株式交換完全子法人（T社）株式の取得価額
非適格株式交換		➢ 時　価
適格株式交換	株式交換完全子法人（T社）の株主が50人未満	➢ 旧株主が保有していた株式交換完全子法人（T社）株式の帳簿価額の合計額[2]
	株式交換完全子法人（T社）の株主が50人以上	➢ 適格株式交換の日の属する事業年度の前事業年度終了時における株式交換完全子法人（T社）の税務上の簿価純資産価額（＝資本金等の額と利益積立金額の合計額）[2]

(b) 買収後の配当

T社がA社による買収後，早期に配当の支払いを行う場合，その配当のA社における益金不算入額について事前に慎重な確認が必要です。益金不算入額は，配当等の区分に応じ，次の表の通りです（法法23①④⑤⑥，法令22，22の2，22の3）。

2　T社株式の取得に要した費用がある場合には，その費用の額を取得価額に加算します。

配当等の区分		益金不算入額
完全子法人株式等	配当等の計算期間を通じて完全支配関係がある法人の株式等	配当金の額 × 100%
関連法人株式等	配当等の基準日以前6か月の期間を通じた株式等の保有割合が3分の1超である株式等（完全子法人株式等を除く。）	配当金の額 －控除負債利子の額
その他株式等	他のいずれにも該当しない株式等	配当金の額 × 50%
非支配目的株式等	配当基準日時点の株式等保有割合が5％以下である株式等	配当金の額 × 20%

　買収後，早期に配当の支払いを行うと，完全子法人株式等及び関連法人株式等に該当しない可能性があり，その場合はその他株式等として益金不算入額は配当金の額の50％になります（「第2章　8．その他法人税法上の留意点　(3)受取配当等の益金不算入」参照）。

　(c)　その他の税務上の論点
　T社が不動産を保有している場合であっても，不動産はT社から移転しないため，不動産移転コスト（登録免許税及び不動産取得税）は生じません。

(2)　金銭を対価とする株式交換

　買収会社（A社）を株式交換完全親法人，被買収会社（T社）を株式交換完全子法人とする株式交換を行い，買収会社（A社）は被買収会社（T社）の株式の全てを取得し，対価として金銭を交付します。被買収会社（T社）の株主 t は被買収会社（T社）株式を買収会社（A社）に譲渡し，対価として金銭を受け取ります。
　この株式交換は，対価として金銭を交付することから対価要件を充足せず，非適格株式交換になります[3]。

3　買収会社（A社）は，株式交換前に被買収会社（T社）の株式を所有していないことを前提としています。

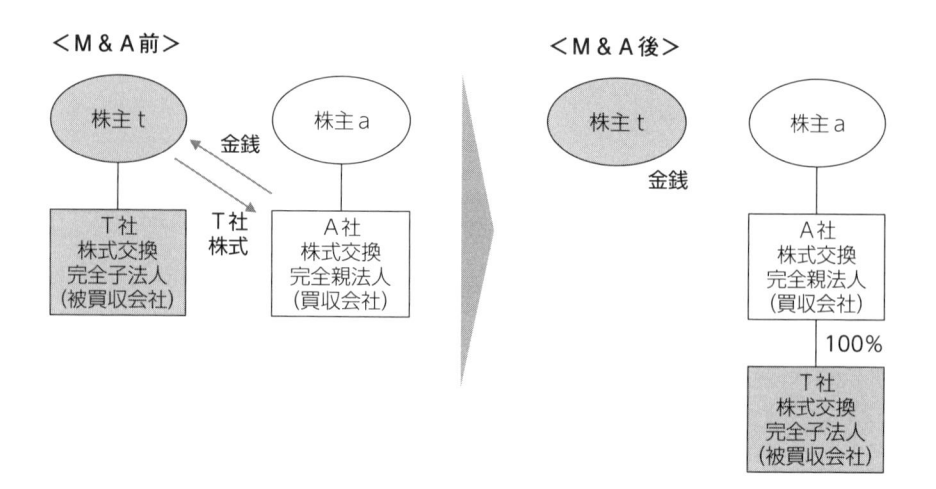

①　売手（株主 t）の税務

(a)　譲渡損益

　金銭を対価としてT社株式の譲渡を行ったものとされます。交付を受けた金銭の額とT社株式の帳簿価額との差額が，譲渡損益になります[4]（措法37の10①，法法61の2①）。

(i)　個人株主の場合

　譲渡所得の金額に対して20.315％の所得税等が課されます。譲渡所得の金額の計算上控除する取得費が不明の場合には，譲渡価額の5％相当額を取得費（概算取得費）とすることができます。なお，実際の取得費が概算取得費を下回る場合にも，概算取得費を取得費とすることができます。概算取得費の計算例は，本章「3．株式譲渡によるM＆Aの税務　(1)売手（株主 t）の税務」を参照してください。

(ii)　法人株主の場合

　譲渡益に対し約30％～35％の法人税等が課税されます。ただし，M＆Aによ

4　役員退職金の支給や，株式交換前の配当の支払いによる税負担への影響は，本章「3．株式譲渡によるM＆Aの税務　(1)売手（株主 t）の税務」参照。

り生じた株式譲渡益を事業で生じた損失や繰越欠損金と相殺した場合には，譲
渡益に対する課税が生じないこともあります[5]。

(b) 消費税

消費税法上，株式譲渡は非課税取引であり，譲渡対価の額の5％相当額を課
税売上割合の分母に算入します。

②　被買収会社（T社）の税務

(a) 時価評価課税

非適格株式交換では，株式交換完全子法人（T社）が保有する一定の資産を
時価評価することとされています。時価評価の対象となった資産の含み益の金
額は益金の額に算入され，含み損の金額は損金の額に算入されます（法法62の
9①）。

時価評価の対象となる資産は，次の通りです。

- 固定資産
- 土地（土地の上に存する権利を含む。）
- 有価証券
- 金銭債権
- 繰延資産

なお，税務上の帳簿価額が1,000万円未満の資産や，資産の価額と帳簿価額
との差額が資本金等の額の2分の1に相当する金額又は1,000万円のいずれか
少ない金額に満たない資産は，時価評価の対象から除かれています[6]（法令123
の11①四，五）。

5　繰越欠損金の相殺については，中小法人等を除き，欠損金控除前の所得金額の50％相当額が損
　　金算入限度額とされます。
6　株式交換完全子法人の自己創設のれん（営業権）の税務上の帳簿価額はゼロであるため，時価
　　評価の対象になりません。

⒝　中小法人等の優遇税制

　中小法人・中小企業者であったT社が規模の大きい法人に買収され，中小法人・中小企業者に該当しないこととなった場合，買収前にT社が受けていた各種優遇税制の適用を受けることができなくなります。

③　買収会社（A社）の税務

⒜　T社株式の取得価額と資本金等の額

　A社は株式交換によりT社株式を取得します。非適格株式交換の場合，A社におけるT社株式の取得価額は時価になります（法令119①二十七）。

　なお，A社の資本金等の額は増加しません（法令8①十）。

⒝　買収後の配当

　T社がA社による買収後，早期に配当の支払いを行う場合，その配当のA社における益金不算入額について事前に慎重な確認が必要です。益金不算入額は，配当等の区分に応じ，次の表の通りです（法法23①④⑤⑥，法令22，22の2，22の3）。

配当等の区分		益金不算入額
完全子法人株式等	配当等の計算期間を通じて完全支配関係がある法人の株式等	配当金の額 × 100％
関連法人株式等	配当等の基準日以前6か月の期間を通じた株式等の保有割合が3分の1超である株式等（完全子法人株式等を除く。）	配当金の額 －控除負債利子の額
その他株式等	他のいずれにも該当しない株式等	配当金の額 × 50％
非支配目的株式等	配当基準日時点の株式等保有割合が5％以下である株式等	配当金の額 × 20％

　買収後，早期に配当の支払いを行うと，完全子法人株式等及び関連法人株式等に該当しない可能性があり，その場合はその他株式等として益金不算入額は配当金の額の50％になります（「第2章　8．その他法人税法上の留意点　⑶受取配当等の益金不算入」参照）。

(c)　その他の税務上の論点

　T社が不動産を保有している場合であっても，不動産はT社から移転しないため，不動産移転コスト（登録免許税及び不動産取得税）は生じません。

参　考	株式交付

　株式交付は，既存の二社間で50％超（100％を含みます。）の親子関係を構築する方法です。

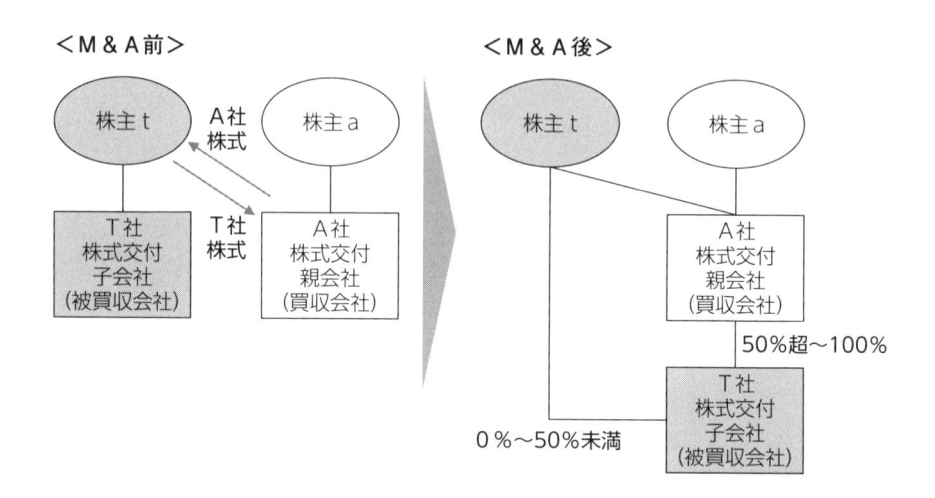

　株式交付は組織再編税制に組み込まれていないため，適格・非適格の区別はなく，株式交付子会社に対する時価評価課税はありません。株式交付では，株式交付子会社の株主 t における譲渡損益課税の特例として，株式交付割合[1]が80％以上である場合に，譲渡損益のうち株式交付割合に応じた金額を繰り延べる措置が設けられています（措法37の13の4，66の2）。ただし，株式交付後に株式交付親会社が同族会社[2]に該当する場合（非同族の同族会社を除きます。）は繰延措置の適用はないため，M&Aの手法として株式交付を採用するケースは限定されるものと考えます。

1　株式交付割合とは，株式交付の対価の価額の総額に占める株式交付親会社株式の価額の割合をいいます。
2　同族会社とは，会社の株主等の3人以下並びにこれらと特殊の関係のある個人及び法人がその会社の発行済株式等の50％超を有する場合におけるその会社をいいます（法法2十）。

第 2 章

グループ内組織再編成の税務

　企業グループ内の組織再編成は適格要件を満たすケースが多いものの，慎重な対応が求められます。適格要件を満たしていないことに気づかないまま組織再編成を実行した結果，想定外の課税が生じてしまったり，法人税法上の取扱いしか検討しなかったために，多額の不動産移転コストが発生してしまったりということが起こり得るからです。また，グループ内組織再編成だからこそ，繰越欠損金の取扱いには細心の注意が必要です。さらに，グループ法人税制や賃上げ促進税制など，組織再編税制の枠外に位置する制度への影響も無視できません。本章では，グループ内組織再編成を行う場合に見落としてはならない税務上の論点について，詳細に解説します。

1．組織再編成の類型と活用例

　グループ内組織再編成は，業務の効率化，意思決定の迅速化，リソース（予算，人材，情報，時間等）の配置の最適化などを通じ，企業の競争力を高め，グループ全体の企業価値を向上させるための手段です。企業グループに次に掲げるような課題がある場合に，その解決の手段として組織再編成が活用されます。

- グループ内で重複している事業を統合して効率化したい
- 事業部門を切り離して各事業の独立性を強化したい
- 組織の階層を見直して部門間の連携を強化したい
- ガバナンス体制を強化し，意思決定の迅速化を図りたい
- 管理部門を集約して効率化したい
- 子法人の財務体質を改善したい

　グループ内組織再編成の具体例は，次の通りです。

⑴　法人の統合

　吸収合併により，親法人が子法人を統合したり，複数の子法人をひとつの法人に統合したりすることができます。吸収合併とは，会社が他の会社とする合併であって，合併により消滅する会社の権利義務の全部を合併後存続する会社に承継させるものをいいます（会社法2二十七）[1]。

1　会社法上，合併には新設合併（二以上の会社がする合併であって，合併により消滅する会社の権利義務の全部を合併により設立する会社に承継させるもの（会社法2二十八））もありますが，実務上，新設合併が行われることは稀であるため，本書では説明を割愛しています。

① 親法人が子法人を統合

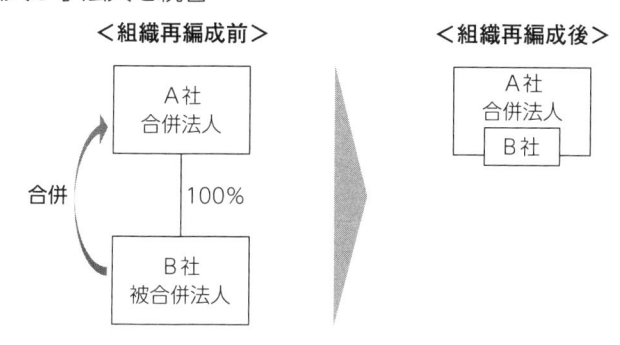

② 子法人を事業の種類ごとに統合

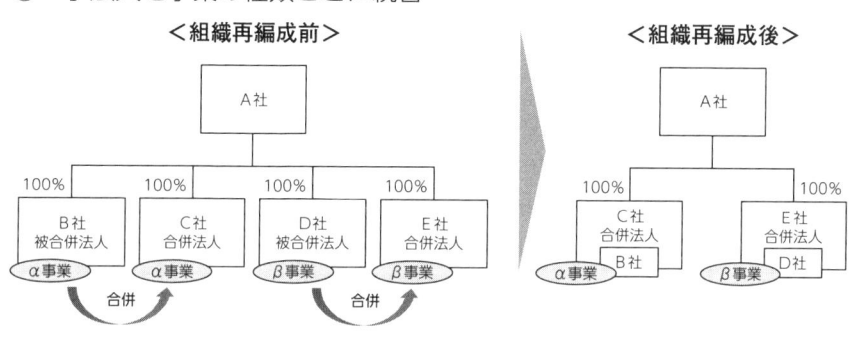

③ 一の子法人が他の全ての子法人を統合

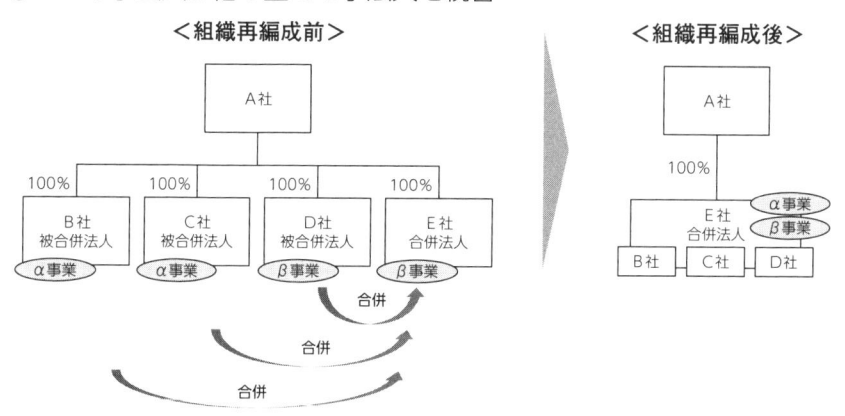

　前頁の図のように，複数の法人を被合併法人とする吸収合併を同時に行うこと（いわゆる三社合併や四社合併など）も可能です。ただし，吸収合併の当事者は合併後存続する会社（存続会社）と合併により消滅する会社（消滅会社）の二者に限られ，三社合併や四社合併などは複数の合併が同日に行われたものと解されています。前頁の図のような四社合併では，合併の当事者は次のようになります。

- 　存続会社をE社，消滅会社をB社とする合併
- 　存続会社をE社，消滅会社をC社とする合併
- 　存続会社をE社，消滅会社をD社とする合併

　前頁の図のような四社合併を行う場合，合併契約書はそれぞれの合併ごとに作成するか，ひとつの合併契約書を四社連名で作成します[2]。

(2)　事業部門の統合・切り離し

　会社分割により，企業グループ内の同一部門を統合したり，逆に，一の事業部門を他部門から切り離して独立させたりすることができます。

　会社分割とは，株式会社又は合同会社がその事業に関して有する権利義務の全部又は一部を分割後他の会社に承継させること（吸収分割），又は，一又は二以上の株式会社又は合同会社がその事業に関して有する権利義務の全部又は一部を分割により設立する会社に承継させること（新設分割）をいいます（会社法2二十九，三十）。

2　1通の合併契約書において二以上の会社が消滅会社として定められている場合であっても，合併契約は法的には消滅会社ごとに各別のものと取り扱われます（「存続会社が1通の吸収合併契約書により複数の消滅会社との間で吸収合併をする場合の登記の取扱いについて（通知）」（平成20年6月25日法務省民商第1774号）参照）。

① β事業部門の統合（吸収分割）

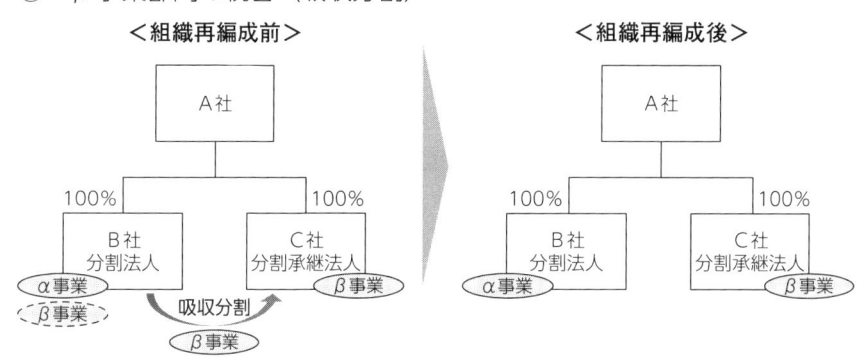

② β事業部門のA社からの切り離し（新設分割）

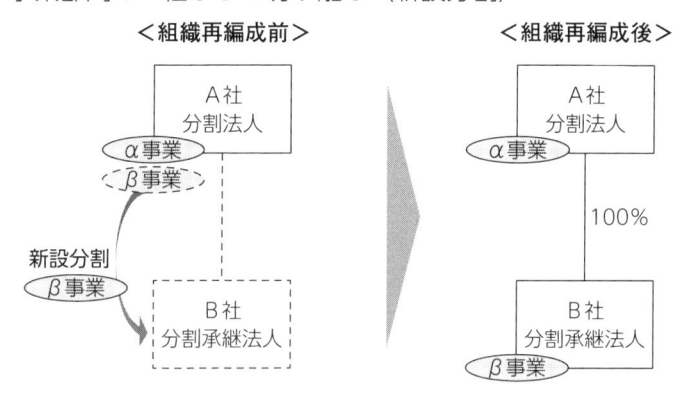

(3) 子法人の孫法人化

　分割又は株式交換により，子法人を孫法人にすることができます。

① 分割による子法人の孫法人化

　次の図のように，親法人A社が，C社株式を，子法人B社に対し分割により
移転することで，C社をA社の孫法人にすることができます[3]。

3　会社法上，吸収分割による承継の対象は「事業」ではなく，吸収分割契約に定められた「資産，
　債務，雇用契約その他の権利義務」とされていることから（会社法758二），分割法人が有する株式

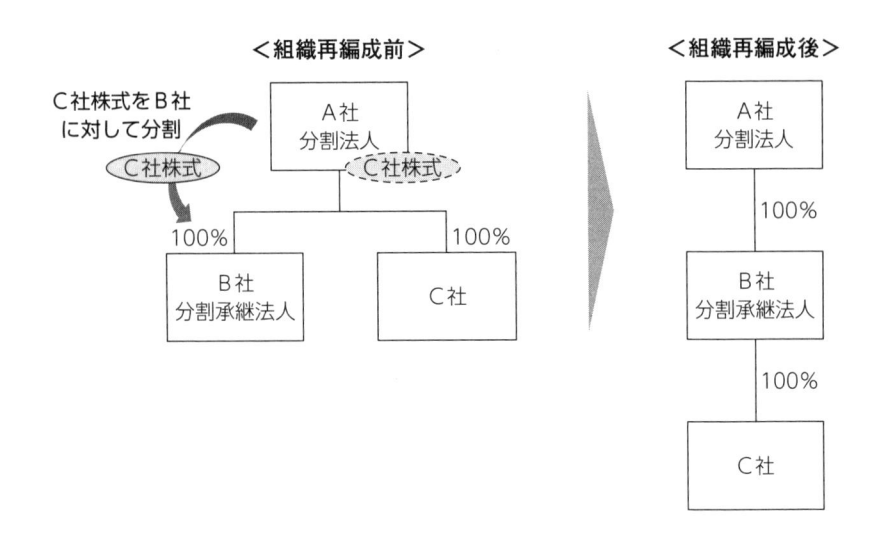

② 株式交換による子法人の孫法人化

　株式交換とは，会社法上は「株式会社がその発行済株式の全部を他の株式会社又は合同会社に取得させること」と規定されていますが（会社法2三十一），かみ砕いていうと，既存の二社間で100％親子関係を構築する行為をいいます。次の図のように，100％兄弟関係にあるB社とC社との間で株式交換を行うことにより，B社とC社を100％親子関係にすることができます。これにより，C社をA社の孫法人にすることができます。

のみを分割対象資産として分割承継法人に移転することも可能です（国税庁「平成22年6月30日付課法2－1ほか1課共同「法人税基本通達等の一部改正について」（法令解釈通達）の趣旨説明」法人税基本通達12－1－6の解説参照）。

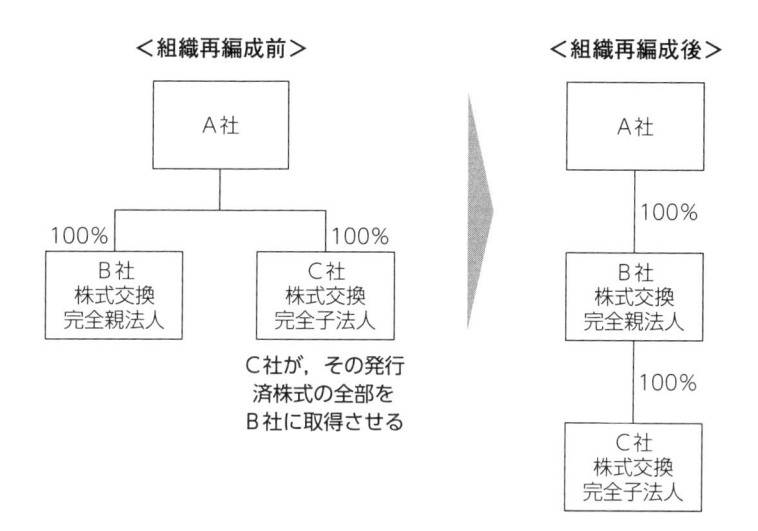

<＜組織再編成前＞>

A社

100%　　100%

B社
株式交換
完全親法人

C社
株式交換
完全子法人

C社が，その発行
済株式の全部を
B社に取得させる

<＜組織再編成後＞>

A社

100%

B社
株式交換
完全親法人

100%

C社
株式交換
完全子法人

⑷　孫法人の子法人化

　現物分配又は分割により，孫法人を子法人にすることができます。

①　現物分配による孫法人の子法人化

　現物分配とは，法人が，その株主等に対し剰余金の配当等により金銭以外の資産を交付することをいいます[4]（法法２十二の五の二）。次の図のように，子法人B社が，C社株式を，親法人A社に対し剰余金の配当により交付（現物分配）することで，C社をA社の子法人にすることができます。

4　会社法上，剰余金の配当は金銭以外の財産でも行うことができます（会社法454④）。

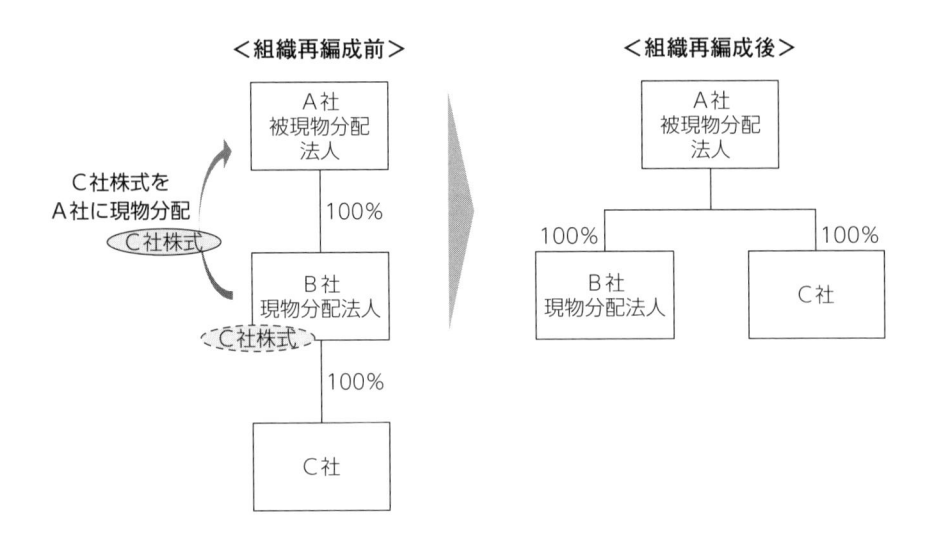

② 分割による孫法人の子法人化

　次の図のように，子法人B社が，C社株式を，親法人A社に対し分割により移転することで，C社をA社の子法人にすることができます。

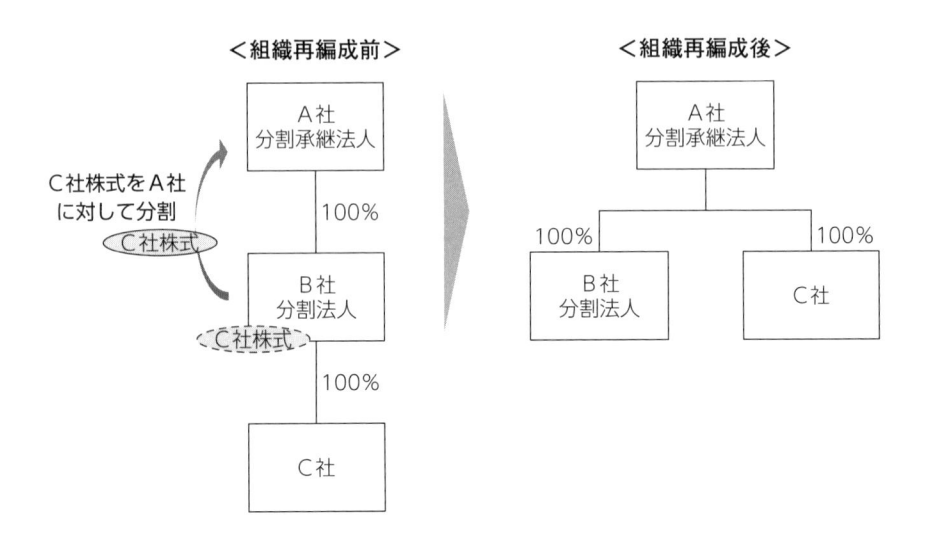

⑸　ホールディングス化

　組織再編成により，企業グループをホールディングス化することができます。一般にホールディングス化とは，持株会社（ホールディングカンパニー）が傘下の事業会社の株式を保有し，その持株会社がグループ全体の経営戦略の立案や経営管理を行う企業形態をいいます。

①　分割によるホールディングス化
　次の図のように，親法人A社が行うα事業を，分割により新設する子法人C社に移転します。分割後の親法人A社は，子法人の経営管理業務のみを行います。

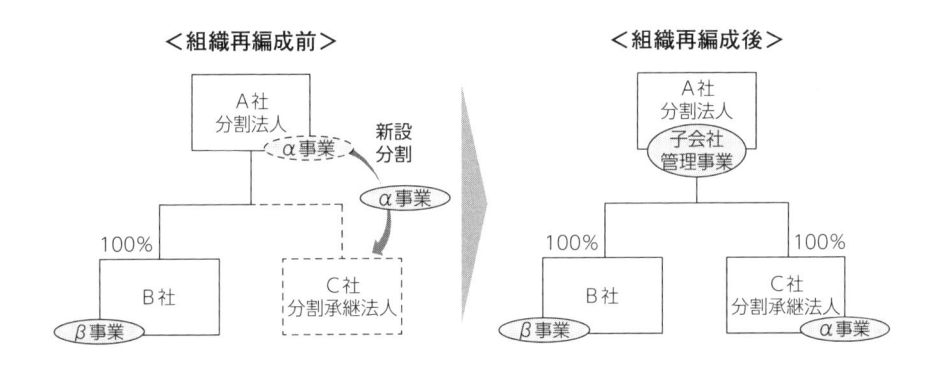

②　株式移転＋現物分配によるホールディングス化
　株式移転とは，会社法上は「一又は二以上の株式会社がその発行済株式の全部を新たに設立する株式会社に取得させること」と規定されていますが（会社法2三十二），かみ砕いていうと，持株会社を新設して自社はその新設会社の100％子法人になる行為をいいます。100％親子関係を構築する行為である点で株式交換と類似していますが，株式交換では既存の法人が親法人となるのに対し，株式移転では親法人が新設される点で異なっています。なお，株式移転で100％子法人になる法人は1社のみである場合（単独株式移転）と，複数の法人である場合（共同株式移転）があります。

　次の図のように，B社が単独株式移転によりA社を設立し，その後B社が，C社株式を，A社に対し剰余金の配当により交付（現物分配）します。株式移転及び現物分配後のA社は，子法人の経営管理業務のみを行います。

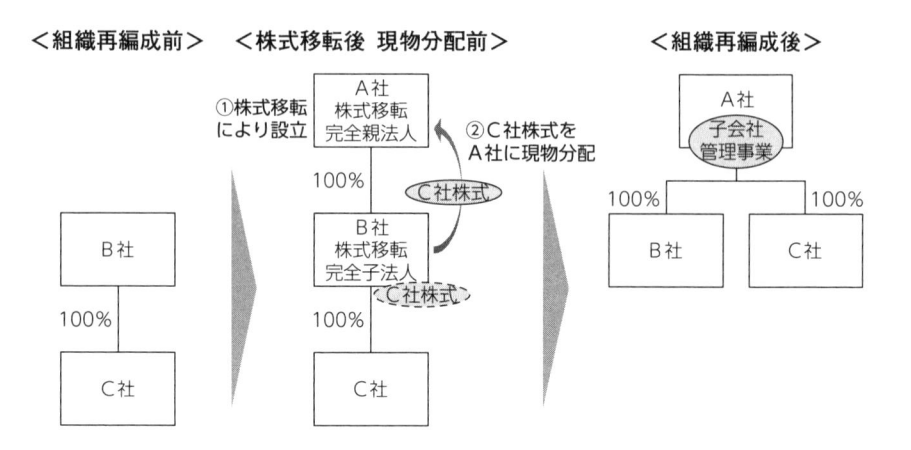

(6)　子法人の債務超過の解消

　債権者が保有する債権を債務者である法人に現物出資することをデット・エクイティ・スワップ（DES）といいます。次の図のように，DESは子法人の債務超過を解消する目的で行われることがあります。債権者であるA社は，B社に対して貸付金を現物出資し，B社株式の交付を受けます。DESによりB社に対する貸付金が債務者であるB社に帰属することになり，貸付金は混同により消滅します（民法520）。

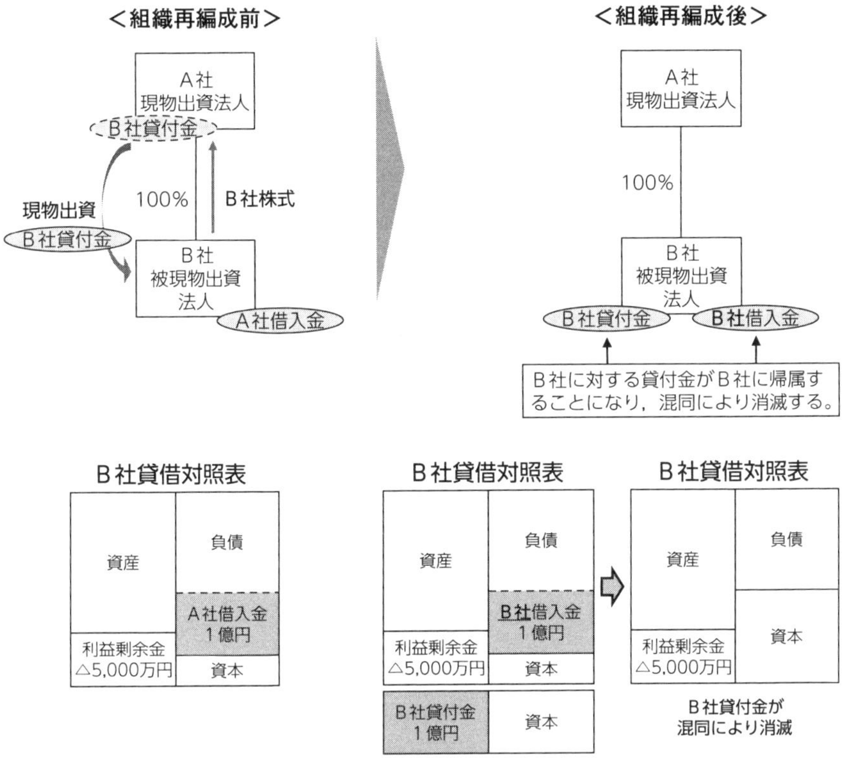

<組織再編成前＞

A社
現物出資法人

B社貸付金

現物出資
B社貸付金

100%　　B社株式

B社
被現物出資
法人

A社借入金

<組織再編成後＞

A社
現物出資法人

100%

B社
被現物出資
法人

B社貸付金　　B社借入金

B社に対する貸付金がB社に帰属することになり，混同により消滅する。

B社貸借対照表

資産	負債
	A社借入金 1億円
利益剰余金 △5,000万円	資本

B社貸借対照表

資産	負債
	B社借入金 1億円
利益剰余金 △5,000万円	資本
B社貸付金 1億円	資本

B社貸借対照表

資産	負債
利益剰余金 △5,000万円	資本

B社貸付金が
混同により消滅

2. 適格判定

(1) 適格組織再編成と非適格組織再編成

　法人が合併，分割，現物出資，現物分配を行った場合，法人税法上は，被合併法人等（被合併法人，分割法人，現物出資法人又は現物分配法人をいいます。）の資産・負債は原則として時価で譲渡したものとされ，被合併法人等において資産等の含み損益に対し課税が生じます（法法22②③，62①）。

　しかしながら，あらゆる組織再編成に対し一律に課税してしまうと，企業が行う健全な経済活動を税制が阻害してしまうことになりかねません。そこで法人税法では，一定の要件（適格要件）を満たす組織再編成を「適格組織再編成」として課税が生じないようにしています。例えば適格合併では，被合併法人に資産等の譲渡損益が生じることはなく（法法62の2①，法令123の3①），合併法人は被合併法人の資産・負債を被合併法人における帳簿価額により引き継ぎます（法法62の2④，法令123の3③）。

　また，株式交換は，合併と整合性の取れた課税関係になるように制度が構築されています。合併は法人の事業や資産を直接的に取得する行為ですが，株式交換は法人の株式取得を通じてその法人の事業や資産を実質的に取得するという効果があります。実質的に同様の効果を得られる行為に対しては同様の課税が行われることが望ましいことから，適格要件を満たさない株式交換では，株式交換完全子法人の有する一定の資産に対し時価評価課税を行うこととしています（法法62の9①）。株式移転についても同様に，適格要件を満たさない株式移転では，株式移転完全子法人の有する一定の資産に対し時価評価課税を行うこととしています（法法62の9①）。

　なお，適格要件を満たさない組織再編成は，一般に「非適格組織再編成」といわれます。

【組織再編成の適格・非適格による課税の違い】

		適　格	非適格
合　併 分　割 現物出資	被合併法人 分割法人 現物出資法人	➢ 移転資産・負債に係る 　<u>譲渡損益計上なし</u>	➢ 移転資産・負債に係る 　<u>譲渡損益計上あり</u>
	合併法人 分割承継法人 被現物出資法人	➢ 資産・負債の<u>簿価引継ぎ</u>	➢ 資産・負債の<u>時価取得</u>
現物分配	現物分配法人	➢ 移転資産に係る 　<u>譲渡損益計上なし</u>	➢ 移転資産に係る 　<u>譲渡損益計上あり</u>
	被現物分配法人	➢ 資産の<u>簿価引継ぎ</u>	➢ 資産の<u>時価取得</u>
株式交換 株式移転	完全子法人	➢ 保有資産の<u>時価評価なし</u>	➢ 保有資産の<u>時価評価あり</u>
（参考） 事業譲渡	事業譲渡法人	（適格・非適格なし） ➢ 移転資産・負債に係る<u>譲渡損益計上あり</u>	
	事業譲受法人	（適格・非適格なし） ➢ 資産・負債の<u>時価取得</u>	

(2)　グループ内組織再編成の適格要件

　組織再編成の適格要件は，その組織再編成が次のいずれに該当するかにより異なります。

- 　完全支配関係法人間の組織再編成
- 　支配関係法人間の組織再編成
- 　共同事業を行うための組織再編成

　このうち，企業グループ内で行われる組織再編成（完全支配関係法人間の組織再編成，及び，支配関係法人間の組織再編成）の適格要件は次の表の通りです。各要件の内容は，巻末資料「組織再編成の手法別適格要件」を参照してください。

【企業グループ内の組織再編成の適格要件】

完全支配関係のある法人間の組織再編成		支配関係のある法人間の組織再編成	
合　併 分　割 現物出資 株式交換 株式移転	i. 対価要件 ii. 完全支配関係要件	合　併 株式交換 株式移転	i. 対価要件 ii. 支配関係要件 iii. 従業者従事要件 iv. 事業継続要件
		分　割 現物出資	i. 対価要件 ii. 支配関係要件 iii. 主要資産負債引継要件 iv. 従業者従事要件 v. 事業継続要件
現物分配	i. 完全支配関係要件		

① 完全支配関係のある法人間の組織再編成

　(a)　完全支配関係とは

　完全支配関係とは，一の者が法人の発行済株式等の全部を直接又は間接に保有する関係（当事者間の完全支配関係），又は，一の者との間に当事者間の完全支配関係がある法人相互の関係をいいます（法法2十二の七の六，法令4の2②）。

【完全支配関係の例】

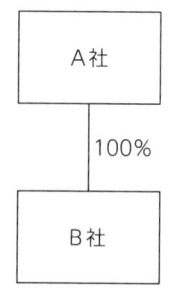

A社とB社との間には
完全支配関係がある

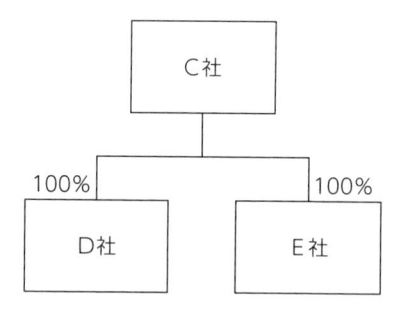

・C社とD社との間
・C社とE社との間
・D社とE社との間
　→全て完全支配関係がある

(b)　適格要件

　完全支配関係法人間の合併，分割，現物出資，株式交換，及び，株式移転は，対価要件及び完全支配関係要件の 2 要件を満たせば適格組織再編成に該当します。

　対価要件は，基本的には組織再編成の対価として金銭等を交付していないことを確認する要件です[1]。完全支配関係要件は，組織再編成前に完全支配関係があることのみが求められる場合と，組織再編成後の完全支配関係継続見込みが求められる場合，これらの両方が求められる場合があります。

　また，合併，分割，株式交換については，会社法上，対価を交付しないことも想定されているため（会社法749①二，758四，768①二），法人税法においても，無対価で適格合併，適格分割，適格株式交換に該当し得る資本関係のパターンが，法人税法施行令に規定されています。主に，対価株式の交付が省略されたと認められる場合（対価株式を交付したとしても親法人又は同一の者の保有する子法人株式数が増加するのみで，親法人と子法人の100％親子関係に変動がない場合）が該当します。実務上は，無対価で適格要件を満たす場合は，対価を交付せずに実行することがほとんどです。対価として株式を交付すると発行済株式総数の変更により登記が必要になること，株主名簿の書換えが必要になることなど，事務負担とコストが発生するからです。

　現物分配については，内国法人が完全支配関係のある内国親法人に対して行う現物分配のみが適格現物分配になります[2]。

　M＆A後の買収会社グループでは，ガバナンスの強化や同一事業の集約による効率化等を目的とするグループ内組織再編成を行うことが多くあります。本書では，完全支配関係グループ内で行われる組織再編成の適格判定の具体例を，「(3)完全支配関係法人間の組織再編成の適格判定の具体例」に示しています。

1　対価として金銭を交付しても対価要件を満たす場合として，「(5)支配関係法人間の組織再編成の適格判定の具体例」参照。

2　正確には，内国法人を現物分配法人とする現物分配のうち，現物分配により資産の移転を受ける者が，現物分配の直前においてその内国法人との間に完全支配関係がある内国法人のみであるものが，適格現物分配になります（法法2二の十五）。

② 支配関係のある法人間の組織再編成

(a) 支配関係とは

支配関係とは，一の者が法人の発行済株式等の50％超を直接又は間接に保有する関係（当事者間の支配関係），又は，一の者との間に当事者間の支配関係がある法人相互の関係をいいます（法法2十二の七の五，法令4の2①）。

【支配関係の例】

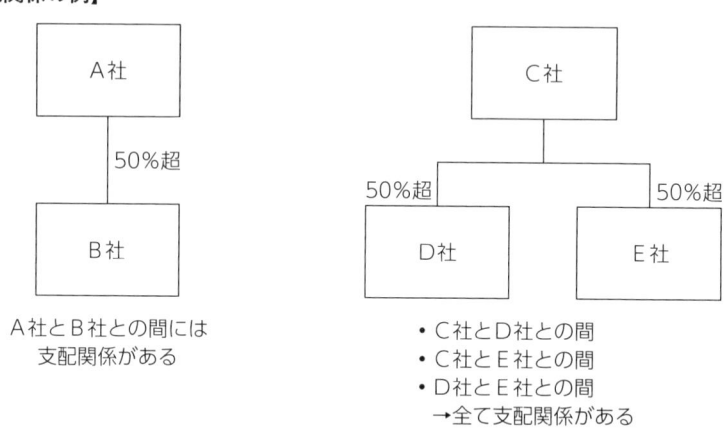

A社とB社との間には
支配関係がある

・C社とD社との間
・C社とE社との間
・D社とE社との間
　→全て支配関係がある

(b) 適格要件

支配関係法人間の組織再編成は，対価要件，支配関係要件，従業者従事要件，及び，事業継続要件の4要件（分割及び現物出資については，主要資産負債引継要件を加えた5要件）を満たせば適格組織再編成に該当します。

M＆Aの場面では，買収会社が被買収会社の主要株主から被買収会社株式を取得した後に，スクイーズアウトの手法として株式交換又は合併が選択されることがあります。その場合は，支配関係のある法人間の適格組織再編成に該当するか否かの判定を行うことになります。本書では，その適格判定の具体例を，「(5)支配関係法人間の組織再編成の適格判定の具体例」に示しています。

(3)　完全支配関係法人間の組織再編成の適格判定の具体例

①　合　併

(a)　親子合併（親法人が合併法人）

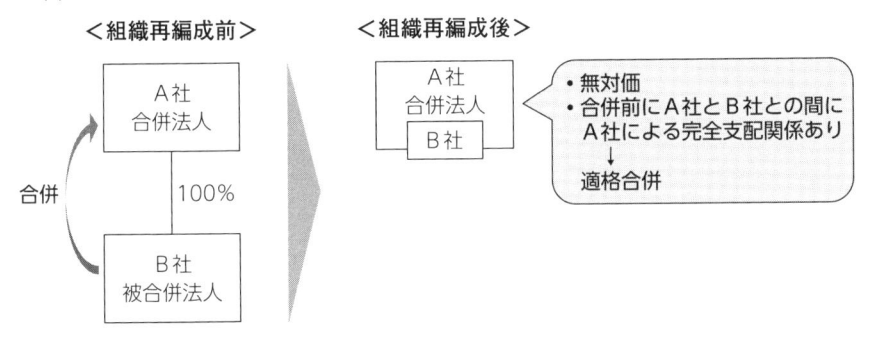

ⅰ．対価要件	無対価で満たす[3]（法法２十二の八）。
ⅱ．完全支配関係要件	合併前に合併法人と被合併法人との間にいずれか一方の法人による完全支配関係があれば満たす（法法２十二のハイ，法令４の３②一）。

---

[3]　合併の場合，合併の対価として合併親法人（合併の直前に合併法人と親法人との間に親法人による完全支配関係があり，かつ，合併後もその完全支配関係が継続することが見込まれている場合の親法人をいいます。）の株式を交付する場合も対価要件を満たしますが（法法２十二の八，法令４の３①），企業グループ内の合併で合併親法人株式を対価として交付することは稀であるため説明を割愛しています。分割及び株式交換も同様です。

(b)　親子合併（子法人が合併法人）

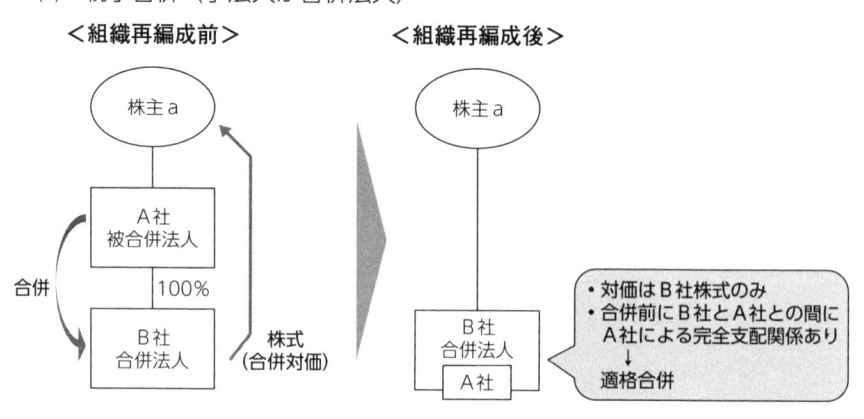

ⅰ．対価要件	合併法人株式等のみを交付すれば満たす（法法2十二の八）。
ⅱ．完全支配関係要件	合併前に合併法人と被合併法人との間にいずれか一方の法人による完全支配関係があれば満たす[4]（法法2十二のハイ，法令4の3②一）。

(c)　兄弟合併

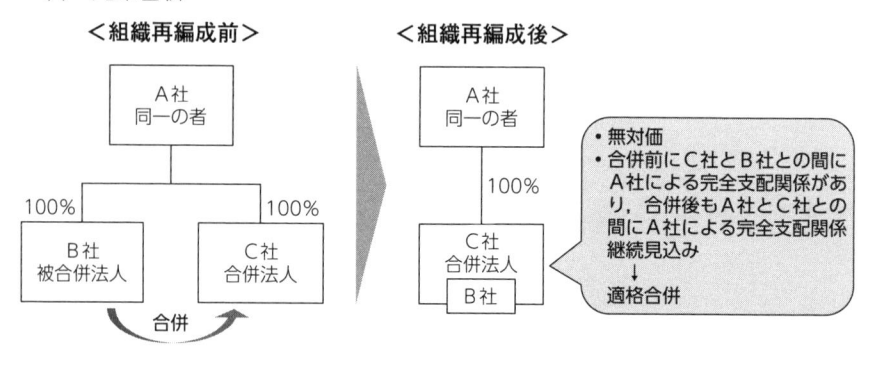

---

[4]　合併前に合併法人B社と被合併法人A社との間に株主aによる完全支配関係がある場合は，合併後も株主aと合併法人B社との間に株主aによる完全支配関係の継続が見込まれていれば完全支配関係要件を満たしますが，株主aによる完全支配関係の継続が見込まれていない場合でも，合併前に合併法人B社と被合併法人A社との間にA社による完全支配関係があれば，完全支配関係要件を満たします（法令4の3②一，二）。

ⅰ．対価要件	無対価で満たす（法法２十二の八）。
ⅱ．完全支配関係 要件	合併前に合併法人と被合併法人との間に同一の者による完全支配関係があり，かつ，合併後もその同一の者と合併法人との間に，その同一の者による完全支配関係の継続が見込まれていれば満たす（法法２十二の八イ，法令４の３②二ロ）。

◆素朴な疑問Q＆A◆

三社合併の適格判定

Q. 合併法人をＡ社，被合併法人をＢ社及びＣ社とする三社合併（吸収合併）を計画しています。適格判定は，これらの三社全体で行うのでしょうか。

A. 三社合併の適格判定は個々の合併ごとに行います。したがって，Ａ社を合併法人，Ｂ社を被合併法人とする合併と，Ａ社を合併法人，Ｃ社を被合併法人とする合併に分けて適格判定を行います。

解　説

　会社法において吸収合併とは，「会社が他の会社とする合併であって，合併により消滅する会社の権利義務の全部を合併後存続する会社に承継させるもの」とされています（会社法２二十七）。吸収合併の当事者は合併後存続する会社（存続会社）と合併により消滅する会社（消滅会社）の二者に限られ，三社合併や四社合併などは複数の合併が同日に行われたものと解されています。

　会社法において複数の合併と解されていることから，法人税法における適格判定も個々の合併ごとに行います[5]。

5　国税庁文書回答事例「三社合併における適格判定について」（平成21年１月29日）参照。

②　分　割

(a)　子法人から親法人への分割（分割型分割）

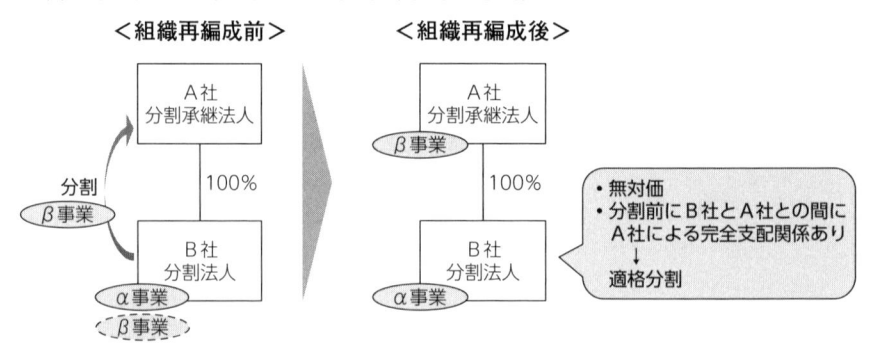

ⅰ．対価要件	無対価で満たす（法法2十二の十一）。
ⅱ．完全支配関係要件	分割前に分割法人と分割承継法人との間に分割承継法人による完全支配関係があれば満たす（法法2十二の十一イ，法令4の3⑥一イ）。

(b)　兄弟会社への分割（分割型分割）

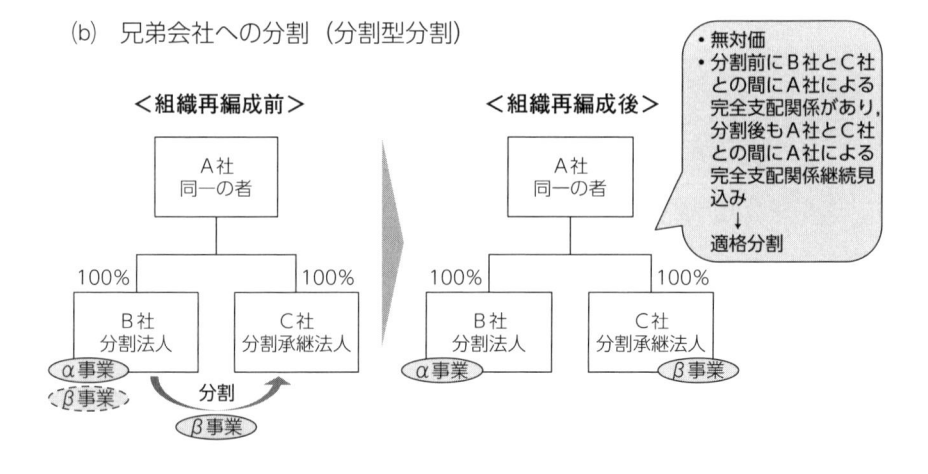

ⅰ．対価要件	無対価で満たす（法法2十二の十一）。
ⅱ．完全支配関係要件	分割前に分割法人と分割承継法人との間に同一の者による完全支配関係があり，かつ，分割後もその同一の者と分割承継法人との間に，その同一の者による完全支配関係の継続が見込まれていれば満たす（法法2十二の十一イ，法令4の3⑥二イ(2)）。

(c)　分割で兄弟会社を新設（分割型分割）

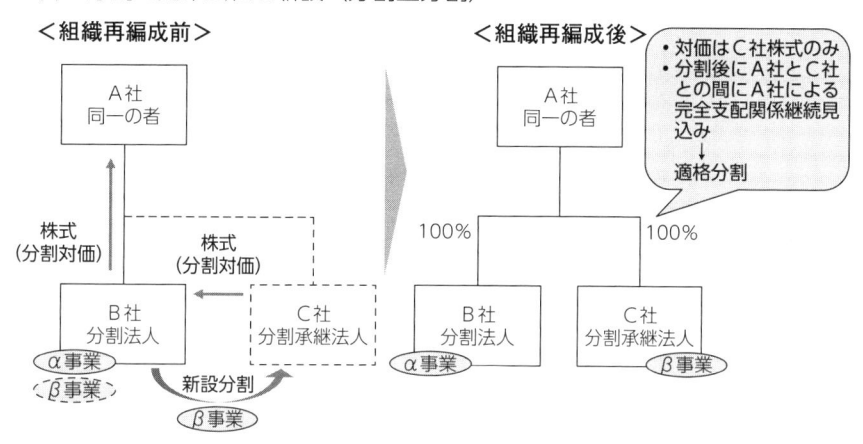

ⅰ．対価要件	分割承継法人の株式のみを交付すれば満たす（法法２十二の十一）。
ⅱ．完全支配関係要件	分割後に分割法人と分割承継法人との間に同一の者による完全支配関係があり，その同一の者と分割承継法人との間にその同一の者による完全支配関係の継続が見込まれていれば満たす（法法２十二の十一イ，法令４の３⑥二ハ⑴）。

(d)　親法人から子法人への分割（分社型分割）

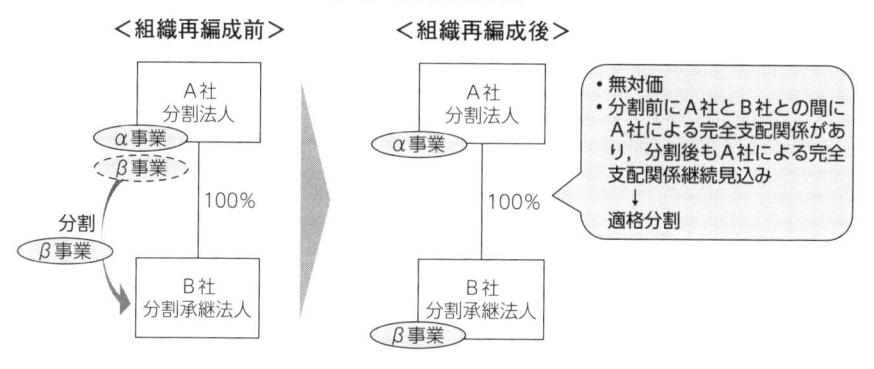

ⅰ．対価要件	無対価で満たす（法法2十二の十一）。
ⅱ．完全支配関係要件	分割前に分割法人と分割承継法人との間に分割法人による完全支配関係があり，かつ，分割後も分割法人による完全支配関係の継続が見込まれていれば満たす（法法2十二の十一イ，法令4の3⑥一ロ）。

(e)　分割で子法人を新設（分社型分割）

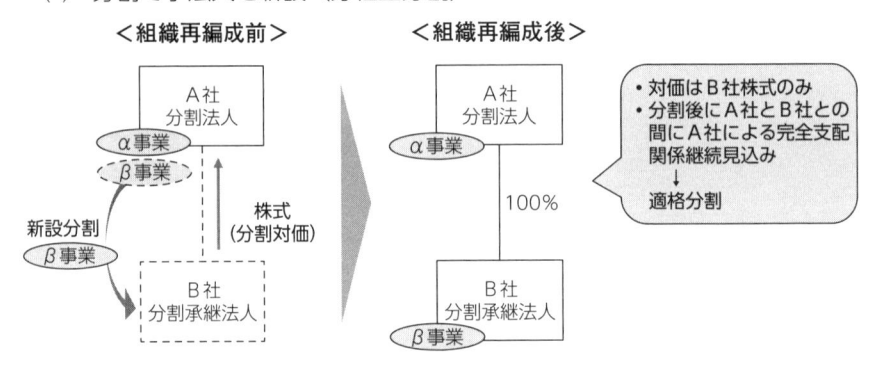

ⅰ．対価要件	分割承継法人の株式のみを交付すれば満たす（法法2十二の十一）。
ⅱ．完全支配関係要件	分割後に分割法人と分割承継法人との間に分割法人による完全支配関係があり，その完全支配関係の継続が見込まれていれば満たす（法法2十二の十一イ，法令4の3⑥一ハ）。

◆素朴な疑問Q＆A◆

分割型分割と分社型分割

Q．分割型分割と分社型分割の見分け方を教えてください。

A．分割型分割と分社型分割の法人税法上の定義は，次に掲げる表の通りです。

解　説

　分割型分割と分社型分割の法人税法上の定義は，対価の有無により次のように定められています（法法２十二の九，十二の十）。

	分割対価	
	あ　り	な　し
分割型分割	分割により分割法人が交付を受ける分割対価資産の全てが当該分割の日において当該分割法人の株主等に交付されるもの	➤分割の直前において，分割承継法人が分割法人の発行済株式等の全部を保有しているもの ➤分割法人が分割承継法人の株式を保有していないもの
分社型分割	分割により分割法人が交付を受ける分割対価資産が当該分割の日において当該分割法人の株主等に交付されないもの	分割の直前において分割法人が分割承継法人の株式を保有しているもの（分割承継法人が分割法人の発行済株式等の全部を保有している場合を除く。)

● 　分割対価を交付する場合

　分割型分割は，会社法上の行為としては，会社分割＋剰余金の配当（分割会社が分割の対価として交付を受けた吸収分割承継会社（又は新設分割設立会社）株式を，分割の効力発生日に剰余金の配当として株主に交付すること）として整理されています。

　分割会社が分割の効力発生日に剰余金の配当を行う場合（＝分割型分割の場合）は，分割契約書又は分割計画書に次のような記載を行います（会社法758八ロ，763①十二ロ）。実務上は，この記載の有無により分割型分割又は分社型分割の判断を行います。

> 第○条
> 　甲は，本件分割の効力発生日に，甲の株主に対し，本件分割に際して乙から交付を受けた乙の普通株式の全てを配当財産とする剰余金の配当を行う。

（注）甲：分割会社　乙：吸収分割承継会社（又は新設分割設立会社）

- **分割対価を交付しない（無対価分割）の場合**

　無対価の場合の分割型分割と分社型分割の法人税法上の定義は，前頁の表の通り非常に読みにくい規定になっています。分割型分割と分社型分割とで，適格要件や分割後の資本金等の額の計算方法などの課税関係に大きな違いがあるため，正しく判定する必要がありますが，完全支配関係法人間で行う無対価分割は，前掲(a)〜(e)の例を参考に，子法人から100％親法人への分割及び100％兄弟会社間の分割は分割型分割，親法人から100％子法人への分割は分社型分割と，パターンとして覚える方がよいでしょう。なお，100％兄弟会社間の分割でも一部の株式を兄弟会社間で保有している場合など，株式保有関係がシンプルではない場合は，法人税法上の定義に沿って慎重に判断する必要があります。

③　現物出資[6]

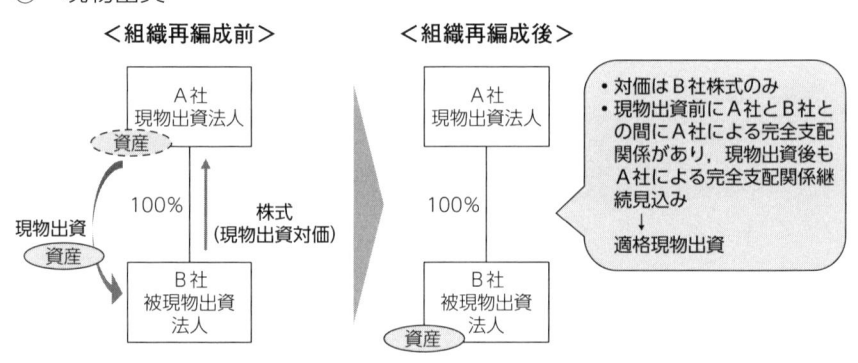

ⅰ．対価要件	被現物出資法人の株式のみを交付すれば満たす（法法２十二の十四）。
ⅱ．完全支配関係要件	現物出資前に現物出資法人と被現物出資法人との間に現物出資法人による完全支配関係があり，かつ，現物出資後も現物出資法人による完全支配関係の継続が見込まれていれば満たす（法法２十二の十四イ，法令４の３⑬一イ）。

6　国境をまたぐ現物出資は原則として適格現物出資に該当しませんが，外国法人に発行済株式等

④　現物分配

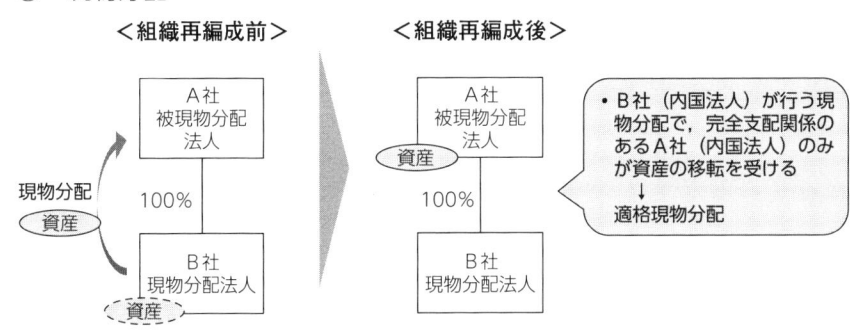

<組織再編成前>　　　　　<組織再編成後>

i．完全支配関係要件	内国法人を現物分配法人とする現物分配で，現物分配により資産の移転を受ける者が，その内国法人との間に完全支配関係がある内国法人のみであれば満たす（法法２十二の十五）。

⑤　株式交換

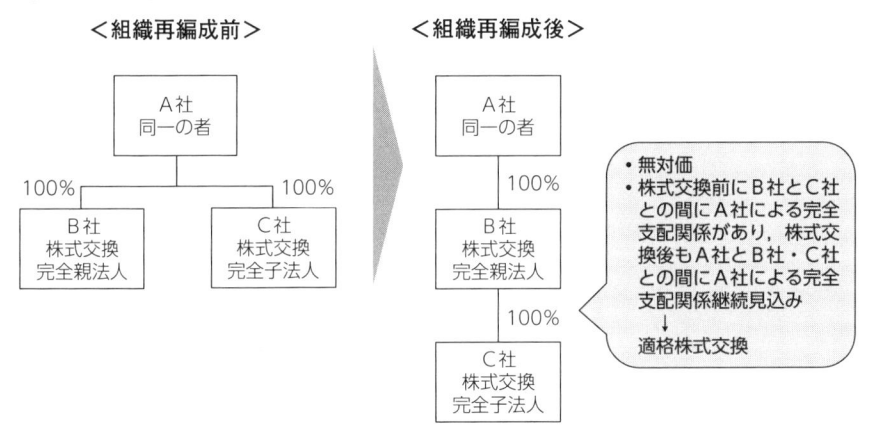

<組織再編成前>　　　　　<組織再編成後>

の25％以上を有する外国法人株式を現物出資する場合は，他の要件を満たせば適格現物出資に該当します（法法２十二の十四，法令４の３⑩〜⑫）。

ⅰ．対価要件	無対価で満たす（法法2十二の十七）。
ⅱ．完全支配関係要件	株式交換前に株式交換完全親法人と株式交換完全子法人との間に同一の者による完全支配関係があり，かつ，株式交換後もその同一の者と株式交換完全親法人及び株式交換完全子法人との間に，その同一の者による完全支配関係の継続が見込まれていれば満たす（法法2十二の十七イ，法令4の3⑱二）。

⑥　株式移転

(a)　共同株式移転

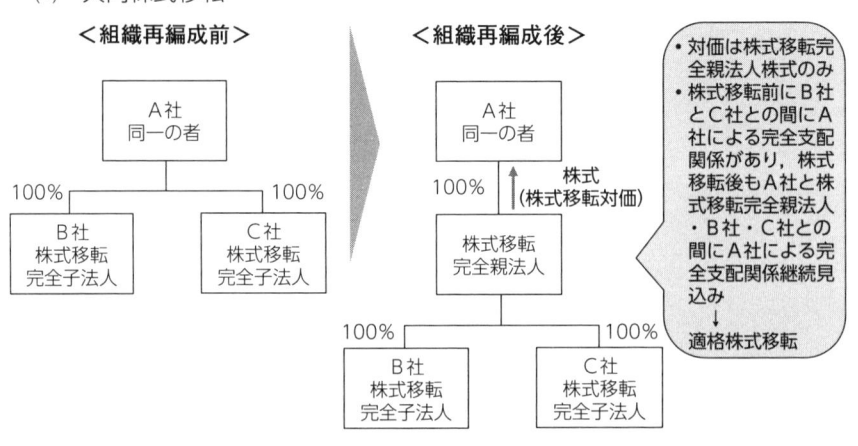

ⅰ．対価要件	株式移転完全親法人の株式のみを交付すれば満たす（法法2十二の十八）。
ⅱ．完全支配関係要件	株式移転前に株式移転完全子法人と他の株式移転完全子法人との間に同一の者による完全支配関係があり，かつ，株式移転後もその同一の者と株式移転完全親法人・株式移転完全子法人・他の株式移転完全子法人との間に，その同一の者による完全支配関係の継続が見込まれていれば満たす（法法2十二の十八イ，法令4の3㉑）。

(b)　単独株式移転

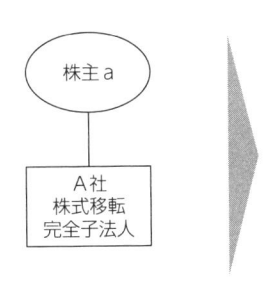

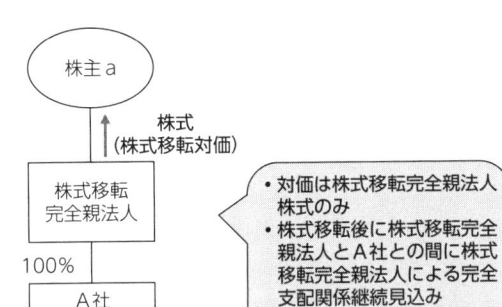

i．対価要件	株式移転完全親法人の株式のみを交付すれば満たす（法法２十二の十八）。
ii．完全支配関係要件	株式移転後に株式移転完全親法人と株式移転完全子法人との間に，株式移転完全親法人による完全支配関係の継続が見込まれていれば満たす（法法２十二の十八イ，法令４の３㉒）。

大誤算！

無対価で合併を行ったら非適格になった。

　A社は被買収会社（T社）の株式の全てを株式譲渡により取得した。被買収会社は100％子法人であるS社を所有していた。買収後A社グループでは，A社の100％子法人であるB社を合併法人，S社を被合併法人とする合併を行った。完全支配関係グループ内の合併であるため無対価で適格合併に該当すると考え，合併対価の交付をしなかったところ，後に無対価では適格合併に該当しないことが判明した。

【無対価では適格合併に該当しない例】

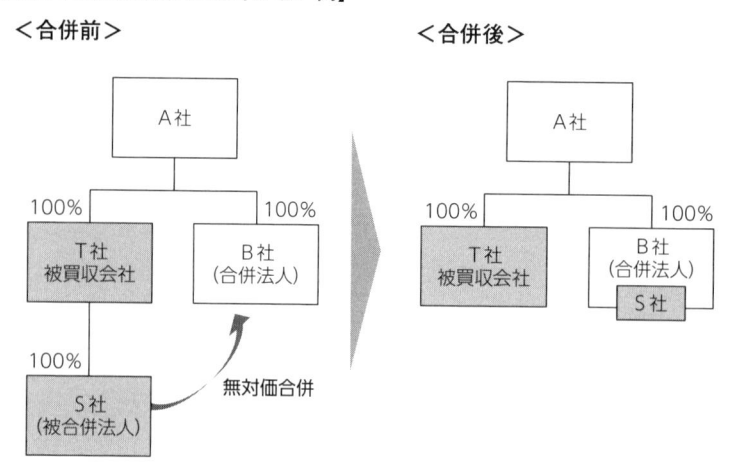

<＜合併前＞>　　　　　　　　　　　　　　＜合併後＞

解　説

　合併，分割，株式交換については，会社法上，対価を交付しないことも想定されているため，税務上も，無対価で適格組織再編成に該当し得る資本関係のパターンが，各手法ごとに法人税法施行令に詳細に規定されています。主に，対価株式の交付が省略されたと認められる場合（対価株式を交付したとしても親法人又は同一の者の保有する子法人株式数が増加するのみで，親法人と子法人の100％親子関係に変動がない場合）が該当します。

　完全支配関係法人間の合併では，合併法人が被合併法人の発行済株式等の全部を保有する場合と，合併法人と被合併法人の株主構成が一致している場合の2パターンが規定されています（法令4の3②）。株主構成が一致しているかどうかは，自己株式を除いて判定するほか，合併法人が有する被合併法人株式，及び，被合併法人が有する合併法人株式を除いて判定を行います（法令4の3②二ロ）。

【無対価で適格合併に該当し得るパターン】

① 親子合併

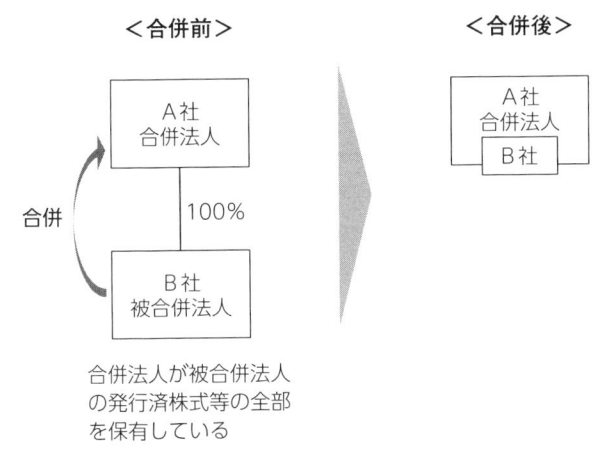

合併法人が被合併法人
の発行済株式等の全部
を保有している

② 兄弟合併

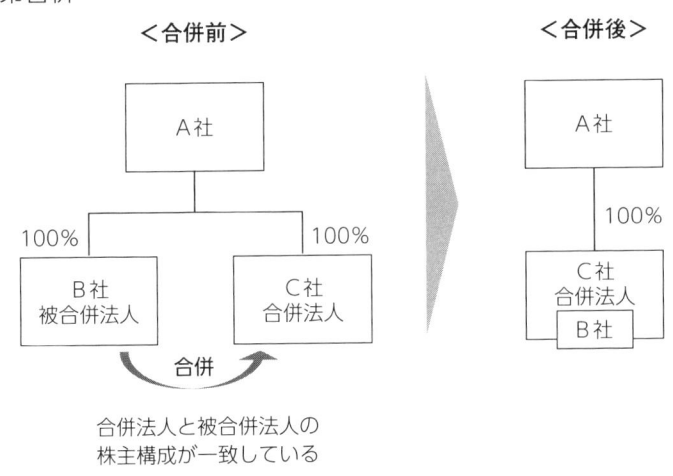

合併法人と被合併法人の
株主構成が一致している

　本事例のような資本関係でB社を合併法人，S社を被合併法人とする合併は，完全支配関係法人間の合併ではありますが，B社とS社の株主構成が一致していないため，無対価で実行すると適格合併に該当しません。解決策としては，合併法人であるB社が被合併法人の株主であるT社に対し，合併対価としてB

社株式を交付する方法がありますが，Ｔ社がＢ社株式を保有することになります。

　合併対価を交付することでグループ内の資本関係が複雑になることを回避する方法としては，Ｔ社が保有するＳ社株式を株式譲渡や現物分配によりＡ社に移転した後に合併を実行する方法があります。移転後のＳ社とＢ社は100％兄弟関係になり，100％兄弟法人間の合併は株主構成が一致している法人間の合併に該当するため，無対価で合併を実行しても，Ａ社とＢ社との間にＡ社による完全支配関係が継続する見込みであれば適格合併に該当することになります。

【Ｓ社株式の移転後の合併】

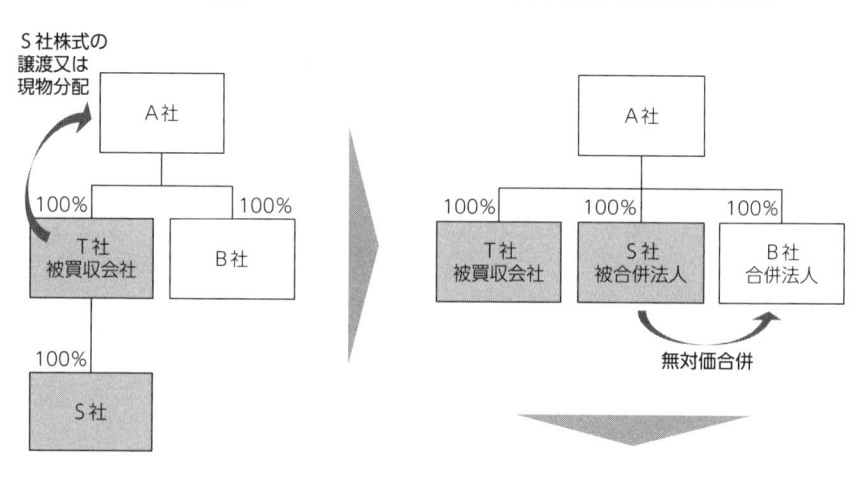

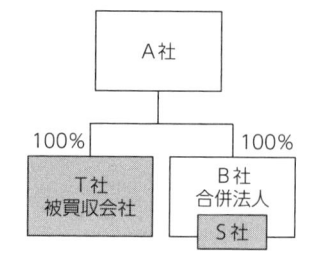

　株式譲渡によりS社株式を移転した場合は，T社にS社株式譲渡損益が計上されますが，譲渡直前のS社株式の帳簿価額が1,000万円以上のときは，グループ法人税制により譲渡損益が繰り延べられます[7]。ただし，その後の合併によりS社が消滅するため，T社において繰り延べていたS社株式譲渡損益は実現することになります（本章「6．グループ法人税制―譲渡損益の繰延べと取崩し　大誤算！　適格合併なのに，合併当事者ですらないのに課税が発生した。」参照）。

　また，現物分配によりS社株式を移転した場合は，T社がA社に対して行う現物分配は適格現物分配に該当し，T社及びA社のいずれにも課税は生じません（法法62の5③④）。ただし，A社が繰越欠損金又は含み損資産を有しているときは，繰越欠損金の使用制限及び特定資産譲渡等損失の損金算入制限の検討が必要になります（本章「3．繰越欠損金の取扱い」及び「4．特定資産譲渡等損失の取扱い」参照）。また，現物分配を行う場合は，会社法上の分配可能額（会社法461①八）の事前確認が必要です。

> **教訓**
> 　無対価で適格組織再編成に該当し得る資本関係のパターンは，合併，分割，株式交換の手法ごとに規定されている。完全支配関係法人間の組織再編成が，全て無対価で適格になるというわけではない。

7　A社グループがグループ通算制度を採用している場合は，通算グループ内における通算子法人株式の譲渡損益は，譲渡直前の帳簿価額にかかわらず損金不算入・益金不算入になります（法法61の11①，法令122の12①三）。この損金不算入・益金不算入処理は繰延処理ではなく社外流出処理されますので（法令9一チ），その後の戻入処理はありません（法法61の11⑧）。

◆素朴な疑問Q＆A◆

対価の交付が省略されたと認められない
無対価非適格組織再編成の税務処理

Q. 本事例のような無対価非適格組織再編成を行った場合，どのような課税が生じるのでしょうか。

A. 完全支配関係法人間で，対価の交付が省略されたと認められない無対価非適格合併が行われた場合の税務処理は極めて複雑になります。

解　説

　本事例のように，完全支配関係法人間で，対価の交付が省略されたと認められない無対価非適格合併が行われた場合の税務処理は，次の通り極めて複雑になります。被合併法人は時価で資産・負債の移転損益を計上するとともに，グループ法人税制の取扱いも検討しなければなりません[8]。時価により税務処理を行うため，Ｓ社の有する各資産・負債の時価及びＳ社の時価総額に関する情報が必要です。

● 被合併法人Ｓ社

　Ｓ社は合併前に有する資産・負債の時価に基づき，資産・負債の譲渡損益を計上します（法法62①）。ただし，譲渡損益調整資産に係る譲渡損益は損金の額又は益金の額に算入しません（法法61の11①）。Ｓ社の自己創設のれんの帳簿価額はゼロであるため譲渡損益調整資産に該当せず，非適格合併により含み益が実現します（法法61の11①，法令122の12①三）。また，本来交付を受けていたはずの合併対価の時価（＝Ｓ社の時価総額）を寄附金として計上すべきと考えますが，完全支配関係のある法人に対する

8　合併以外の手法においても，完全支配関係法人間で非適格組織再編成を行った場合は組織再編税制に加えグループ法人税制の取扱いを検討する必要があり，適格組織再編成の場合と比較すると課税関係が複雑になります。

寄附金として損金不算入になります（法法37②）。

● 合併法人Ｂ社

　合併により移転を受けた資産・負債は時価で受け入れます。ただし，譲渡損益調整資産は被合併法人における帳簿価額で受け入れ（法法61の11⑦），時価から帳簿価額を減算した金額は利益積立金額の減算項目として処理します（法令９一タ）。また，Ｓ社で計上した自己創設のれんの譲渡益相当額を資産調整勘定として計上します（法法62の８①）。さらに，本来交付していたはずの合併対価の時価（＝Ｓ社の時価総額）を受贈益として計上すべきと考えますが，完全支配関係のある法人からの受贈益として益金不算入になります（法法25の２①）。

　Ｂ社が繰越欠損金を有している場合は，その切捨ての有無に関する検討と，Ｂ社の有する含み損資産，及び，Ｓ社から移転を受けた譲渡損益調整資産に係る含み損の損金算入可否の検討も必要になります（法法57④，62の７①）。

● 被合併法人Ｓ社の株主であるＴ社

　Ｓ社株式の寄附修正を行った上で，Ｓ社株式譲渡損失相当額を資本金等の額から減算します（法法61の２⑰，法令８①二十二，９七，119の３⑨）。

● 合併法人Ｂ社の株主であるＡ社

　Ｂ社株式の寄附修正を行います（法令９七，119の３⑨）。

⑷　連続して組織再編成を行う場合の適格判定

　連続して組織再編成を行う場合の適格判定は，非常に複雑です。

　次の図のように，完全支配関係のある兄弟法人間の合併は，合併前に合併法人Ｃ社と被合併法人Ｂ社との間に同一の者Ａ社による完全支配関係があり，かつ，合併後もＡ社と合併法人Ｃ社との間に，Ａ社による完全支配関係の継続が見込まれていれば，完全支配関係要件を満たします（法令４の３②二）。

【完全支配関係のある兄弟法人間の合併の完全支配関係要件】

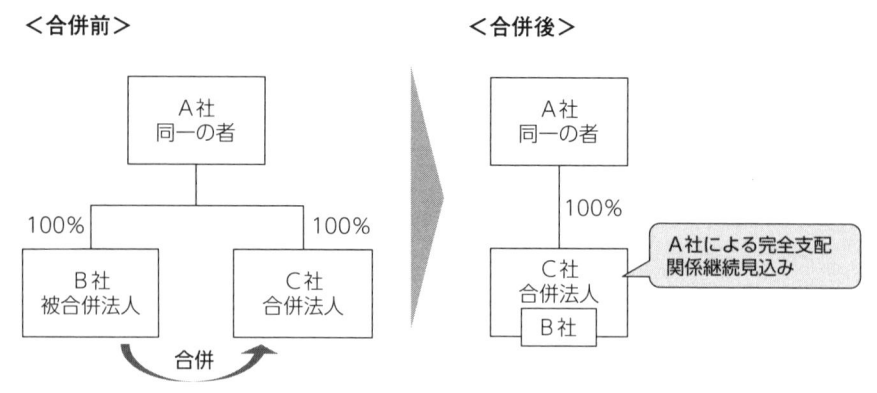

　仮に，この合併（一次合併）の後に合併法人C社が適格合併（二次合併）により消滅することが一次合併の時点で見込まれている場合は，一次合併における完全支配関係継続見込みが要求される期間が二次合併の直前の時までに短縮される緩和措置が設けられています。しかしながら，二次合併が非適格合併の場合には緩和措置の適用はなく，C社が二次合併で消滅することでA社とC社との間の完全支配関係継続が見込まれていないことになるため，一次合併の完全支配関係要件を満たさないことになります。二次合併が適格合併であってもC社を合併法人とする合併で合併対価としてC社株式を交付し，A社とC社との間の完全支配関係が継続しないこととなる場合は，やはり一次合併の完全支配関係要件を満たしません。

　また，支配関係法人間の組織再編成や共同事業を行うための組織再編成では，従業者従事要件や事業継続要件が設けられていますが，これらの要件においても，連続した組織再編成を行う見込みがある場合の要件が条文上詳細に定められています（「(6)株式交換による買収後に適格合併が予定されている場合の株式交換の適格判定」参照）。

　組織再編税制全般の特徴としていえることは，今回の組織再編成が単発のものである場合（過去に組織再編成を行ったことがなく，かつ，将来も別の組織再編成を行う見込みがない場合）は，適格判定や繰越欠損金等の取扱いについて比較的シンプルに判定が可能ということです。過去に組織再編成を行っている場合には，新設法人の除外規定（本章「3．繰越欠損金の取扱い　(5)設立時

から支配関係が継続している法人間の適格合併等とは」参照）に注意を要しますし[9]，将来的に別の組織再編成を行う見込みがある場合は，適格判定が複雑になり判定ミスが生じやすくなります。特に見落とされやすいのは三社合併等で合併に順番が付されている場合です。この場合も連続した組織再編成に該当し，二つ目の合併にとって一つ目の合併は過去の組織再編成であり，一つ目の合併にとって二つ目の合併は将来行われる見込みのある合併になります。

　組織再編成の課税関係の検討を行う際は，まず連続した組織再編成の計画の有無を確認して組織再編成の全体像を把握することと，その全体像を念頭に法人税法及び法人税法施行令を読んで確認しながら判定を行うことが非常に重要であり，それが判定ミスを回避する唯一の方法と考えます。

大誤算！

グループ内の支配株主の変更により
適格合併に該当しないことになった。

　Ａ社は被買収会社（Ｔ社）の株式の全てを株式譲渡により取得した。Ａ社は100％子法人Ｂ社を有している。Ａ社，Ｂ社，Ｔ社の行う事業は次の通りである。

　　　Ａ社…α事業　　　Ｂ社…β事業　　　Ｔ社…β事業

　Ａ社は，Ｂ社及びＴ社が行うβ事業の統合とＡ社グループのホールディングス化を検討し，次の方法により実行することとした。

　①　Ｂ社を合併法人，Ｔ社を被合併法人とする合併（無対価）を行う
　②　Ａ社が単独株式移転により持株会社を設立する
　③　Ａ社がＢ社株式を持株会社に対し現物分配する

　Ａ社は，これらの組織再編成はいずれも適格組織再編成に該当すると判断し，一連の組織再編成を実行した。しかしながら，合併時点において，合併後に合併法人Ｂ社の支配株主がＡ社から持株会社に変更されることが

9　この他にも，過去の適格組織再編成により受け入れた資産が特定資産に該当するか否かの検討が必要になる場合があります（法令123の8③）。

見込まれていたため，Ｂ社とＴ社との合併は適格合併に該当しないことが
後に判明した。

【支配株主の変更】

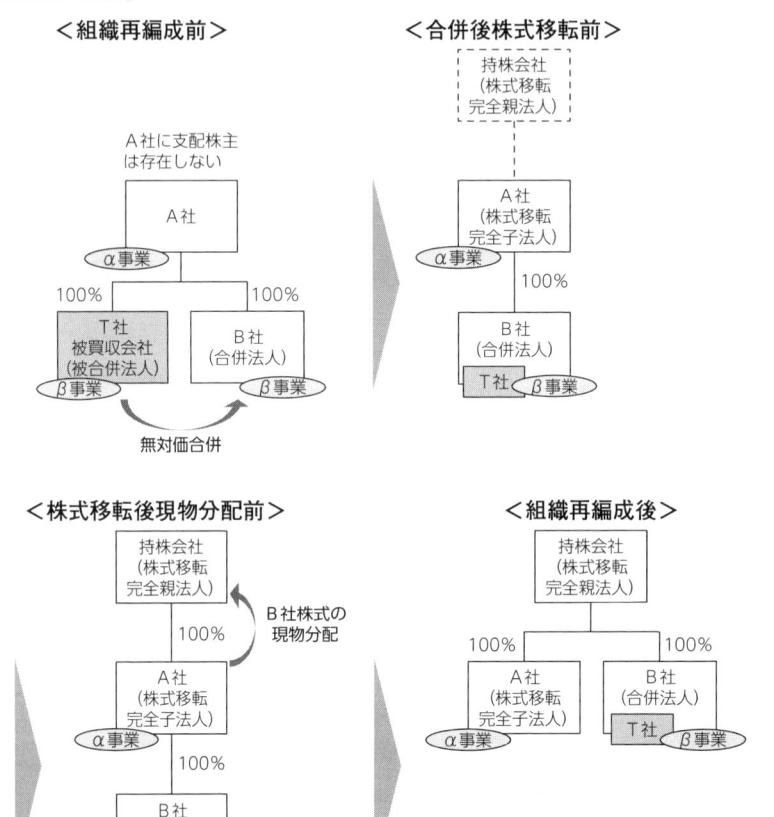

<組織再編成前＞

A社に支配株主
は存在しない

A社
α事業

100%   100%

Ｔ社
被買収会社
（被合併法人）
β事業

Ｂ社
（合併法人）
β事業

無対価合併

<合併後株式移転前＞

持株会社
（株式移転
完全親法人）

A社
（株式移転
完全子法人）
α事業

100%

Ｂ社
（合併法人）

Ｔ社   β事業

<株式移転後現物分配前＞

持株会社
（株式移転
完全親法人）

100%

Ｂ社株式の
現物分配

A社
（株式移転
完全子法人）
α事業

100%

Ｂ社
（合併法人）

Ｔ社   β事業

<組織再編成後＞

持株会社
（株式移転
完全親法人）

100%   100%

A社
（株式移転
完全子法人）
α事業

Ｂ社
（合併法人）

Ｔ社   β事業

| 解　説 |

　完全支配関係のある兄弟法人間の合併は，合併前に合併法人と被合併法人と
の間に同一の者による完全支配関係があり，かつ，合併後もその同一の者と合
併法人との間に，その同一の者による完全支配関係の継続が見込まれていれば，

完全支配関係要件を満たします（法令４の３②二）。判定上の例外として，この合併（一次合併）の後に，一次合併の同一の者を被合併法人とする適格合併（二次合併）が行われることが見込まれている場合は，二次合併の合併法人を一次合併の同一の者とみなして，一次合併の完全支配関係継続見込みの判定を行うことができます（法令４の３㉕二）。

　本事例では，合併前の合併法人Ｂ社と被合併法人Ｔ社を完全支配している同一の者はＡ社ですが，合併後の適格株式移転と適格現物分配によりＡ社が合併法人Ｂ社を完全支配しなくなることが合併時点で見込まれています。したがって，完全支配関係要件を満たさず，完全支配関係法人間の適格合併に該当しないことになります。適格組織再編成による資本関係の異動であっても，法令において判定上の例外が定められていなければ要件を満たすことにはなりません。

　完全支配関係法人間の適格合併に該当しない場合は，支配関係法人間の合併の適格判定，共同事業を行うための合併の適格判定の順に，更なる判定を行います。本事例の合併法人Ｂ社と被合併法人Ｔ社との間には，合併前に同一の者（Ａ社）による支配関係がありますが，合併後にＡ社による支配関係が継続しないことから，支配関係法人間の適格合併にも該当しません（法令４の３③二）。また，共同事業を行うための合併の適格要件にも，合併前に被合併法人に支配株主（本事例のＡ社）がいる場合はその支配株主の株式継続保有要件が課されていますが（法令４の３④五），本事例はそれも満たさないため，共同事業を行うための適格合併にも該当しません。結果として，Ｂ社とＴ社の合併は非適格合併になります。

　なお，本事例では，組織再編成の順番を，①Ａ社の単独株式移転による持株会社設立，②Ｂ社とＴ社との合併，③Ａ社によるＢ社株式の現物分配，と変更すれば，持株会社を支配株主として②の合併の完全支配関係要件の判定ができるため，②の合併は完全支配関係法人間の適格合併に該当することになります。

> **教　訓**
>
> 　連続して組織再編成を行う場合は，全体像を把握した上で関係法令を慎重に読むべし。

◆素朴な疑問Q＆A◆

ホールディングス化の方法

Q． 本事例のA社グループを，他の組織再編成の方法でホールディングス化することは可能でしょうか。

A． 適格合併と適格分割を組み合わせることにより，ホールディングス化が可能と考えます。

解 説

　本事例において，A社グループのホールディングス化の方法としては次の方法も考えられます。

- B社を合併法人，T社を被合併法人とする合併（無対価）
- A社によるα事業を移転事業とする新設分社型分割（対価は分割承継法人C社の株式）

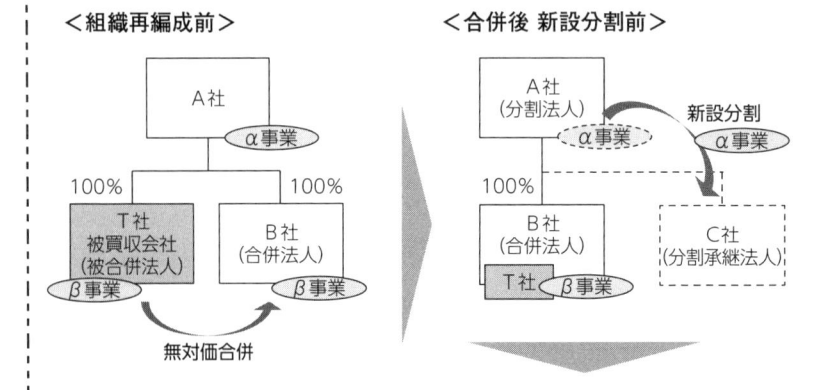

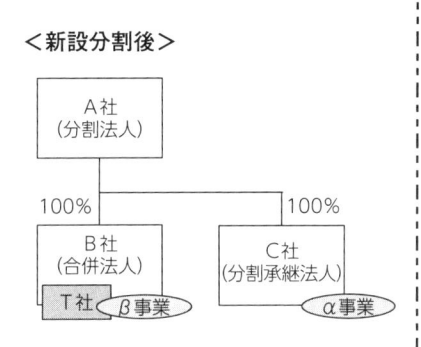

＜新設分割後＞

　この手法では，合併後のＢ社はＡ社による完全支配関係の継続が見込まれるため，Ｂ社とＴ社の合併は完全支配関係法人間の適格合併に該当します。Ａ社によるα事業の新設分社型分割は，Ａ社と新設分割承継法人Ｃ社との間にＡ社による完全支配関係が継続する見込みであれば適格分割に該当します（法法２十二の十一イ，法令４の３⑥一ハ）。なお，α事業が許認可事業である場合に分割承継法人Ｃ社におけるα事業の継続に支障がないかどうかなどについて，事前に綿密な確認，検討が必要です。

(5)　支配関係法人間の組織再編成の適格判定の具体例

　被買収会社の主要株主から被買収会社株式を取得した後に，スクイーズアウトの手法として株式交換又は合併が選択されることがあります。その場合は，支配関係のある法人間の適格組織再編成に該当するか否かの判定を行います。

①　合併によるスクイーズアウト

　支配関係のある子法人を親法人が吸収合併する場合の適格要件は次の通りです。合併法人が被合併法人の発行済株式等（自己株式を除きます。）を３分の２以上有している場合は，外部株主に合併の対価として金銭を交付しても対価要件を満たします（法法２十二の八）。

【合併対価として金銭を交付しても適格合併に該当するケース】

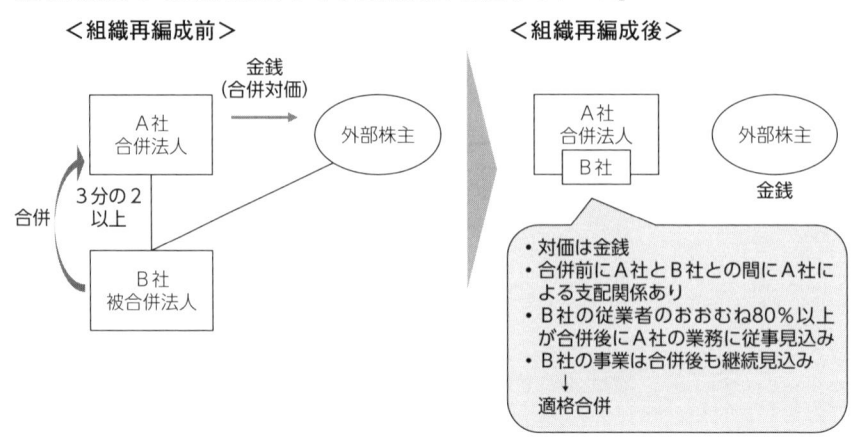

ⅰ．対価要件	合併法人株式等のみを交付すれば満たす。合併法人が合併直前に被合併法人の発行済株式等（自己株式を除く。）の3分の2以上を有している場合は金銭等を交付しても満たす（法法2十二の八）。	
ⅱ．支配関係要件	合併前に合併法人と被合併法人との間にいずれか一方の法人による支配関係があれば満たす（法法2十二の八ロ，法令4の3③一）。	
ⅲ．従業者従事要件	被合併法人の合併直前の従業者のおおむね80％以上の者が，合併後に合併法人の業務（合併法人との間に完全支配関係がある法人の業務を含む。）に従事する見込みであれば満たす（法法2十二の八ロ(1)）。	
ⅳ．事業継続要件	被合併法人の合併前に行う主要な事業が，合併後に合併法人（合併法人との間に完全支配関係がある法人を含む。）において引き続き行われる見込みであれば満たす（法法2十二の八ロ(2)）。	

②　株式交換によるスクイーズアウト

　支配関係のある子法人を株式交換により完全子法人化する場合の適格要件は次の通りです。株式交換完全親法人が株式交換完全子法人の発行済株式（自己株式を除きます。）を3分の2以上有している場合は，外部株主に株式交換の対価として金銭を交付しても対価要件を満たします（法法2十二の十七）。

【株式交換の対価として金銭を交付しても適格株式交換に該当するケース】

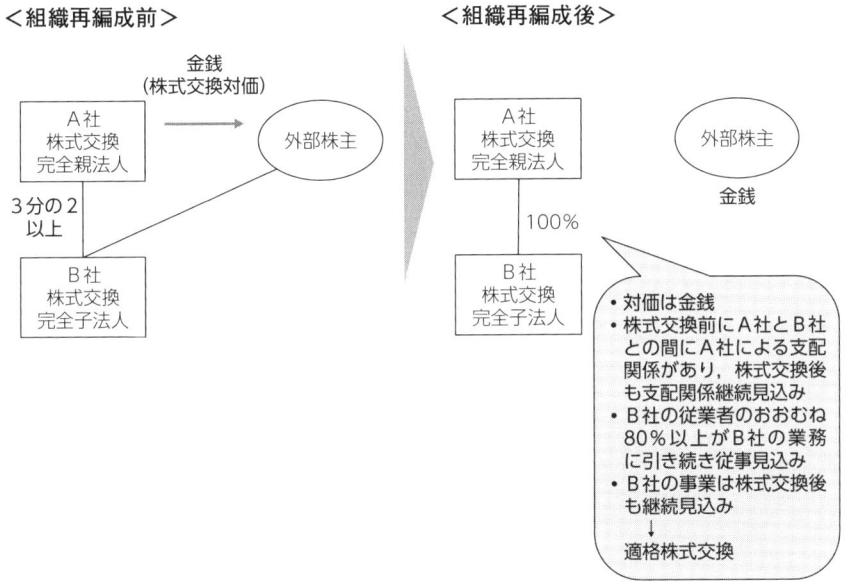

ⅰ．対価要件	株式交換完全親法人の株式のみを交付すれば満たす。株式交換完全親法人が株式交換の直前において株式交換完全子法人の発行済株式（自己株式を除く。）の３分の２以上を有している場合は金銭等を交付しても満たす（法法２十二の十七）。
ⅱ．支配関係要件	株式交換前に株式交換完全親法人と株式交換完全子法人との間に株式交換完全親法人による支配関係があり，かつ，株式交換後もその支配関係の継続が見込まれていれば満たす（法法２十二の十七ロ，法令４の３⑲一）。
ⅲ．従業者従事要件	株式交換完全子法人の株式交換直前の従業者のおおむね80％以上の者が，株式交換完全子法人の業務（株式交換完全子法人との間に完全支配関係がある法人の業務を含む。）に引き続き従事する見込みであれば満たす（法法２十二の十七ロ(1)）。
ⅳ．事業継続要件	株式交換完全子法人の株式交換前に行う主要な事業が，株式交換完全子法人（株式交換完全子法人との間に完全支配関係がある法人を含む。）において引き続き行われる見込みであれば満たす（法法２十二の十七ロ(2)）。

⑹ 株式交換による買収後に適格合併が予定されている場合の株式交換の適格判定

　前述の通り，連続して組織再編成を行う場合の適格判定には注意を要します（「⑷連続して組織再編成を行う場合の適格判定」参照）。被買収会社を株式交換により買収した後に，被買収会社を被合併法人とするグループ内適格合併を行うことが株式交換時点で予定されている場合も，連続して組織再編成を行う場合に該当することになるため，株式交換の適格判定が複雑になります。

【株式交換後に適格合併を行う場合】

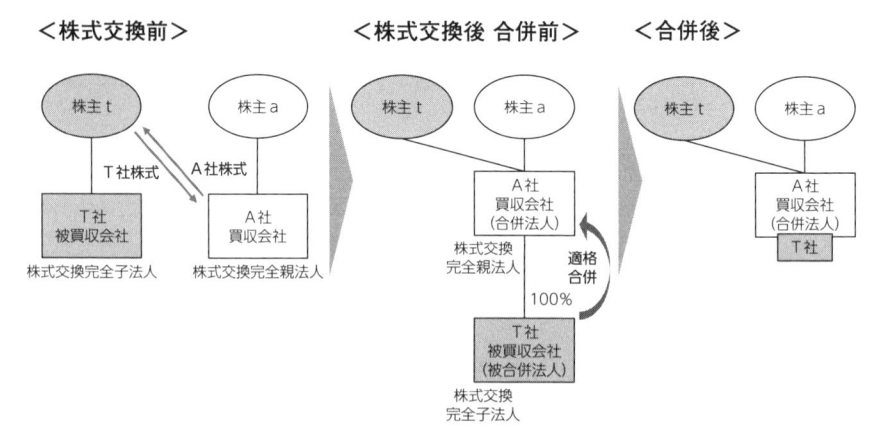

　資本関係のない法人を株式交換により完全子法人化する場合は，共同事業を行うための適格株式交換に該当するか否かの判定を行います。適格要件の概要は次の通りです（法令4の3⑳）。

【共同事業を行うための株式交換の適格要件】

i ．対価要件

ii ．事業関連性要件

iii ．事業規模要件，又は，特定役員引継要件

iv ．従業者従事要件

v．事業継続要件
vi．株式継続保有要件（株式交換前に株式交換完全子法人に支配株主がいる場合のみ）
vii．完全支配関係継続要件

　表中ivの従業者従事要件は，株式交換完全子法人の株式交換直前の従業者のおおむね80％以上の者が，株式交換完全子法人の業務[10]に引き続き従事する見込みであることを要請するものです。株式交換後に株式交換完全子法人を被合併法人とする適格合併を行うことが見込まれている場合は，従業者のおおむね80％以上が，合併法人の業務[11]に引き続き従事することが見込まれていれば従業者従事要件を満たすこととされます（法令4の3⑳三）。

　表中vの事業継続要件は，株式交換完全子法人の株式交換前に行う主要な事業（親法人事業と関連する事業に限ります。）が株式交換完全子法人[12]において引き続き行われる見込みであることを要請するものです。株式交換後に株式交換完全子法人を被合併法人とする適格合併を行うことが見込まれている場合は，合併法人[13]においてその事業の継続が見込まれていれば事業継続要件を満たすこととされます（法令4の3⑳四）。

　表中viiの完全支配関係継続要件は，株式交換完全親法人と株式交換完全子法人との間に株式交換完全親法人による完全支配関係の継続が見込まれていることを要請するものです。株式交換後に株式交換完全子法人を被合併法人とする適格合併を行うことが見込まれている場合は，株式交換の時から適格合併の直前の時まで完全支配関係の継続が見込まれていれば完全支配関係継続要件を満たすこととされます[14]（法令4の3⑳六）。

10　株式交換完全子法人との間に完全支配関係がある法人の業務を含みます。
11　合併法人との間に完全支配関係がある法人の業務を含みます。
12　株式交換完全子法人との間に完全支配関係がある法人を含みます。
13　合併法人との間に完全支配関係がある法人を含みます。
14　株式交換後に株式交換完全子法人を合併法人，株式交換完全親法人を被合併法人とする適格合併を行うことが見込まれている場合も，株式交換の時から適格合併の直前の時まで完全支配関係の継続が見込まれていれば完全支配関係継続要件を満たすこととされます。

3. 繰越欠損金の取扱い

(1) 繰越欠損金の引継制限

　法人税法では，適格合併の場合に，被合併法人の繰越欠損金を合併法人に引き継ぐこととしています（法法57②）。引継ぎが可能な繰越欠損金は，被合併法人の適格合併の日前10年以内（平成30年4月1日前に開始した事業年度において生じた繰越欠損金については9年以内）に開始した各事業年度において生じた繰越欠損金です。

　ただし，企業グループ内で行う適格合併では，被合併法人の繰越欠損金の引継ぎに一定の制限が課されています。企業グループ内の組織再編成は共同事業を行うための組織再編成に比べて適格要件が緩和されており，特に完全支配関係法人間の組織再編成では，容易に適格要件を満たすことが可能です。そのため，「繰越欠損金等を有するグループ外の法人を一旦グループ内の法人に取り込んだ上で，グループ内の他の法人と組織再編成を行うこととすれば，容易に繰越欠損金等を利用することも可能となってしまう」[1]ことから，支配関係のある法人間の適格合併が次のいずれにも該当しない場合，被合併法人の有する繰越欠損金の引継ぎに一定の制限が課されています（法法57③）。

> ① 　5年前の日から支配関係が継続している法人間の適格合併
> ② 　設立時から支配関係が継続している法人間の適格合併
> ③ 　みなし共同事業要件を満たす適格合併

　これら①〜③のいずれにも該当しない場合は，被合併法人の繰越欠損金のうち次に掲げる金額が切り捨てられます（法法57③）。

---

1 『改正税法のすべて〔平成13年版〕』199頁（大蔵財務協会・2001年）参照。

> a．支配関係が発生した事業年度前の各事業年度の繰越欠損金
> b．支配関係が発生した事業年度以後の各事業年度の繰越欠損金のうち特定資産
> 　譲渡等損失相当額

　上記のうち a．の繰越欠損金は，被合併法人が支配関係発生時に既に有していた繰越欠損金です。また，b．の特定資産譲渡等損失相当額とは，被合併法人が，支配関係発生日の属する事業年度開始の日前から有していた含み損資産（特定資産[2]）を譲渡等[3]したことを基因とする繰越欠損金をいいます。すなわち，支配関係発生時に既に有していた繰越欠損金や含み損資産の譲渡等による損失が切り捨てられるということであり，これにより，被合併法人が支配関係発生前から有していた損失の合併法人への取込みが制限されます。本書では，この措置を「繰越欠損金の引継制限」といいます。

【切り捨てられる繰越欠損金】

欠損金 発生事業年度	繰越欠損金	特定資産を譲渡等 したことによる 損失発生額	繰越欠損金の 切捨て額	備　考
X1年12月期	3,000万円		3,000万円	支配関係発生前の事業年度の繰越欠損金は全額切捨て。
支配関係発生　X2年1月1日				
X2年12月期	5,000万円	6,000万円	5,000万円	繰越欠損金5,000万円の全額が特定資産譲渡等損失相当額になり，切捨て。
X3年12月期	9,000万円	2,000万円	2,000万円	繰越欠損金のうち2,000万円が特定資産譲渡等損失相当額になり，切捨て。

2　特定資産の詳細は，本章「4．特定資産譲渡等損失の取扱い」参照。
3　譲渡，評価換え，貸倒れ，除却その他これらに類する事由をいいます。

大誤算！

支配関係発生事業年度に生じた役員退職金を基因とする
繰越欠損金が切り捨てられると勘違いした。

　Ａ社は被買収会社Ｔ社（３月決算法人）の株式の全てを，X1年10月1日に株式譲渡により取得した。買収に伴い被買収会社の役員は全員退任することになり，被買収会社は退任する取締役５名に対しX1年９月30日に役員退職金総額３億円を支払い，特別損失に計上した。

　Ｔ社のX2年３月期の決算を締めたところ，経常利益は１億円であったが，役員退職金の支給に伴い２億円の欠損金が生じた。

　Ａ社は100％子法人であるＢ社を合併法人，Ｔ社を被合併法人とする合併をX2年10月１日に行うことを計画し課税関係の検討を行った。その結果，当該合併は適格合併に該当するが，みなし共同事業要件等の要件を満たさないという判定になり，Ｔ社の繰越欠損金２億円の切捨てを回避するためには，合併を見送らざるを得ないという結論に至った。

　しかしながら，後になって，Ｔ社のX2年３月期に発生した繰越欠損金は特定資産譲渡等損失相当額のみが切捨て対象であり，また，役員退職金の支給を基因とする繰越欠損金は特定資産譲渡等損失相当額に該当しないことが判明した。したがって，合併していたとしてもＴ社の繰越欠損金が切り捨てられることはなかった。

【役員退職金による繰越欠損金】

欠損金 発生事業年度	繰越欠損金	役員退職金	繰越欠損金の 切捨て額
支配関係発生　X1年10月１日			
X2年３月期	２億円	３億円	？

特定資産譲渡等損失？

解　説

　被合併法人の繰越欠損金のうち，みなし共同事業要件等の要件を満たさない場合に切り捨てられる金額は，次に掲げる金額です。

> ａ．支配関係が発生した事業年度前の各事業年度の繰越欠損金
> ｂ．支配関係が発生した事業年度以後の各事業年度の繰越欠損金のうち特定資産譲渡等損失相当額

　本事例のＴ社のX2年３月期は支配関係が発生した事業年度であり，この事業年度に発生した繰越欠損金は特定資産譲渡等損失相当額のみが切捨て対象になります。特定資産譲渡等損失相当額とは，被合併法人が，支配関係発生日の属する事業年度開始の日前から有していた含み損資産（特定資産）を譲渡等したことを基因とする繰越欠損金をいいます。特定資産の詳細は後述しますが（本章「４．特定資産譲渡等損失の取扱い」参照），資産を譲渡等したことによる損失に限られます。したがって，繰越欠損金発生要因が役員退職金の支給である場合は，特定資産譲渡等損失相当額に該当しないことになります。

教　訓

　特定資産譲渡等損失相当額とは，含み損資産を譲渡等したことに基因する繰越欠損金である。繰越欠損金発生要因が役員退職金の支給である場合は，特定資産譲渡等損失相当額に該当しない。

⑵　繰越欠損金の使用制限

　支配関係のある法人間の適格組織再編成では，資産・負債の受入法人の有する繰越欠損金も切り捨てられることがあります。

　支配関係のある法人間の適格合併，適格分割，適格現物出資，適格現物分配（以下，「適格合併等」といいます。）が次のいずれにも該当しない場合，資産・負債の受入法人（合併法人，分割承継法人，被現物出資法人，被現物分配

法人）の有する繰越欠損金の使用に一定の制限が課されています（法法57④）。

> ①　5年前の日から支配関係が継続している法人間の適格合併等
> ②　設立時から支配関係が継続している法人間の適格合併等
> ③　みなし共同事業要件を満たす適格合併等

　これら①〜③のいずれにも該当しない場合は，受入法人の繰越欠損金のうち次に掲げる金額が切り捨てられます（法法57④）。

> a．支配関係が発生した事業年度前の各事業年度の繰越欠損金
> b．支配関係が発生した事業年度以後の各事業年度の繰越欠損金のうち特定資産譲渡等損失相当額

　本書では，この措置を「繰越欠損金の使用制限」といいます。

　繰越欠損金の使用制限は合併法人だけでなく，分割承継法人，被現物出資法人，被現物分配法人にも課されます。適格合併等では被合併法人，分割法人，現物出資法人，現物分配法人の帳簿価額で資産・負債を受け入れるため，移転事業や移転資産から生じる利益と受入法人が有していた繰越欠損金を相殺することで，容易に税負担の軽減ができてしまうからです。

　実務上は，資産・負債の受入法人の繰越欠損金の使用制限に関する検討がされないまま，組織再編成が実行されているケースが散見されます。特に合併以外の手法の場合に検討が抜け落ちてしまう傾向があるため注意が必要です。

大誤算！

**買収手法を現金交付型分割にすれば合併法人の
繰越欠損金は切り捨てられなかった。**

　A社（3月決算法人）は，T社が行うα事業を次の手法により取得した。

① T社はX1年4月1日に行う新設分社型分割により，α事業を分割
承継法人（被買収会社S社）に移転する。
② A社は被買収会社S社の株式の全てを，分割と同日（X1年4月1
日）にT社から株式譲渡により取得する。
　A社は，自社を合併法人，S社を被合併法人とする合併をX1年10月1
日に行うこととし，S社株式取得後すぐに合併に伴う課税関係の検討を開
始した。その結果，当該合併は適格合併に該当するが，みなし共同事業要
件等の要件を満たさないという結論に至った。S社は繰越欠損金を有して
いなかったが，A社はX1年3月期に発生した繰越欠損金2億円を有して
いた。この繰越欠損金は支配関係発生事業年度前の繰越欠損金であり，合
併を実行すると全額切り捨てられることから，切捨てを回避するため合併
を見送ることとした。α事業を，A社を分割承継法人とする現金交付型分
割により買収していれば，繰越欠損金が切り捨てられることはなかった。

【合併法人の繰越欠損金の切捨て】

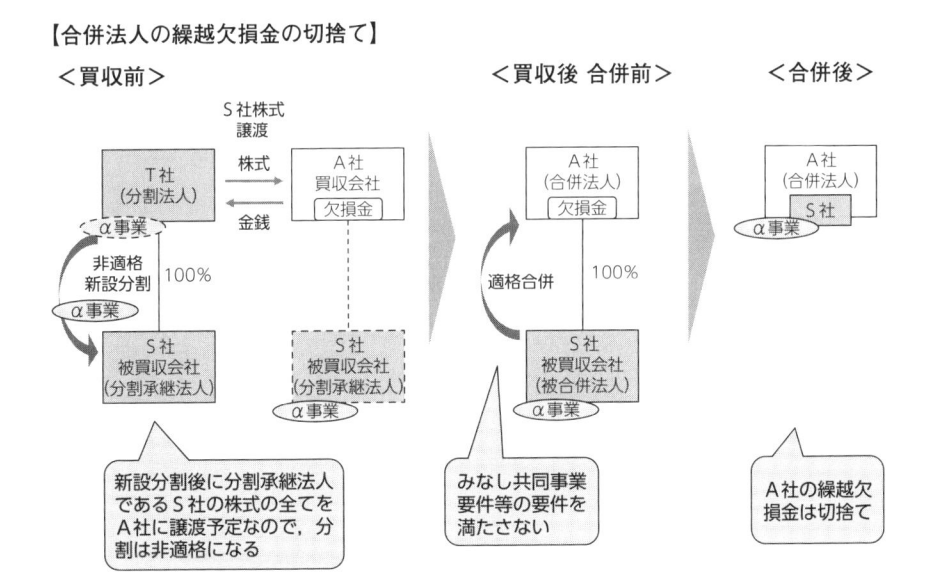

解　説

　企業グループ内で行われる適格合併等では，みなし共同事業要件等の要件を満たさない場合には，被合併法人の繰越欠損金が切り捨てられ，また，合併法人等の繰越欠損金も切り捨てられます。本事例の合併は完全支配関係法人間の適格合併に該当し，みなし共同事業要件等の要件を満たさないため，実行した場合には合併法人であるＡ社の支配関係発生事業年度前の繰越欠損金は全額切り捨てられます。

　他方で，非適格組織再編成では，被合併法人の繰越欠損金を合併法人に引き継ぐことはできませんが，合併法人や分割承継法人等の繰越欠損金が切り捨てられることはありません。

　本事例では，仮にＴ社が行うα事業を，現金を対価とし，Ａ社が分割承継法人となる分割で承継していれば，この分割は非適格分割であるためＡ社の繰越欠損金が切り捨てられることはなかったことになります。

【非適格分割の場合の分割承継法人の繰越欠損金】

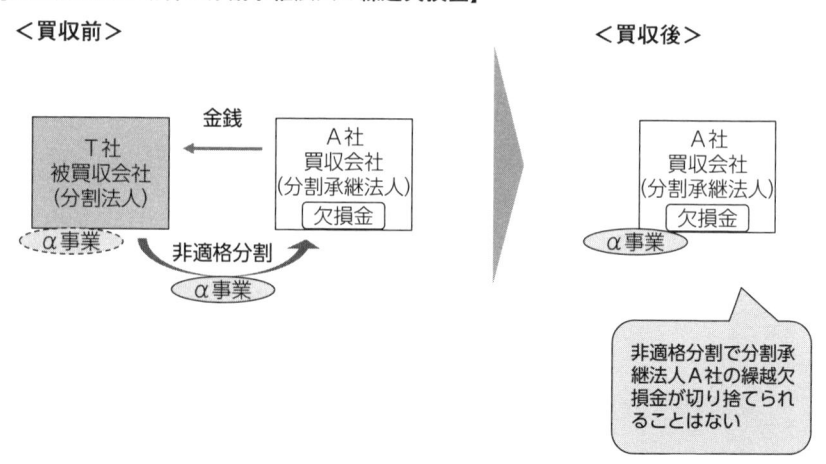

　Ｔ社にとってみれば，いずれの方法によっても非適格分割でα事業を切り出すことに変わりはなく，また，α事業の譲渡対価として現金を取得することにも変わりはありません。

　買収の交渉段階において，既に買収後のグループ内組織再編成の計画がある

場合は，その組織再編成による課税関係を事前に把握した上で，最適な手法による買収交渉ができるに越したことはありません。

┌─ 教　訓 ─┐

買収スキームは，買収後のグループ内組織再編成の計画を念頭に検討・交渉すべし。

(3)　M＆A後のグループ内適格組織再編成の繰越欠損金使用可否判定

　M＆Aにより株式を取得して5年以上が経過し，5年前の日から支配関係が継続している状態になった後に被買収会社を再編当事法人として行う適格合併等は，「5年前の日から支配関係が継続している法人間の適格合併等」に該当し，繰越欠損金は切り捨てられません[4]（5年前の日のカウント方法は「(4)5年前の日から支配関係が継続している法人間の適格合併等とは」参照）。

　他方で，M＆Aによる株式取得後すぐに行う適格合併等では，5年前の日から支配関係が継続していないため，みなし共同事業要件の判定が必要になります。なお，みなし共同事業要件は事業の移転が前提となっているため，事業を移転しない（個別資産の移転のみの）適格分割・適格現物出資，及び，適格現物分配では，みなし共同事業要件による判定はできません（みなし共同事業要件は「(6)みなし共同事業要件を満たす適格合併等とは」参照）。

　また，適格合併等の相手法人が，被買収会社株式取得後にグループ内で設立された法人である場合は，設立時から支配関係が継続しているとして繰越欠損金が切り捨てられないケースもあります（詳細は「(5)設立時から支配関係が継続している法人間の適格合併等とは」参照）。

---

[4]　佐藤信祐『組織再編税制大全』358頁（清文社・2023年）は，支配関係発生から5年を経過するのを待って実行する合併に対しては，「包括的租税回避防止規定を適用すべきであるという考え方もあり得る」としています。合併を行う場合は，いつ，誰が，どのような経緯で合併の立案に至ったのか，会社法手続きや取引先・従業員への説明，関係各所との調整にどのくらいの時間を要することが見込まれ，最終的にどのような理由でその日に合併することの意思決定がなされたのかについて，時系列で説明できるようにしておくことが望ましいと考えます。

⑷　5年前の日から支配関係が継続している法人間の適格合併等とは

　合併法人等（合併法人，分割承継法人，被現物出資法人，被現物分配法人）と被合併法人等（被合併法人，分割法人，現物出資法人，現物分配法人）との間に，合併法人等の適格組織再編成の日の属する事業年度開始の日の5年前の日から支配関係が継続している場合は，繰越欠損金が切り捨てられることはありません（法法57③④）。

　ここで「5年前の日」とは，「適格組織再編成の日の5年前の日」ではなく，「合併法人等の適格組織再編成の日の属する事業年度開始の日の5年前の日」です。適格組織再編成の日時点で支配関係が5年超継続していたとしても，「合併法人等の適格組織再編成の日の属する事業年度開始の日の5年前の日」からの支配関係が継続していないこともあり得ます。株式売買契約書等で支配関係発生日を確認すること，線表等で5年前の日から支配関係が継続しているかどうかを慎重に確認することが重要です。

大誤算！

買収により支配関係発生日がリセットされると勘違いした。

　A社は，資本関係のないt社から，t社の100％子法人であるT1社及びT2社の株式の全てを株式譲渡により同時に取得した。T1社及びT2社はいずれも約20年前からt社の100％子法人であった。

　買収から数か月後にA社は，T2社を合併法人，T1社を被合併法人とする合併を行った場合の課税関係を検討した。その結果，当該合併は適格合併に該当するが，買収から数か月しか経過していないため5年前の日から支配関係が継続していないと判断した。また，T1社とT2社の合併はみなし共同事業要件等の要件を満たさないという判定になったことから，両社の繰越欠損金の切捨てを回避するため合併は見送ることとした。

　しかしながら，その後の再確認により，T1社とT2社との間の支配関係発生日はt社の傘下にあった約20年前になることが判明し，買収直後に

合併していたとしても両社の繰越欠損金は切り捨てられることはなかった
ことが判明した。

【同時に買収した法人間の合併】

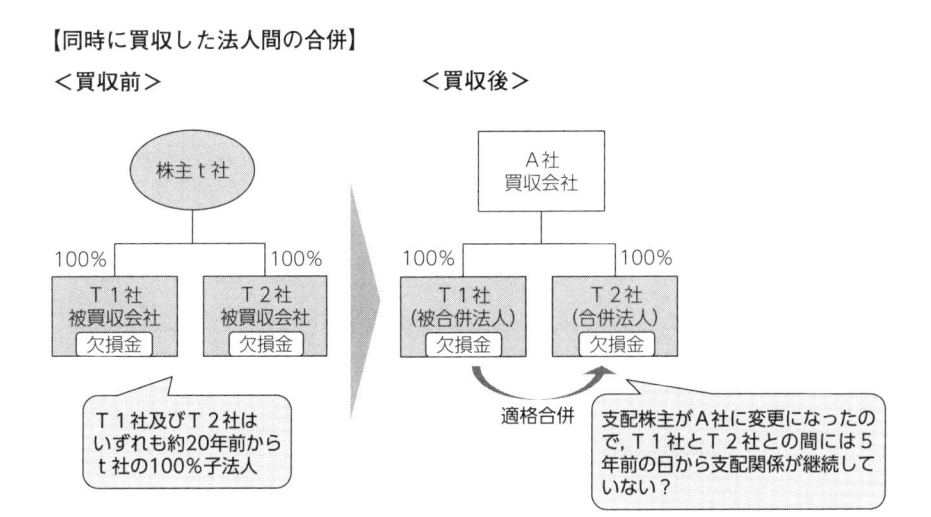

<買収前>　　　　　　　　　　　<買収後>

株主ｔ社

100%　　　　　100%

Ｔ１社
被買収会社
欠損金

Ｔ２社
被買収会社
欠損金

Ａ社
買収会社

100%　　　　　100%

Ｔ１社
（被合併法人）
欠損金

Ｔ２社
（合併法人）
欠損金

適格合併

Ｔ１社及びＴ２社は
いずれも約20年前から
ｔ社の100％子法人

支配株主がＡ社に変更になったの
で，Ｔ１社とＴ２社との間には５
年前の日から支配関係が継続して
いない？

| 解　説 |

　Ａ社がＴ１社とＴ２社の株式を取得したことにより，Ｔ１社とＴ２社の支配
株主はｔ社からＡ社に変更になっていますが，支配関係の継続の判定上は，そ
の支配関係を成立させている一の者が継続していることまで求めていません[5]。
したがって，Ｔ１社とＴ２社との間には，ｔ社による支配関係が発生した約20
年前から継続して支配関係があることになります。

| 教　訓 |

　複数のグループ法人を同時に買収した場合，支配関係発生日はリセット
されない。

---

[5]　名古屋国税局文書回答事例「株式の保有関係が変更している場合の支配関係の継続要件の判定
について」（平成29年12月12日），国税庁「平成22年度税制改正に係る法人税質疑応答事例（グルー
プ法人税制その他の資本に関係する取引等に係る税制関係）（情報）」（平成22年10月６日）「問7

大誤算！

合併の実行を前倒ししたら繰越欠損金が切り捨てられた。

　A社は被買収会社T社（12月決算法人）の株式の全てをX1年9月1日に株式譲渡により取得した。

　数年経過後のX6年7月に，A社経営企画室においてA社グループ全体の経営合理化に関する検討がなされ，T社を被合併法人，A社の100％子法人B社（12月決算法人）を合併法人とする合併をX7年1月1日に行うことにした。T社及びB社ともX0年12月期に発生した繰越欠損金（支配関係発生事業年度前の繰越欠損金）を有していたが，5年前の日から支配関係が継続している法人間の適格合併に該当することから，両社の繰越欠損金とも切り捨てられないことを確認していた。

　その後，X6年8月にA社経営企画室において，A社の100％子法人C社を合併法人，C社の100％子法人D社を被合併法人とする合併を行う検討がなされた。C社及びD社とも10年以上前からA社グループに属する法人であるが，D社が債務超過であったため可及的速やかに合併することが望ましいという判断になり，X6年11月1日に合併を実行することにした。その際，合併手続きを同時並行して行うため，B社とT社との合併もX6年11月1日に前倒しして実行することにした。

　合併実行後，B社のX6年12月期申告書作成段階において，B社とT社との間に5年前の日から支配関係が継続していないことが判明した。急遽みなし共同事業要件等の要件を確認したものの，要件を満たしておらず，B社及びT社の繰越欠損金のいずれも切り捨てられることになった。

最後に支配関係があることとなった日の判定」参照。

【合併の前倒し】

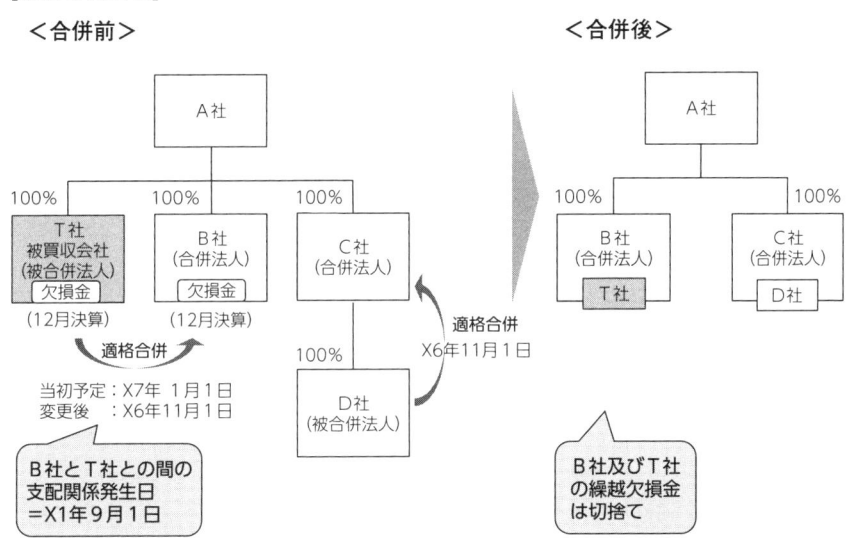

<＜合併前＞

A社

100% T社 被買収会社 （被合併法人） 欠損金 （12月決算）
100% B社 （合併法人） 欠損金 （12月決算）
100% C社 （合併法人）
100% D社 （被合併法人）

適格合併
当初予定：X7年 1月1日
変更後　：X6年11月1日

B社とT社との間の 支配関係発生日 ＝X1年9月1日

適格合併 X6年11月1日

＜合併後＞

A社

100% B社 （合併法人） T社
100% C社 （合併法人） D社

B社及びT社 の繰越欠損金 は切捨て>

解　説

　5年前の日から支配関係が継続している法人間の適格合併では，繰越欠損金の引継制限及び使用制限を受けることはありません。この「5年前の日」とは，「合併法人の適格合併の日の属する事業年度開始の日の5年前の日」をいいます。本事例は，当初の合併予定日であるX7年1月1日に合併していれば，B社とT社との間に5年前の日（X2年1月1日）から支配関係が継続しているため，B社及びT社の繰越欠損金が切り捨てられることはありませんでしたが，合併をX6年11月1日に前倒しした結果，5年前の日（X1年1月1日）から支配関係が継続していないことになった例です。

　本事例の被買収会社T社とB社の支配関係発生日はX1年9月1日，合併実行日はX6年11月1日であり，期間だけを見れば5年間を超える支配関係が継続しています。このような場合に，特に思い込みで判定ミスが起こりやすくなります。

　本事例のように，一度課税関係の検討が済んでいるものについて組織再編成の手法や期日等を変更したときは，検討結果を初期化して一から検討し直す習慣をつけることが重要です。

教　訓

組織再編成の諸条件が少しでも変更になったら，一から検討し直すべし。

大誤算！

合併の実行を延期したら繰越欠損金が切り捨てられた。

　A社は被買収会社T社（12月決算法人）の株式の全てを，X2年7月1日に株式譲渡により取得した。

　数年経過後A社は，T社を被合併法人，A社の100％子法人B社（12月決算法人）を合併法人とする合併を行うこととし，合併予定日はX10年1月1日とした。T社はX1年12月期に発生した繰越欠損金（支配関係発生事業年度前の繰越欠損金）を有していたが，B社とT社との合併は5年前の日から支配関係が継続している法人間の適格合併に該当することから，T社の繰越欠損金は切り捨てられないことを確認していた。なお，X1年12月期は，平成30年4月1日前に開始した事業年度に該当する。

　その後，関係各所との調整に想定外の時間がかかり，合併の日をX10年4月1日に延期することになった。合併実行後，B社のX10年12月期申告書作成段階において，T社のX1年12月期の繰越欠損金は繰越期間が過ぎており，B社に引き継げないことが判明した。

【合併の延期】

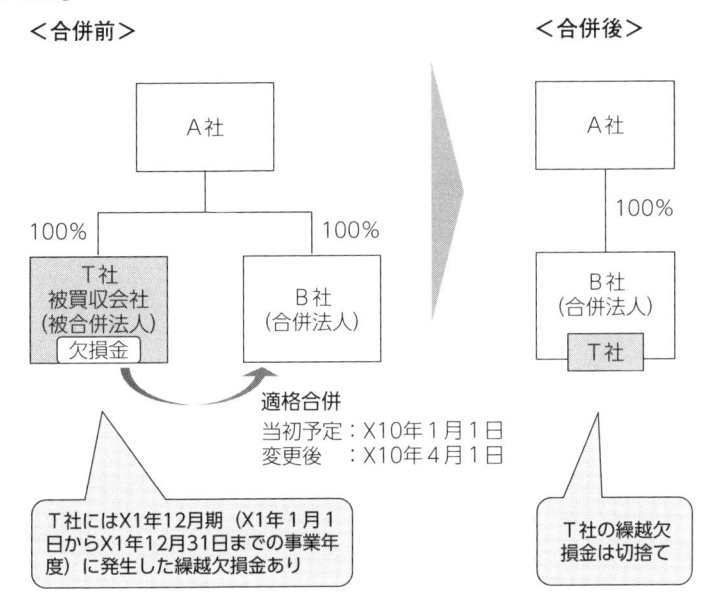

＜合併前＞　　　　　　　　　　　　　　　　　＜合併後＞

A社

100%　　　　　　　　　　100%

T社
被買収会社
（被合併法人）
欠損金

B社
（合併法人）

適格合併
当初予定：X10年1月1日
変更後　：X10年4月1日

T社にはX1年12月期（X1年1月1日からX1年12月31日までの事業年度）に発生した繰越欠損金あり

A社

100%

B社
（合併法人）

T社

T社の繰越欠損金は切捨て

解　説

　適格合併において，合併法人が引き継ぐことができる被合併法人の繰越欠損金は，被合併法人の適格合併の日前10年以内（平成30年4月1日前に開始した事業年度において生じた繰越欠損金については9年以内）に開始した各事業年度において生じた繰越欠損金に限られます。

　T社のX1年12月期は平成30年4月1日前に開始した事業年度であり，欠損金の繰越期限は9年です。当初の合併予定日であるX10年1月1日に合併していれば，T社のX1年12月期（X1年1月1日からX1年12月31日までの事業年度）の繰越欠損金は，適格合併の日前9年以内に開始した事業年度の繰越欠損金に該当し，切り捨てられることはありませんでした。しかしながら，合併をX10年4月1日に延期した結果，X1年12月期の繰越欠損金は適格合併の日前9年以内に開始した事業年度の繰越欠損金に該当しないことになり，合併法人に引き継げないことになってしまいました。

　諸般の事情により合併延期を検討せざるを得ない状況になったとしても，延

期により繰越欠損金が切り捨てられることをあらかじめ把握していたならば，当初の予定通りX10年1月1日に合併を実行する意思決定をしていたかもしれません。組織再編成に係る課税関係は少しの条件変更により覆る可能性があるため，組織再編成に関わる担当者全員がそれを認識しておくことが重要です。

> **教　訓**
>
> 　組織再編成の諸条件が少しでも変更になったら，一から検討し直すべし（再掲）。

(5)　設立時から支配関係が継続している法人間の適格合併等とは

　合併法人等と被合併法人等との間に，合併法人等又は被合併法人等の設立の日のうちいずれか遅い日から支配関係が継続している場合は，原則として繰越欠損金が切り捨てられることはありません（法法57③④）。

　ただし，設立日以後に適格組織再編成等（適格合併，適格分割，適格現物出資，適格現物分配等）による資産等の受入れを行っているときは，繰越欠損金が切り捨てられる可能性があることに注意が必要です（法令112④二，⑨）。これは，繰越欠損金の受け皿会社となる法人を設立し，その新設法人を経由して2段階組織再編成を行うことで，グループ外の法人が有する繰越欠損金を引き継ぐことを防止する目的で設けられている制度です。この制度のことを本書では，「新設法人の除外規定」といいます。

　新設法人の除外規定が適用される一例を挙げると，次の図の通りです。

【新設法人の除外規定】

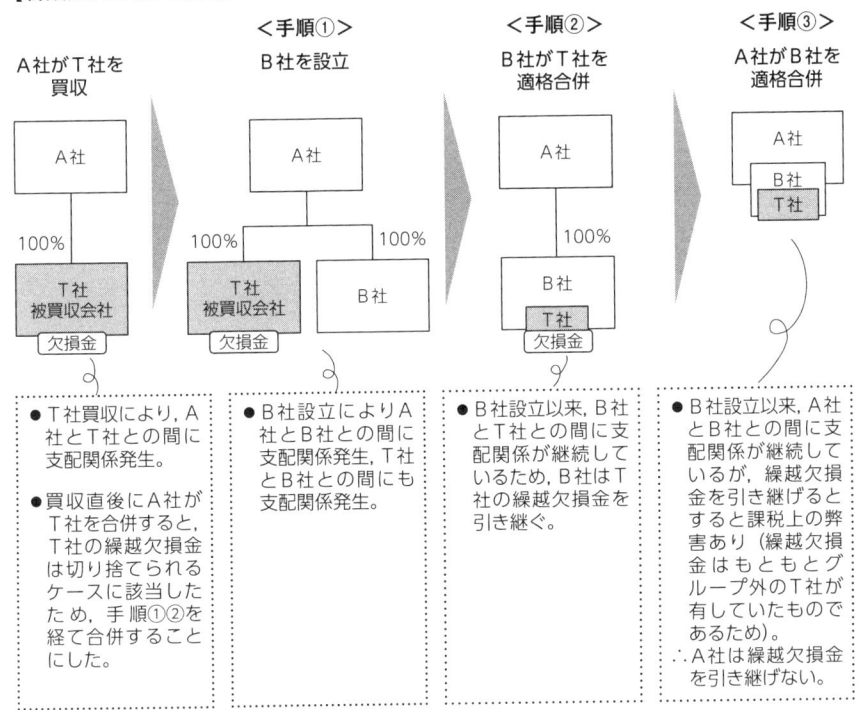

```
A社がT社を          <手順①>           <手順②>           <手順③>
買収              B社を設立          B社がT社を         A社がB社を
                                   適格合併          適格合併
```

● T社買収により，A社とT社との間に支配関係発生。

● 買収直後にA社がT社を合併すると，T社の繰越欠損金は切り捨てられるケースに該当したため，手順①②を経て合併することにした。

● B社設立によりA社とB社との間に支配関係発生，T社とB社との間にも支配関係発生。

● B社設立以来，B社とT社との間に支配関係が継続しているため，B社はT社の繰越欠損金を引き継ぐ。

● B社設立以来，A社とB社との間に支配関係が継続しているが，繰越欠損金を引き継げるとすると課税上の弊害あり（繰越欠損金はもともとグループ外のT社が有していたものであるため）。
∴A社は繰越欠損金を引き継げない。

　上記事例でA社は，T社買収後に繰越欠損金の受け皿会社となるB社を設立しています。仮に手順③でA社が被合併法人B社の繰越欠損金を引き継げることとすると，本来は引き継ぐことのできなかったはずのT社の繰越欠損金をA社が引き継ぐことになります。新設法人の除外規定は，このような2段階組織再編成による繰越欠損金の引継ぎを防止するために設けられています。なお，新設法人の除外規定は，買収から約5年以内[6]に企業グループ内で行われる2段階組織再編成を適用の対象にしています。

　新設法人の除外規定には様々なパターンの2段階組織再編成が規定されており，設立日以後に，新設法人が合併法人，分割承継法人，被現物出資法人，被

6　上記事例では，A社とT社との間の支配関係発生日（買収日）が，手順③の適格合併の日の属するA社の事業年度開始の日の5年前の日以前である場合，新設法人の除外規定の適用はありません（法令112④二イ）。

現物分配法人となる適格組織再編成を行っている場合[7]は，新設法人の除外規定に当てはまる可能性があります。新設法人の除外規定（法令112④二，⑨）は非常に読みにくい条文構成になっていますが，新設された法人が過去に適格組織再編成による資産等の受入れを行っている場合には，この規定を慎重に読むことが極めて重要です。

大誤算！

グループ内新設分割子法人と合併したら
繰越欠損金が切り捨てられた。

　A社（3月決算法人）は，北海道でα事業を営む被買収会社T社（3月決算法人）の株式の全てをX1年7月1日に株式譲渡により取得した。

　A社は従来から日本全国でα事業を営んでいたが，X2年7月1日にα事業部門を，適格新設分割により分割承継法人であるB社（3月決算法人として設立）に移管した。

　その後，A社グループでは，同一事業を統合して業務の効率化を図るため，B社を合併法人，T社を被合併法人とする合併を行うこととし，合併予定日はX3年4月1日とした。合併に伴う課税関係を検討した結果，当該合併は適格合併に該当すると判断した。T社はX1年3月期に発生した繰越欠損金（支配関係発生事業年度前の繰越欠損金）を有していたが，B社とT社との間にはB社設立時から支配関係が継続していることから，T社の繰越欠損金は切り捨てられないと判断し合併を実行した。

　しかしながら，後に新設法人の除外規定に該当することが判明し，また，B社とT社との合併はみなし共同事業要件等の要件も満たさなかったため，T社のX1年3月期の繰越欠損金が切り捨てられた。

7　新設法人が有していた完全支配関係子法人の残余財産が確定していた場合も含みます（法令112④二ロ）。

【グループ内新設分割子法人との合併】

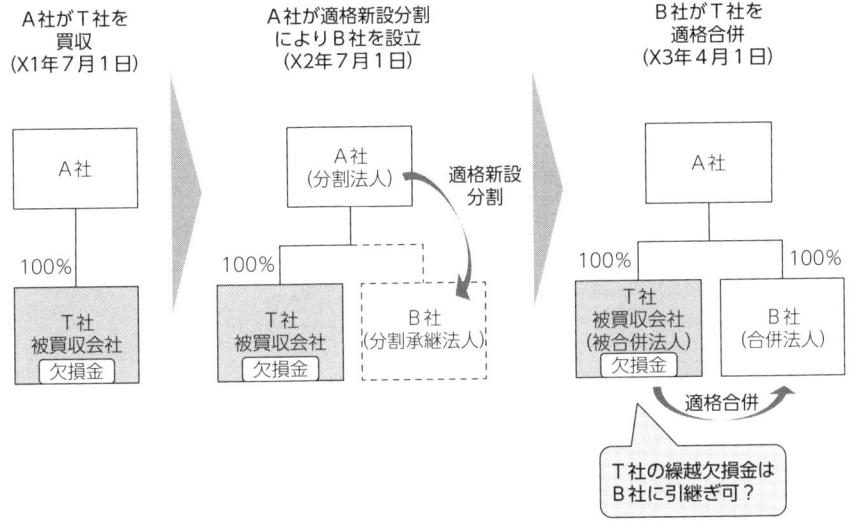

【解説】

　新設法人の除外規定は，意図的に新設法人を経由する２段階組織再編成を行った場合に限らず，純然たる事業目的でグループ内組織再編成を行った場合であっても，一定のパターンに当てはまると対象になってしまうことに注意が必要です。

　本事例のＡ社は，Ｂ社を繰越欠損金利用のための受け皿会社として設立したわけではありません。しかしながら，Ｂ社は設立日以後（設立日と同日を含みます。）に分割承継法人となる適格分割により資産等の受入れを行っているため，その後にＢ社が資産等の受入法人となるグループ内適格組織再編成は，新設法人の除外規定の対象になり得ます。

　なお，新設法人の除外規定は，買収から約５年以内に企業グループ内で行われる２段階組織再編成を適用の対象にしています。したがって，２段階目の組織再編成が適用の対象とされる期間経過後に行われる場合は，新設法人の除外規定の適用はありません。本事例に当てはめると，Ｂ社の適格合併の日の属する事業年度開始の日の５年前の日以前にＡ社とＴ社との間に支配関係が発生していれば，新設法人の除外規定は適用されません（法令112④二ハ）。仮に，

B社とT社の適格合併をX7年4月1日に実行していたならば，B社の適格合併の日の属する事業年度開始の日（X7年4月1日）の5年前の日（X2年4月1日）以前にA社とT社との間の支配関係が発生していたことになるため，T社の繰越欠損金は切り捨てられなかったことになります。

> ┌ 教　訓 ┐
>
> 　グループ内新設分割により設立された法人が，その後グループ内組織再編成を行う場合は，新設法人の除外規定に要注意。

⑹　みなし共同事業要件を満たす適格合併等とは

　みなし共同事業要件とは，共同で事業を行うための合併であるかどうかを判定する要件であり[8]，具体的には，次の(a)～(c)の要件を満たすか，(a)と(d)の要件を満たせば，みなし共同事業要件を満たすこととされます（法令112③⑩）。

> (a)　事業関連性要件
> (b)　事業規模要件
> (c)　事業規模継続要件
> (d)　特定役員引継要件

　みなし共同事業要件は，M＆Aによりグループ化して間もない法人とのグループ内組織再編成であったとしても，共同で事業を行うための組織再編成と認められるものであれば，繰越欠損金の引継制限や使用制限を課す必要性は乏しいという考え方に基づいています。判定要素には適格要件としての共同事業要件の判定要素と類似するものもありますが，みなし共同事業要件には，支配関係発生前の事業や経営の状況が組織再編成の直前まで大きく変化していないことを判定する要素が設けられていることが特徴です。

8　前掲注⑴199頁参照。

　以下では，適格合併のみなし共同事業要件と，適格分割のみなし共同事業要件について解説します。

①　適格合併のみなし共同事業要件

(a)　事業関連性要件

　事業関連性要件とは，被合併法人の被合併事業と合併法人の合併事業とが相互に関連するものであることを要請する要件です（法令112③一）。被合併事業とは被合併法人が適格合併の前に行う主要な事業のうちのいずれかの事業をいい，合併事業とは合併法人が適格合併の前に行う事業のうちのいずれかの事業をいいます。被合併法人の事業は主要な事業で関連性の判定を行うことに注意が必要です。被合併法人が単一の事業を行っている場合はその事業が主要な事業になりますが，複数の事業を行っている場合には，各事業の収入金額や損益の状況，従業者の数，固定資産の状況等を業種や業態により総合的に勘案して，どの事業が主要な事業に該当するかを判断することになります[9]（法基通1－4－5，12－1－3）。

　事業が相互に関連するものとは，事業が合併法人において一体として行われることにより何らかのシナジー効果が生ずるようなものを意味すると考えられます[10]。例えば，被合併法人が主要な事業として飲食店業を行い，合併法人も飲食店業を行っているというように，同種の事業を行っている場合は事業関連性要件を満たします。また，被合併法人が主要な事業としてA製品の製造を行い，合併法人がA製品の販売を行っている場合も，事業関連性要件を満たすこととされます。

　持株会社とその傘下の事業会社との合併では，持株会社が事業会社及びグループ全体の経営管理業務を行い，事業会社は持株会社の経営管理により事業活動を継続維持しているというように，持株会社と事業会社が相まってひとつの事業を営んでいる実態にあるような場合は，事業関連性があると解されま

9　国税庁「平成14年2月15日付課法2－1「法人税基本通達の一部改正について」（法令解釈通達）の趣旨説明について（情報）」法人税基本通達1－4－5の解説参照。

10　国税庁質疑応答事例「事業関連性要件における相互に関連するものについて」参照。

す[11]。ただし，持株会社が単に株主としての立場しか有さず，傘下の事業会社
に対して経営管理業務等を行っている実態が全くないばかりか，事業を全く
行っていない場合（いわゆるペーパーカンパニーの場合）は，事業関連性要件
は満たさないと考えます[12]。

(b)　事業規模要件

事業規模要件とは，被合併事業と合併事業の規模に著しい格差がないことに
着目する要件で，次のいずれかの規模の割合がおおむね５倍を超えないことを
要請するものです（法令112③二）。

- ● 被合併事業と合併事業の売上金額
- ● 被合併事業と合併事業の従業者の数
- ● 被合併法人と合併法人の資本金の額
- ● 上記に準ずるもの

これらの指標の全てについて規模の割合が５倍以内である必要はなく，いず
れかの規模の割合がおおむね５倍以内であるかどうかにより判定します（法基
通１－４－６(注)，12－１－３）。

事業規模要件の判定は，資本金の額による判定（被合併法人と合併法人の資
本金の額の規模の割合がおおむね５倍を超えないこと）が最も簡単で確実です。
売上金額や従業者の数は変動するため，合併の事前検討時の判定結果が合併時
の判定にそのまま当てはまるとは限らないからです。なお，売上金額又は従業
者の数により判定する場合は，事業関連性要件の判定に用いた事業の売上金額
又は従業者の数により判定を行います。

売上金額の比較対象期間について法令上は明記されていないものの，「合併
の直近の事業年度の売上金額で比較すればよいものと考えられる（比較対象と

11　国税庁質疑応答事例「持株会社と事業会社が合併する場合の事業関連性の判定について」参照。
12　国税庁「共同事業を営むための組織再編成（三角合併等を含む）に関するQ＆A～事業関連性要
　　件の判定について～」１頁（平成19年４月）参照。

する期間の長さは同一とすることは当然である。）」と説明されています[13]。他方で，「季節変動による影響を排除しつつ，なるべく合併の直前の売上金額で事業の規模を判定すべきであることから，特段の事情がない限り，合併の直前1年間の売上金額によって事業規模要件を判定すべきであると考えられる」とする見解があります[14]。合併の直近の事業年度末日の翌日から合併直前までの間に，売上金額の大幅な増減をもたらすような経済状況の激変や激甚災害の発生等がないのであれば，いずれの期間を比較対象期間にすることも可能と考えます。

　従業者とは，被合併事業又は合併事業に現に従事する者をいいます[15]（法基通1－4－4，12－1－3）。したがって，役員，従業員（アルバイトも含みます。），出向により受け入れている者，派遣社員は従業者に含まれます[16]。合併法人又は被合併法人から他社に出向している者は，合併法人又は被合併法人の事業に現に従事していないため従業者に含まれません。なお，日雇いの従業員で日ごとに給与等の支払いを受ける者を従業者の数に含めるか否かは，法人の任意とされています（法基通1－4－4，12－1－3）。

(c)　事業規模継続要件

　事業規模継続要件は，支配関係発生時の被合併事業及び合併事業の状況が，適格合併の直前まで大きく変化していないことに着目する要件で，具体的には，被合併事業及び合併事業が，それぞれ次の(ア)及び(イ)に該当することを要請するものです（法令112③三，四）。

13　国税庁・前掲注(9)法人税基本通達1－4－6の解説参照。
14　佐藤・前掲注(4)206頁参照。
15　法人税基本通達1－4－4の記載内容から，後述する分割の事業規模要件と異なり，被合併事業又は合併事業に現に従事する者であれば，他の事業と兼務している場合であっても被合併事業又は合併事業の従業者に含まれると考えます（法基通1－4－4，12－1－3）。
16　国税庁・前掲注(9)法人税基本通達1－4－4の解説参照。

- 被合併法人の被合併事業について
  - (ア)　被合併事業が，合併法人との間の**支配関係発生時**から適格合併の直前の時まで継続して行われている
      - かつ
  - (イ)　**支配関係発生時**と適格合併の直前の時の**被合併事業の規模**の割合がおおむね2倍を超えない
- 合併法人の合併事業について
  - (ア)　合併事業が，被合併法人との間の**支配関係発生時**から適格合併の直前の時まで継続して行われている
      - かつ
  - (イ)　**支配関係発生時**と適格合併の直前の時の**合併事業の規模**の割合がおおむね2倍を超えない

　事業規模継続要件は，支配関係発生時の事業の状況のまま合併したとした場合に事業関連性要件及び事業規模要件を満たしていたかを確認するための要件と考えると理解しやすいでしょう。事業規模継続要件の(ア)では，事業関連性要件で関連性ありと判断した被合併事業及び合併事業が，支配関係発生時から適格合併直前まで継続して行われているかどうかを確認しています。(イ)では，事業規模要件の判定に使用した指標（売上金額，従業者の数，資本金の額，又は，これらに準ずるもの）の支配関係発生時と適格合併直前の規模の割合がおおむね2倍を超えないことを，被合併法人及び合併法人それぞれで確認しています。

　判定上の留意点は次の通りです。

　(i)　過去の適格組織再編成による「支配関係発生時」の読み替え

　事業規模継続要件の(ア)では，被合併事業（又は合併事業）が<u>支配関係発生時</u>から適格合併直前まで継続して行われていることを要請しています。(イ)では，被合併事業（又は合併事業）の<u>支配関係発生時</u>と適格合併直前の規模の割合がおおむね2倍を超えないことを要請しています。この判定に際し，被合併法人（又は合併法人）が適格組織再編成により被合併事業（又は合併事業）の移転を受けている場合には，判定に使用する<u>支配関係発生時</u>を，その適格組織再編

成の時に読み替える特例が設けられています（法令112③三，四）。

　具体的には，被合併法人が，合併法人との間の支配関係発生時から適格合併の直前の時までの間に，適格合併，適格分割又は適格現物出資（以下，「過去の適格組織再編成」といいます。）により被合併事業の全部又は一部の移転を受けている場合には，その過去の適格組織再編成の時から今回の適格合併の直前の時まで被合併事業が継続して行われていれば，(ア)の要件を満たすこととされます。また，その過去の適格組織再編成の時と今回の適格合併の直前の時における被合併事業の規模の割合がおおむね2倍を超えていなければ，(イ)の要件も満たすこととされます。

　合併法人についても同様に，被合併法人との間の支配関係発生時から適格合併の直前の時までの間に，合併法人が過去の適格組織再編成により合併事業の全部又は一部の移転を受けている場合には，支配関係発生時を，その過去の適格組織再編成の時に読み替えて判定を行います。

　　(ii)　「被合併事業の規模」と「合併事業の規模」の比較で用いる指標

　事業規模継続要件で規模の変動を比較する被合併事業と合併事業の指標は，事業規模要件の判定で用いた指標に限定されています（法令112③三，四）。例えば，事業規模要件の判定指標に被合併法人と合併法人の資本金の額を用いたのであれば，事業規模継続要件の判定指標にも資本金の額を用いることになります。

　事業規模要件の判定と同様に，事業規模継続要件の判定においても資本金の額による判定が最も簡単で確実です。支配関係発生時から適格合併の直前の時までの間に増資や減資を行っていなければ，明らかに事業規模継続要件の(イ)を満たすことになるからです。

　(d)　特定役員引継要件

　特定役員引継要件は，被合併法人及び合併法人それぞれの支配関係発生日前の役員で，かつ，合併前に経営の中枢を担っている者の少なくとも一人ずつが，合併法人の経営の中枢に参画することに着目する要件で，具体的には次のように規定されています（法令112③五）。

> 被合併法人の適格合併の前における特定役員のいずれかの者※1と，合併法人の適格合併の前における特定役員のいずれかの者※2とが，適格合併後に合併法人の特定役員になることが見込まれていること
> ※1　支配関係発生日前（支配関係が設立により生じている場合は設立日）に被合併法人の役員，又は，常務取締役以上の役員に準ずる者（経営に従事していた者に限る。）であった者に限る
> ※2　支配関係発生日前（支配関係が設立により生じている場合は設立日）に合併法人の役員，又は，常務取締役以上の役員に準ずる者（経営に従事していた者に限る。）であった者に限る

　特定役員とは，社長，副社長，代表取締役，代表執行役，専務取締役若しくは常務取締役，又は，これらに準ずる者で法人の経営に従事している者をいいます（法令112③五）。特定役員引継要件は，経営面から共同事業性が認められるか否かを判定するものであり，事業規模に5倍を超える格差がある法人間の適格合併であっても，事業関連性要件と特定役員引継要件を満たせばみなし共同事業要件を満たすこととするものです。

　判定上の留意点は次の通りです。

（i）　特定役員の範囲

　一般に平取締役は特定役員に該当しませんが，特定役員に含まれる「これらに準ずる者で法人の経営に従事している者」とは，法人の役員又は役員以外の者で，社長，副社長，代表取締役，代表執行役，専務取締役又は常務取締役と同等に法人の経営の中枢に参画している者をいいます（法基通1-4-7，12-1-3）。したがって，CEO（最高経営責任者）やCOO（最高執行責任者）とされる者は，会社法上の取締役になっているか否かにかかわらず「これらに準ずる者で法人の経営に従事している者」に該当し，特定役員に該当すると考えます[17]。

17　国税庁・前掲注⑼法人税基本通達1-4-7の解説参照。

(ⅱ)　支配関係発生日前に役員等であること

　特定役員引継要件は，被合併法人及び合併法人それぞれの<u>支配関係発生日前の役員</u>で，かつ，合併前に経営の中枢を担っている者の少なくとも一人ずつが，合併法人の経営の中枢に参画することに着目する要件です。したがって，判定の対象とする「被合併法人の適格合併の前における特定役員のいずれかの者」と「合併法人の適格合併の前における特定役員のいずれかの者」は，支配関係発生日前にそれぞれの法人の役員等である必要があります。すなわち，企業買収に伴って被買収会社の役員等が全員退任していると，特定役員引継要件を満たさないことになります。

　役員等とは，次のいずれかの者をいいます（法法2十五，法令7，71①五，112③五，⑩）。

- 取締役，執行役，会計参与，監査役等
- 法人の使用人以外の者で，その法人の経営に従事している者（例：取締役等ではない会長・副会長・相談役・顧問などで，実質的に法人の経営に従事している者）
- 同族会社の使用人で大口株主グループに属する者のうち，その法人の経営に従事しているもの
- 社長，副社長，代表取締役，代表執行役，専務取締役，又は，常務取締役に準ずる者で法人の経営に従事している者

　なお，被合併法人と合併法人の支配関係が設立により生じている場合は，設立日において上記のいずれかの者に該当している必要があります。

　形式的に特定役員引継要件を満たそうとする行為として，例えば，支配関係発生前に，合併法人となることが予定されている法人の常務以上の役員を，被合併法人となることが予定されている法人の常務以上の役員として送り込むことが考えられます。この場合，他の役員が全員退任したとしても形式的には特定役員引継要件を満たすことが可能です。しかしながら，事業上の必要性が何ら存在しないにもかかわらず，単に特定役員引継要件を満たすためだけに役員に就任させる行為は，組織再編成に係る行為又は計算の否認規定（法法132の

２）が適用される可能性があると考えます[18]。

　　(iii)　合併後の合併法人の特定役員への就任

　特定役員引継要件は，被合併法人の合併直前の特定役員の<u>いずれかの者</u>と，合併法人の合併直前の特定役員の<u>いずれかの者</u>とが，適格合併後に合併法人の特定役員になることが見込まれていることと規定されています。したがって，被合併法人の特定役員と合併法人の特定役員の少なくとも一人ずつが，合併後に合併法人の特定役員になることが見込まれていれば，特定役員引継要件を満たすことになります。

　ただし，適格合併後に合併法人の特定役員に就任したものの，極端に短期間で退任したり，実際にはその職務を遂行していない場合（名目的な特定役員である場合）などには，特定役員引継要件を形式的に満たすためだけに就任させたとして，組織再編成に係る行為又は計算の否認規定（法法132の２）が適用される可能性があると考えます[19]。

　なお，判定の対象とする「被合併法人の適格合併の前における特定役員のいずれかの者」と「合併法人の適格合併の前における特定役員のいずれかの者」が同一人物であったとしても，その者が適格合併後に合併法人の特定役員になることが見込まれている場合には特定役員引継要件を満たすこととされます[20]。

大誤算！

合併前に事業移管したら
みなし共同事業要件を満たせなくなった。

　Ａ社（ソフトウエア開発業，３月決算法人）は，被買収会社Ｔ社（ソフトウエア開発業）の株式の全てをX1年10月１日に株式譲渡により取得した。

18　最判平成28年２月29日民集70巻２号242頁。
19　国税庁質疑応答事例「特定役員引継要件」参照。
20　国税庁質疑応答事例「合併法人と被合併法人の特定役員を兼務している場合の特定役員引継要件について」参照。

　買収後Ａ社は，自社を合併法人，Ｔ社を被合併法人とする合併をX2年4月1日に実行した場合の課税関係を検討した。Ｔ社は繰越欠損金を有していないが，Ａ社はX1年3月期に発生した繰越欠損金（支配関係発生事業年度前の繰越欠損金）を有していた。検討の結果，当該合併は適格合併に該当し，みなし共同事業要件を満たすため，Ａ社の繰越欠損金は切り捨てられないと判断した。

　Ａ社は，自社とＴ社のソフトウエア開発業の早期統合を図りたいと考え，合併に先立つX2年1月1日にＴ社の全従業員をＡ社に転籍させ，それ以後の開発業務はＡ社において行うこととした。その後，当初計画の通り，合併をX2年4月1日に実行した。

　合併後にみなし共同事業要件の判定を再度行ったところ，Ｔ社は合併直前にペーパーカンパニーになっており，事業関連性要件を満たさないことからみなし共同事業要件を満たさないという結論になった。そのため，Ａ社のX1年3月期の繰越欠損金が切り捨てられることになった。

【合併前の事業移管】

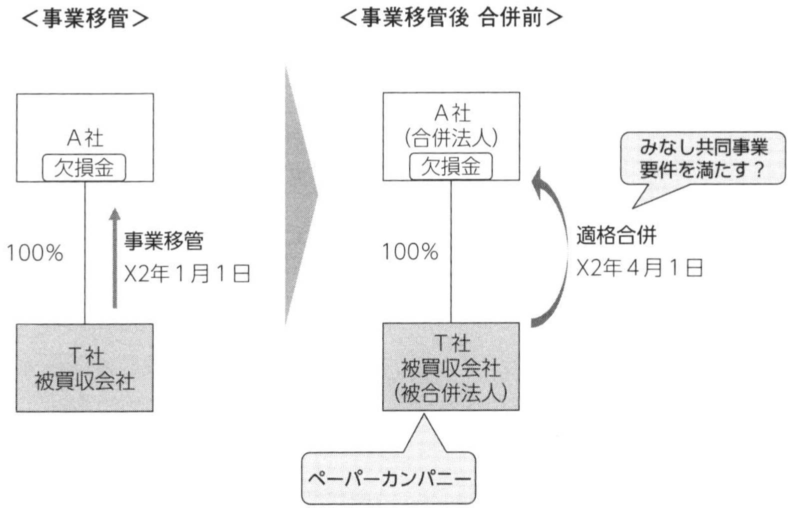

＜事業移管＞　　　　　　　　　　＜事業移管後 合併前＞

| 解　説 |

　みなし共同事業要件の事業関連性要件は，被合併法人の被合併事業と合併法人の合併事業とが相互に関連するものであることを要請しています。事業の関連性が必要ということは，いずれかの法人がペーパーカンパニーである場合は事業関連性要件を満たすことができません。事業関連性要件を満たせないと，他の要素の判定をするまでもなくみなし共同事業要件は満たしません。

　本事例では，被合併法人の事業を合併に先立って合併法人に移管したことで，被合併法人は合併直前にペーパーカンパニーの状態になっていたため，事業関連性要件を満たせなくなっています[21]。完全支配関係があるからといって，課税関係を検討することなく従業員や事業の移管を行うことは禁物です。

| 教　訓 |

　組織再編成に先立つグループ内事業移管は，はやる気持ちを抑え，課税関係の検討を慎重に行ってから実行すべし。

②　適格分割のみなし共同事業要件

　(a)　事業関連性要件

　事業関連性要件とは，分割法人の分割事業と分割承継法人の分割承継事業とが相互に関連するものであることを要請する要件です（法令112③一，⑩）。分割事業とは，分割法人の適格分割の前に行う事業のうち分割により分割承継法人において行われることとなるものをいいます。すなわち，適格分割により分割承継法人に移転する事業をいいます。分割承継事業とは，分割承継法人の適格分割の前に行う事業のうちのいずれかの事業をいいます。

　適格合併の事業関連性要件では，被合併法人の主要な事業と合併法人の事業とで関連性の判定を行うこととされていますが，適格分割の事業関連性要件では，判定対象とする事業が分割法人の主要な事業である必要はありません。

21　転籍させたのが被合併法人の全従業員ではなく一部の従業員であったとしても，事業規模要件や事業規模継続要件に抵触する可能性が考えられます。

　適格分割の事業関連性要件判定上のその他の留意点は，適格合併の事業関連性要件と同様であるため，「①適格合併のみなし共同事業要件　(a)事業関連性要件」を参照してください。

(b)　事業規模要件

　事業規模要件とは，分割事業と分割承継事業の規模に著しい格差がないことに着目する要件で，次のいずれかの規模の割合がおおむね5倍を超えないことを要請するものです（法令112③二，⑩）。

- 分割事業と分割承継事業の売上金額
- 分割事業と分割承継事業の従業者の数
- 上記に準ずるもの

　これらの指標の全てについて規模の割合が5倍以内である必要はなく，いずれかの規模の割合がおおむね5倍以内であるかどうかにより判定します（法基通1－4－6(注)，12－1－3）。適格合併の事業規模要件と異なり，適格分割では資本金の額による事業規模の比較ができないことに注意が必要です。なお，事業規模要件の判定は，事業関連性要件の判定に用いた事業の売上金額又は従業者の数等により判定を行います。

　従業者とは，分割事業又は分割承継事業に現に従事する者をいいます（法基通1－4－4，12－1－3）。分割法人において分割事業とその他の事業とのいずれにも従事している者については，主として分割事業に従事している者のみを判定に含めることとされています（法基通1－4－4(注)3）。分割承継法人の分割承継事業の従業者についても同様です。

　適格分割の事業規模要件判定上のその他の留意点は，適格合併の事業規模要件と同様であるため，「①適格合併のみなし共同事業要件　(b)事業規模要件」を参照してください。

(c)　事業規模継続要件

　事業規模継続要件は，支配関係発生時の分割事業及び分割承継事業の状況が，

適格分割の直前まで大きく変化していないことに着目する要件で，具体的には，分割事業及び分割承継事業が，それぞれ次の(ア)及び(イ)に該当することを要請するものです（法令112③三，四，⑩）。

- 分割法人の分割事業について
  - (ア) 分割事業が，分割承継法人との間の**支配関係発生時**から適格分割の直前の時まで継続して行われている

        かつ
  - (イ) **支配関係発生時**と適格分割の直前の時の**分割事業の規模**の割合がおおむね2倍を超えない
- 分割承継法人の分割承継事業について
  - (ア) 分割承継事業が，分割法人との間の**支配関係発生時**から適格分割の直前の時まで継続して行われている

        かつ
  - (イ) **支配関係発生時**と適格分割の直前の時の**分割承継事業の規模**の割合がおおむね2倍を超えない

　適格分割の事業規模継続要件判定上の留意点は，適格合併の事業規模継続要件と同様であるため，「①適格合併のみなし共同事業要件　(c)事業規模継続要件」を参照してください。

(d)　特定役員引継要件

　特定役員引継要件は，分割法人及び分割承継法人それぞれの支配関係発生日前の役員の少なくとも一人ずつが，分割承継法人の経営の中枢に参画することに着目する要件で，具体的には次のように規定されています（法令112③五，⑩）。

> 分割法人の適格分割の前における**役員等**のいずれかの者[※1]と，分割承継法人の適格分割の前における特定役員のいずれかの者[※2]とが，適格分割後に分割承継法人の特定役員になることが見込まれていること
>
> ※1　支配関係発生日前（支配関係が設立により生じている場合は設立日）に分割法人の役員，又は，常務取締役以上の役員に準ずる者（経営に従事していた者に限る。）であった者に限る
>
> ※2　支配関係発生日前（支配関係が設立により生じている場合は設立日）に分割承継法人の役員，又は，常務取締役以上の役員に準ずる者（経営に従事していた者に限る。）であった者に限る

　適格合併の特定役員引継要件と異なるのは，分割法人については，適格分割の前の役員等のいずれかの者が，適格分割後に分割承継法人の特定役員に就任することが見込まれていることとされている点です。適格分割前に特定役員である必要はなく平取締役でも構いませんが，適格分割後は分割承継法人の特定役員に就任することが見込まれている必要があります。ここでいう役員等とは，次に掲げる者をいいます（法法２十五，法令７，71①五，112③五，⑩）。

> - 取締役，執行役，会計参与，監査役等
> - 法人の使用人以外の者で，その法人の経営に従事している者（例：取締役等ではない会長・副会長・相談役・顧問などで，実質的に法人の経営に従事している者）
> - 同族会社の使用人で大口株主グループに属する者のうち，その法人の経営に従事しているもの
> - 社長，副社長，代表取締役，代表執行役，専務取締役，又は，常務取締役に準ずる者で法人の経営に従事している者

　適格合併の特定役員引継要件と同様に，判定の対象とする「分割法人の適格分割の前における役員等のいずれかの者」と「分割承継法人の適格分割の前における特定役員のいずれかの者」は，支配関係発生日前にそれぞれの法人の役員等である必要があります。

　適格分割の特定役員引継要件判定上のその他の留意点は，適格合併の特定役員引継要件と同様であるため，「①適格合併のみなし共同事業要件　(d)特定役員引継要件」を参照してください。

大誤算！

分割のみなし共同事業要件は合併と同じと勘違いした。

　A社は被買収会社T社の株式の全てをX1年4月1日に株式譲渡により取得した。T社はα事業とβ事業を営んでいるが，A社の100％子法人であるB社（3月決算法人）も従来からα事業を営んでいることから，A社は，T社のα事業部門をB社にX2年4月1日に分割することを計画し，課税関係の検討を行った。なお，B社はX1年3月期に生じた繰越欠損金（支配関係発生事業年度前の繰越欠損金）を有している。

　検討の結果，当該分割は適格分割に該当すると判断した。みなし共同事業要件に関しては，T社買収前からT社でα事業を統括していた取締役甲が，分割に伴いB社の取締役副社長に就任する計画ではあったものの，取締役甲はT社において特定役員に該当していなかったことから特定役員引継要件を満たさないと判断した。事業規模要件も満たさないためみなし共同事業要件を満たさないと判断し，B社が有する繰越欠損金の切捨てを回避するため分割を見送ることとした。

　しかしながら，後になって，適格分割の特定役員引継要件は適格合併の特定役員引継要件とは異なり，分割法人の適格分割前の役員が分割承継法人の特定役員に就任することが見込まれていれば，分割法人側の要件を満たすことがわかった。分割承継法人（B社）のT社買収前からの代表取締役の退任予定はなかったため，この分割はみなし共同事業要件を満たすことになり，B社の繰越欠損金が切り捨てられることはなかったことが判明した。

【適格分割の特定役員引継要件】

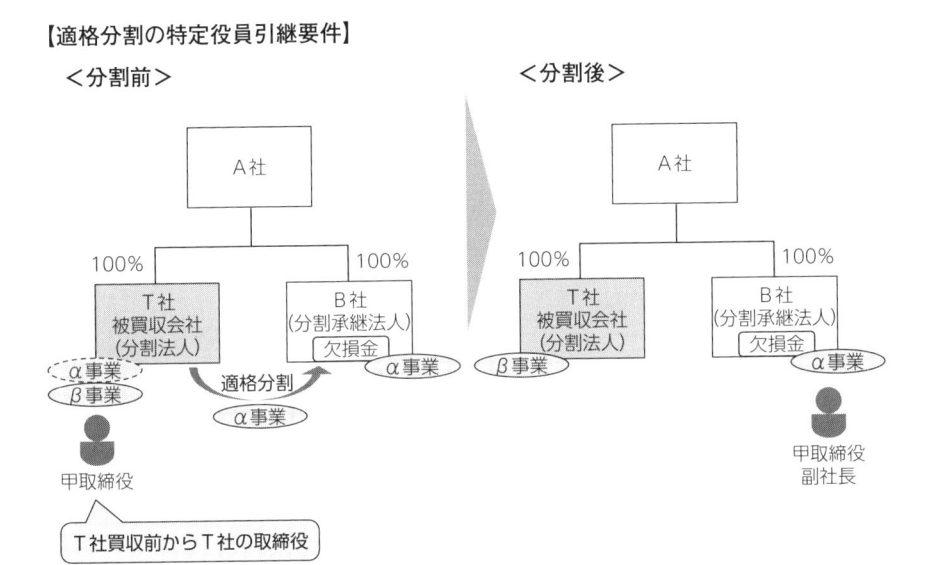

解説

　適格合併のみなし共同事業要件と適格分割のみなし共同事業要件は若干異なることに注意が必要です。

　異なる点の1点目は，特定役員引継要件において，適格分割後に分割承継法人の特定役員に就任することが見込まれている者は，分割法人側では適格分割前に特定役員である必要はなく，役員等であれば満たす点です[22]。なお，分割承継法人側は，適格分割前に分割承継法人において特定役員である必要があります。

　異なる点の2点目は，事業規模要件及び事業規模継続要件の判定要素に資本金の額が使用できないことです。適格合併における事業規模要件や事業規模継続要件は資本金の額による判定が最も簡単で確実ですが，適格分割では資本金の額を判定要素として使用できないため，この点において適格分割の事業規模要件や事業規模継続要件の判定は，適格合併よりも煩雑で慎重を期す必要があるといえます。

22　支配関係発生日前に分割法人の役員等であった者に限ります。

┌─ 教　訓 ─┐

適格合併と適格分割のみなし共同事業要件は，似て非なるものである。

(7)　繰越欠損金の引継ぎ・使用に関する特例

①　時価純資産超過額がある場合の特例

(a)　繰越欠損金の引継制限の特例

　支配関係のある法人間の適格合併で，5年前の日から支配関係が継続している法人間の適格合併，設立時から支配関係が継続している法人間の適格合併，及び，みなし共同事業要件を満たす適格合併のいずれにも該当しない場合は，被合併法人の繰越欠損金の引継制限が課されます（法法57③）。

　そもそも，この制限措置は，被合併法人の繰越欠損金と合併法人の収益力（又は資産の含み益）を相殺することによる租税回避行為を防止するために設けられています。被合併法人に十分な収益力（又は資産の含み益）があるケースについてまで制限を課す必要はありません。合併をしなかったとしても，被合併法人は自身の収益力等により繰越欠損金を使用することができるからです。

　そのため，支配関係が発生した事業年度の前事業年度終了の時において，被合併法人の時価純資産超過額が繰越欠損金の金額以上である場合には，繰越欠損金の引継制限を課さないことにしています（法令113①一）。また，時価純資産超過額が繰越欠損金の金額に満たない場合でも，引継制限が緩和されています（法令113①二）。

　時価純資産超過額とは，支配関係が発生した事業年度の前事業年度終了の時における時価純資産価額から簿価純資産価額を減算した金額をいいます。この時価純資産超過額と比較する繰越欠損金は，支配関係が発生した事業年度の前事業年度終了の時における繰越欠損金です。合併時に有している繰越欠損金と比較するのではないことに注意が必要です。

【時価純資産超過額がある場合の特例】

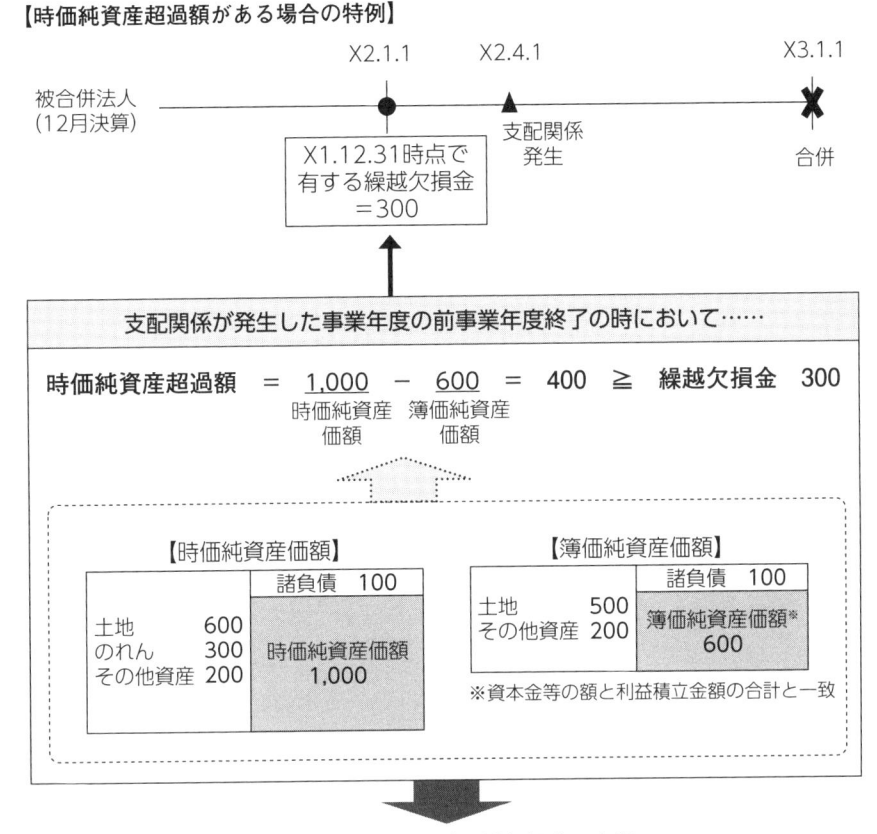

(b)　繰越欠損金の使用制限の特例

　適格合併，適格分割，適格現物出資，又は，適格現物分配が行われた場合の合併法人，分割承継法人，被現物出資法人，又は，被現物分配法人の繰越欠損金についても，同様の特例が設けられています。

　支配関係が発生した事業年度の前事業年度終了の時において，これらの法人の時価純資産超過額が繰越欠損金の金額以上であるときは，繰越欠損金の使用制限は課されません（法令113④）。

(c)　別表の添付等

　上記の特例の適用を受けるためには，法人税確定申告書等への明細書（別表 7(1)付表 3 ）の添付要件と，時価に関する書類等の保存要件が課されています（法令113②④，法規26の 2 の 4 ①）。

(d)　被買収会社の時価純資産超過額の算定

　時価純資産超過額とは，支配関係が発生した事業年度の前事業年度終了の時における時価純資産価額から簿価純資産価額を減算した金額をいいます。

　時価純資産価額とは，資産の価額の合計額から負債の価額の合計額を減算した金額をいいます。企業買収が純然たる第三者間取引である場合，取引価格を歪める何らかの事情がない限り，交渉により合意に至った買収価額は被買収会社の時価純資産価額を表していると考えます。買収価額には自己創設ののれんの価値も含まれていますが，時価純資産価額算定上の資産には自己創設のれんも含まれることが明らかにされています[23]。

　簿価純資産価額とは，資産の帳簿価額の合計額から負債の帳簿価額の合計額を減算した金額をいいます。帳簿価額とは税務上の帳簿価額であり，簿価純資産価額は資本金等の額と利益積立金額の合計額と一致します。したがって，支配関係が発生した事業年度の前事業年度終了の時における簿価純資産価額は，支配関係が発生した事業年度の前事業年度の法人税申告書別表 5 (1)で把握できます。

　すなわち，純然たる第三者間取引により取得した被買収会社の時価純資産超過額は，買収直前事業年度末から株式取得時までの間の金額変動がないと仮定すると，買収価額と，被買収会社の買収直前事業年度末の別表 5 (1)により算出することができます。その時価純資産超過額が，買収直前事業年度末時点で被買収会社が有していた繰越欠損金の金額以上であるときは，被買収会社の繰越欠損金は切り捨てられません。時価純資産超過額の概算額を把握するだけであれば，みなし共同事業要件の判定よりもむしろ簡単なケースもあります。買収時点で時価純資産超過額の概算額を把握していれば，買収後のグループ内組織

23　『改正税法のすべて〔平成29年版〕』333頁（大蔵財務協会・2017年）参照。

再編成を柔軟に計画することが可能になるというメリットがあります。

　ただし，時価純資産超過額がある場合の特例の適用を受けるためには，法人税確定申告書等への明細書（別表7⑴付表3）の添付要件と，時価に関する書類等の保存要件が課されています。別表7⑴付表3は，被買収会社の有する各資産・負債別に時価と帳簿価額を記載して時価純資産超過額を算出する体裁になっています。したがって，時価は自己創設のれんを含む個々の資産・負債別に算出する必要があり，帳簿価額は会計上の帳簿価額に法人税申告書別表5⑴の留保金額を各資産又は負債に紐づけて算出する必要があるということになります。申告書作成時には，これらの金額の算出に一定の事務負担が生じることに留意が必要です。

(e)　従来からグループ内法人である法人の時価純資産超過額の算定

　従来からのグループ内法人が合併法人又は被合併法人となる適格合併で，その法人が繰越欠損金を有している場合，その法人の時価純資産超過額が算定できるのであれば特例の適用は可能です。しかしながら，その法人自身が被買収会社となる企業買収や第三者割当増資など，純然たる第三者が関与する株式売買や資本取引を直前に行っている事実がない限りは，適正な時価純資産価額の算定は困難であることが多く，仮に算定できるとしても相当な事務負担になることがほとんどです。そのため，土地の含み益などにより，明らかに時価純資産超過額が繰越欠損金の金額以上であると見込まれる場合を除き，従来からグループ内法人である法人の時価純資産超過額の算定は，実務上，積極的に行われていないことが実情です。

②　事業を移転しない適格分割・適格現物出資，適格現物分配の特例

(a)　繰越欠損金の使用制限の特例

　事業を移転しない（個別資産のみの）適格分割の場合，分割承継法人の繰越欠損金の使用制限は，分割法人から受け入れる資産の含み益の範囲で課せば足ります。含み益を超える金額の繰越欠損金を，適格分割により分割承継法人が意図的に使用できるということはないからです。

　そのため，適格分割の直前において，分割により移転を受ける資産に含み益

がないときは，繰越欠損金の使用制限を課さないことにしています（法令113
⑤一）。また，含み益があったとしても，その含み益の範囲内で繰越欠損金の
使用制限を課すという緩和措置も設けられています（法令113⑤二，三）。事業
を移転しない適格現物出資，及び，適格現物分配においても同様です。

【事業を移転しない場合の特例】

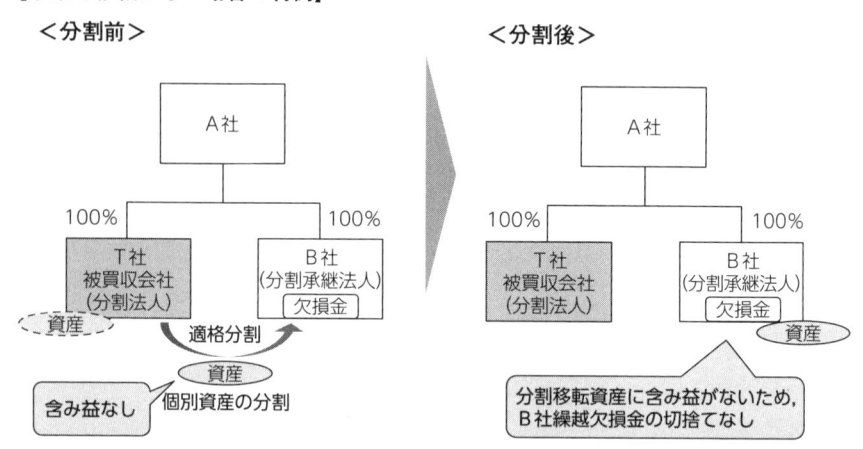

(b)　別表の添付等

　上記の特例の適用を受けるためには，法人税確定申告書等への明細書（別表
7⑴付表4）の添付要件と，時価に関する書類等の保存要件が課されています
（法令113⑥，法規26の2の4②）。

◆素朴な疑問Q＆A◆

被合併法人から引き継いだ繰越欠損金の帰属事業年度

Q．合併により，合併法人が被合併法人から繰越欠損金を引き継いだ場合，合併法人のどの事業年度で発生した欠損金とみなされるのでしょうか。

A．原則として，被合併法人の繰越欠損金発生事業年度の開始の日の属する合併法人の事業年度において生じた繰越欠損金とみなされます。

| 解　説 |

● 帰属事業年度の原則的な考え方

　被合併法人から引き継いだ繰越欠損金は，被合併法人の繰越欠損金発生事業年度の開始の日の属する合併法人の事業年度において生じた繰越欠損金とみなされます（法法57②）。

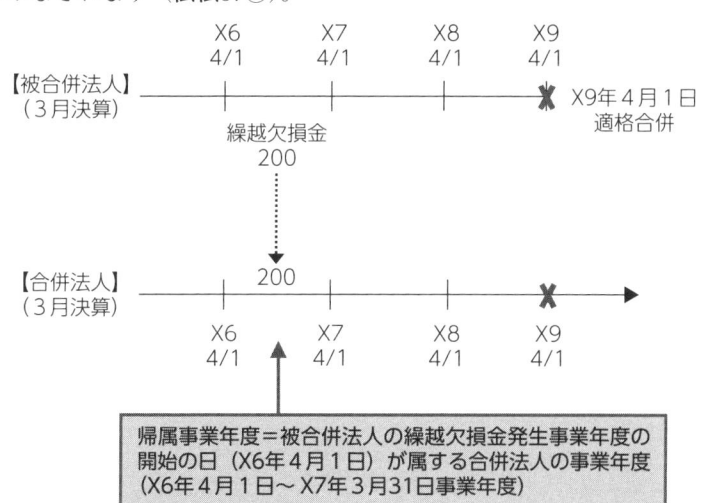

● 繰越欠損金発生事業年度の開始の日が合併法人の合併事業年度開始の日以後 の場合

　合併法人の合併事業年度の前事業年度において生じた繰越欠損金とみなされます（法法57②）。

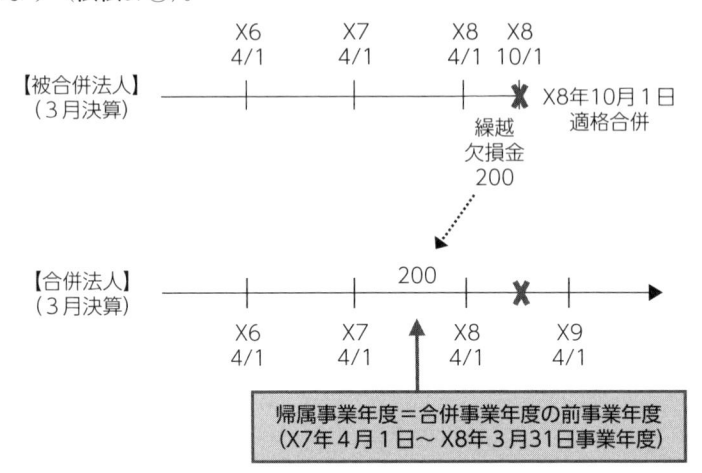

● 合併法人の事業年度がない場合

　被合併法人の繰越欠損金発生事業年度の開始の日が，合併法人の設立事業年度開始の日前である場合は，合併法人に，被合併法人の事業年度に対応する期間の事業年度があるものとみなして，被合併法人の繰越欠損金を引き継ぎます（法令112②）。

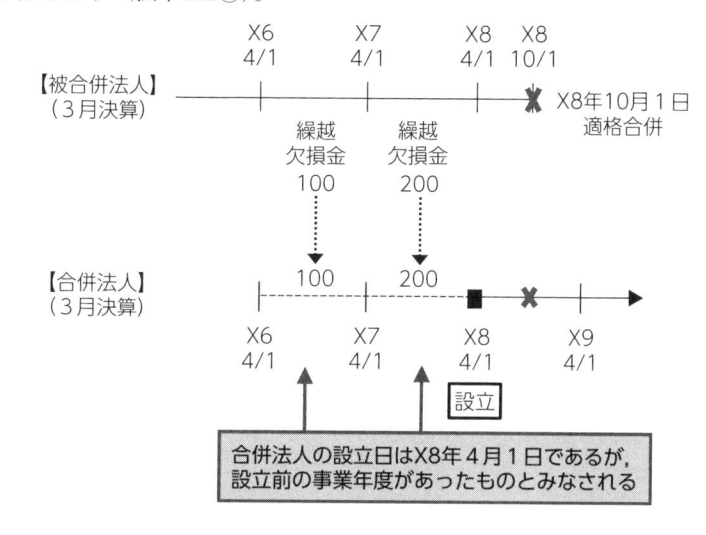

4．特定資産譲渡等損失の取扱い

(1)　特定資産譲渡等損失の損金算入制限

①　制度概要

　組織再編税制では，適格合併，適格分割，適格現物出資，適格現物分配（以下，「適格合併等」といいます。）により資産・負債の移転を受けた法人は，移転元法人におけるその資産・負債の帳簿価額を引き継ぐこととしています[1]（法法62の2④，62の3②，62の4②，62の5⑥，法令123の3③，123の4，123の5，123の6①）。そのため，含み損資産を有する法人を買収して子法人化した上で，適格組織再編成により含み損資産を帳簿価額のまま自社に移転し，その後その含み損資産を売却することで，グループ外の法人が有していた含み損を容易に自社で実現させることが可能となります。

　グループ外の法人が有していた含み損を適格合併等により自社に取り込む行為は，グループ外の法人が有していた繰越欠損金を適格合併により自社に取り込む行為と同視できることから，支配関係のある法人間の適格合併等が次のいずれにも該当しない場合，その含み損資産（特定資産）を譲渡等したことにより生じた損失の損金算入を一定期間制限する制度が設けられています（法法62の7①）。この制度を特定資産譲渡等損失の損金算入制限といいます。

> ①　5年前の日から支配関係が継続している法人間の適格合併等
> ②　設立時から支配関係が継続している法人間の適格合併等
> ③　みなし共同事業要件を満たす適格合併等

　特定資産譲渡等損失の損金算入制限は，資産の含み損を欠損金予備軍と捉えて一定期間内の損金算入に制限を課す制度といえますので，上記①～③は繰越

1　厳密には，適格合併及び適格分割型分割では，移転資産・負債の移転元法人における帳簿価額により引継ぎを受けたものとされ，適格分社型分割，適格現物出資及び適格現物分配では，移転元法人における帳簿価額に相当する金額により資産・負債を取得したものとされます。

欠損金の引継制限・使用制限と同様に判定します（判定方法の詳細は，本章「3．繰越欠損金の取扱い」参照）。

　また，適格合併等に係る被合併法人，分割法人，現物出資法人，又は，現物分配法人（以下，「被合併法人等」といいます。）から移転を受けた含み損資産（特定引継資産）に対して損金算入制限を課すだけでなく，合併法人，分割承継法人，被現物出資法人，又は，被現物分配法人（以下，「合併法人等」といいます。）の有する含み損資産（特定保有資産）にも損金算入制限が課されます。

② 特定資産の範囲

　特定資産とは，合併法人等又は被合併法人等が，支配関係が発生した事業年度開始の日前から保有する資産をいいます。ただし，一定の資産は特定資産から除かれています（法法62の7②，法令123の8②⑨）。

【特定資産とは】

		特定資産とは	特定資産から除かれるもの
特定資産	特定保有資産	合併法人，分割承継法人，被現物出資法人，被現物分配法人が，支配関係が発生した事業年度開始の日前から保有する資産	● 適格組織再編成の日の属する事業年度開始の日における帳簿価額が1,000万円未満の保有資産
	特定引継資産	合併法人，分割承継法人，被現物出資法人，被現物分配法人が，適格合併等により被合併法人，分割法人，現物出資法人，現物分配法人（「被合併法人等」という。）から移転を受けた資産で，被合併法人等が，支配関係が発生した事業年度開始の日前から保有する資産	● 支配関係が発生した事業年度開始の日において時価が簿価を下回っていない資産（含み損がない資産） ● 棚卸資産（土地等を除く。），短期売買商品，売買目的有価証券　等 ● 適格組織再編成の日における帳簿価額が1,000万円未満の引継資産

③　損金算入が制限される金額

特定保有資産・特定引継資産ごとに計算した次の金額について，損金算入が制限されます（法法62の7②，法令123の8④〜⑦，⑨）。

特定保有資産	特定保有資産の譲渡，評価換え，貸倒れ，除却その他の事由による損失の額の合計額から，特定保有資産の譲渡，評価換えその他の事由による利益の額の合計額を控除した金額
特定引継資産	特定引継資産の譲渡，評価換え，貸倒れ，除却その他の事由による損失の額の合計額から，特定引継資産の譲渡，評価換えその他の事由による利益の額の合計額を控除した金額

④　損金算入が制限される期間

特定資産譲渡等損失は，適格合併等の日の属する事業年度開始の日から，次に掲げる日のいずれか早い日まで損金算入が制限されます（法法62の7①）。

- 適格合併等の日の属する事業年度開始の日以後3年を経過する日
- 支配関係発生日以後5年を経過する日

大誤算！

帳簿価額1,000万円未満かどうかを
会計上の帳簿価額で判定していた。

A社は被買収会社T社（3月決算法人）の株式の全てを，X2年10月1日に株式譲渡により取得した。

買収後A社は，T社を被合併法人，A社の100％子法人B社を合併法人とする合併を行うこととし，合併予定日はX3年4月1日とした。合併に伴う課税関係を検討したところ，当該合併は適格合併に該当し，B社及びT社とも繰越欠損金を有しておらず，帳簿価額1,000万円以上の資産も有していないことから，繰越欠損金や特定資産に関する制限は課されないと判断し，計画通り合併を実行した。

　合併実行後，Ｔ社のX3年３月期申告書作成作業を開始するにあたりＴ社のX2年３月期法人税申告書別表５⑴を確認したところ，Ｚ社株式評価損否認額として5,000万円が加算留保されていた。Ｚ社株式の会計上の帳簿価額は500万円であるため税務上の帳簿価額は5,500万円となり，Ｚ社株式は特定引継資産に該当していたことが判明した。なお，合併法人であるＢ社は，Ｚ社株式をX3年４月中に第三者に対し300万円で譲渡したため，税務上は5,200万円の譲渡損が計上されることになった。

　Ｂ社とＴ社の合併はみなし共同事業要件その他の要件を満たしておらず，結果としてＢ社のＺ社株式譲渡損5,200万円が損金不算入になってしまった。

【特定資産の判定】

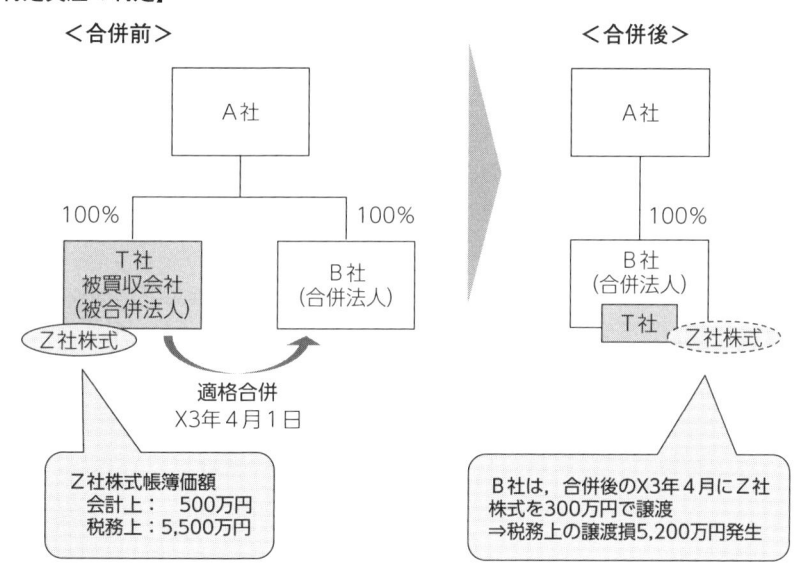

解　説

　合併法人が適格合併により被合併法人から移転を受けた資産で帳簿価額1,000万円未満の資産は特定引継資産から除かれます。この帳簿価額とは，税

務上の帳簿価額をいいます。法人税申告書別表5⑴に加算留保されている金額があれば，会計上の帳簿価額に加算して1,000万円未満か否かの判定を行います。

　帳簿価額1,000万円未満かどうかの判定単位は，資産の種類ごとに次の表の通り定められています（法規27の15①）。

【特定資産の判定単位】

資産の種類		1,000万円未満か否かの判定単位
金銭債権		一の債務者ごと
減価償却資産	建物	一棟ごと（区分所有建物の場合は，構造上区分された部分ごと）
	機械及び装置	一の生産設備又は一台若しくは一基ごと（通常一組又は一式をもって取引の単位とされるものは，一組又は一式ごと）
	その他の減価償却資産	建物又は機械及び装置に準ずる
土地等		一筆ごと（一体として事業の用に供される一団の土地等の場合は，その一団の土地等ごと）
有価証券		銘柄の異なるごと
暗号資産		種類の異なるごと
その他の資産		通常の取引の単位ごと

　被買収会社の有する資産・負債の内容，税務調整の有無や調整金額等を把握しないまま組織再編成を行ってしまうと，想定外の課税が生じる可能性があります。特に，被買収会社株式の取得後すぐにグループ内組織再編成を行う場合に確認漏れが起きやすい傾向があります。課税関係に影響がないこともありますが，それは偶然に過ぎません。

┌─ 教　訓 ─────────────────────┐
　「資産の帳簿価額が1,000万円未満」とは，税務上の帳簿価額のことである。
└──────────────────────────┘

大誤算！

被買収会社が買収前に譲渡した有価証券の譲渡損が
特定資産譲渡等損失に該当した。

　A社は被買収会社T社（３月決算法人）の株式の全てを，X2年７月１日に株式譲渡により取得した。

　買収後A社は，T社を合併法人，A社の100％子法人B社を被合併法人とする合併を行うこととし，合併予定日はX3年１月１日とした。合併に伴う課税関係を検討したところ，当該合併は適格合併に該当し，T社及びB社とも繰越欠損金を有しておらず，帳簿価額1,000万円以上の資産も有していないことから，繰越欠損金や特定資産に関する制限の適用はないと判断し，計画通り合併を実行した。

　しかしながら，T社は，買収に先立つX2年５月に，約10年間所有していたY社株式（帳簿価額6,000万円）を第三者に対し1,000万円で譲渡しており，それによる譲渡損5,000万円が発生していた。この譲渡損が特定資産譲渡等損失に該当することがT社のX3年３月期申告書作成作業中に判明した。

　T社とB社の合併はみなし共同事業要件その他の要件を満たしておらず，結果としてT社のY社株式譲渡損5,000万円が損金不算入になってしまった。

【買収前に発生していた特定資産譲渡等損失】

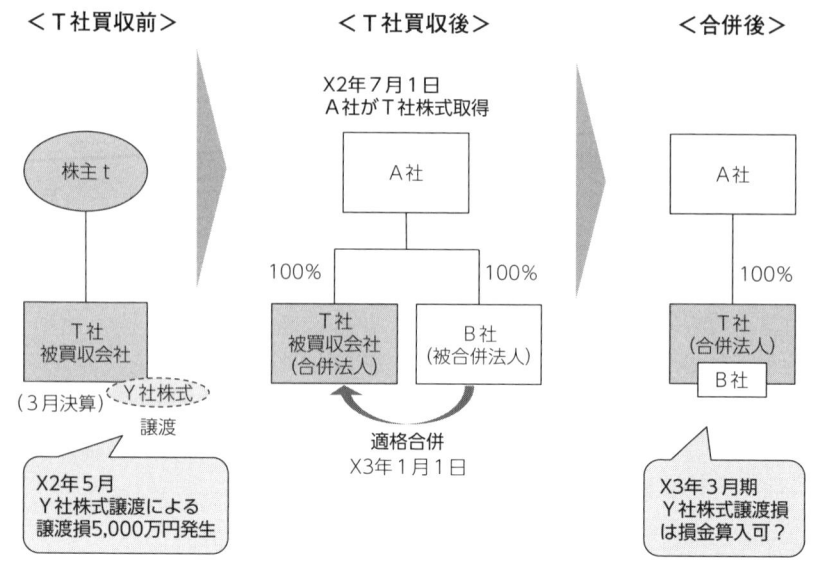

解　説

　本事例は，買収前に被買収会社において生じていた資産の譲渡損が，特定資産譲渡等損失に該当することになった事例です。

　合併法人（本事例では被買収会社Ｔ社）が，支配関係が発生した事業年度開始の日前から保有する資産は特定保有資産に該当します。また，特定資産譲渡等損失は，適格合併の日の属する事業年度開始の日から損金算入制限期間が開始します。したがって，本事例の被買収会社Ｔ社（３月決算法人）が支配関係が発生した事業年度開始の日（X2年４月１日）前から保有していたＹ社株式は特定保有資産に該当し，損金算入制限期間は同日から開始していたため，Ｔ社がX2年５月にＹ社株式を譲渡したことにより生じた譲渡損は，特定資産譲渡等損失として損金不算入になります。この譲渡損はＴ社がＡ社に買収される前に生じた損失なので，Ａ社による買収後に行う組織再編成では，課税関係の検討の際に特に見落としが起きやすくなります。

　仮に本事例の被買収会社Ｔ社が被合併法人となっていた場合の取扱いは，次の通りになります。合併法人が適格合併により被合併法人から移転を受けた資

産で，被合併法人が支配関係発生事業年度開始の日前から保有する資産は特定引継資産に該当しますが，本事例のＹ社株式は合併前に譲渡されていますので，Ｙ社株式が特定引継資産に該当することはありません。また，Ｙ社株式譲渡損がＴ社の合併直前事業年度（X2年４月１日からX2年12月31日までの事業年度）の繰越欠損金を構成していたならば，その繰越欠損金は支配関係発生事業年度以後の事業年度の繰越欠損金のうち特定資産譲渡等損失相当額に該当するため，合併法人が引き継ぐことはできませんが，そもそもＴ社の合併直前事業年度に繰越欠損金が発生していなければ，特に制限の対象になりません。

> **教　訓**
>
> 特定資産譲渡等損失は，適格合併の日の属する事業年度開始の日から損金算入制限期間が開始することに要注意。

(2)　特定資産譲渡等損失の損金算入制限に関する特例

①　時価純資産超過額がある場合の特例

(a)　特定引継資産の損金算入制限の特例

　繰越欠損金の引継ぎや使用に関する特例と同様の趣旨[2]で，被合併法人，分割法人，現物出資法人，又は，現物分配法人から移転を受けた特定引継資産の譲渡等損失についても特例が設けられています。

　すなわち，支配関係が発生した事業年度の前事業年度終了の時において，これらの法人の時価純資産価額が簿価純資産価額以上であるときは，特定引継資産に係る譲渡等損失の損金算入制限は課されません（法令123の９①一）。

(b)　特定保有資産の損金算入制限の特例

　合併法人，分割承継法人，被現物出資法人，又は，被現物分配法人が有する

2　本章「３．繰越欠損金の取扱い　(7)繰越欠損金の引継ぎ・使用に関する特例　①時価純資産超過額がある場合の特例」参照。

特定保有資産の譲渡等損失についても，同様の特例が設けられています。

　支配関係が発生した事業年度の前事業年度終了の時において，これらの法人の時価純資産価額が簿価純資産価額以上である場合には，特定保有資産に係る譲渡等損失の損金算入制限は課されません（法令123の9⑦）。

(c)　別表の添付等

　上記の特例の適用を受けるためには，法人税確定申告書等への明細書（別表14(7)付表1）の添付要件と，時価に関する書類等の保存要件が課されています（法令123の9②⑦，法規27の15の2①）。

②　事業を移転しない適格分割・適格現物出資，適格現物分配の特例

(a)　特定保有資産の損金算入制限の特例

　繰越欠損金の使用に関する特例と同様の趣旨[3]で，事業を移転しない（個別資産のみの）適格分割・適格現物出資，適格現物分配では，特定保有資産に関する特例が設けられています。

　すなわち，適格分割の直前において，分割により移転を受ける資産に含み益がないときは，特定保有資産に係る譲渡等損失の損金算入制限は課されません（法令123の9⑩）。事業を移転しない適格現物出資，及び，適格現物分配においても同様です。

(b)　別表の添付等

　上記の特例の適用を受けるためには，法人税確定申告書等への明細書（別表14(7)付表1）の添付要件と，時価に関する書類等の保存要件が課されています（法令123の9⑪，法規27の15の2③）。

3　本章「3．繰越欠損金の取扱い　(7)繰越欠損金の引継ぎ・使用に関する特例　②事業を移転しない適格分割・適格現物出資，適格現物分配の特例」参照。

5．欠損等法人の欠損金の繰越しの不適用

(1)　制度概要

　繰越欠損金を有する法人（欠損等法人）を買収し，利益の見込まれる事業を
その法人に移転することにより課税所得を圧縮するといった租税回避行為に対
処するため[1]，買収後に，その欠損等法人の事業を入れ替えるような一定の事由
が生じたときは，被買収会社の繰越欠損金が切り捨てられます[2]（法法57の2
①）。この制度を，一般に「欠損等法人の欠損金の繰越しの不適用」といいま
す。この制度は，次の2点を重視するものです。

> ①　支配株主が変更すること
> ②　繰越欠損金が発生した事業の廃止又は大幅縮小と，その繰越欠損金が別の事
> 　業で使用されるような事由が発生すること

　M＆Aの局面では，支配株主は変更するものの通常は事業を取得する目的で
M＆Aが実行されますので，実際にこの規定が適用されるケースはそれほど多
くありません。ただし，事業会社を買収する目的で，事業会社株式を100％保
有している資産管理会社株式を取得するときは注意が必要です。その資産管理
会社が単に事業会社株式を保有しているだけの法人で事業を全く行っていない
場合，買収後にその資産管理会社を再編当事法人とする組織再編成を行うと，
欠損等法人の規定が適用される可能性があります（「(4)適用事例」参照）。

(2)　欠損等法人とは

　欠損等法人とは，他の者との間に特定支配関係を有することとなった法人の

1　『改正税法のすべて〔平成18年版〕』352頁（大蔵財務協会・2006年）参照。
2　同様の趣旨で，欠損等法人に一定の事由が生じた場合に，欠損等法人の保有する含み損資産の
　譲渡等による損失の損金算入を制限する制度も設けられています（法法60の3①）。

うち，繰越欠損金又は含み損資産を有している法人をいいます（法法57の2
①）。

　特定支配関係とは，欠損等法人の発行済株式等の50％超を直接又は間接に保
有する関係をいいます（法法57の2①，法令113の3①②）。ただし，適格株式
交換等の適格組織再編成により発行済株式等の50％超を直接又は間接に保有す
ることとなった場合等は除かれます（法令113の3⑤）。

　また，繰越欠損金又は含み損資産を有している法人とは次の法人をいいます。

- 特定支配関係を有することとなった日（特定支配日）の属する事業年度前の
  各事業年度において生じた繰越欠損金を有する法人
- 特定支配日の属する事業年度開始の日において含み損資産[3]を有する法人

　すなわち，繰越欠損金又は含み損資産を有している状態で支配株主に変更が
あると，その法人は欠損等法人に該当することになります。

(3)　適用期間及び適用事由

　特定支配日以後5年を経過した日の前日までに，次に掲げる適用事由に該当
することとなった場合，欠損等法人の有する繰越欠損金が切り捨てられます
（法法57の2①）。

3　含み損資産とは，固定資産，土地等，有価証券（売買目的有価証券等を除きます。），金銭債権
　及び繰延資産等で，特定支配関係を有することとなった日の属する事業年度開始の日における含み
　損が，その法人の資本金等の額の2分の1相当額と1,000万円とのいずれか少ない金額以上のものを
　いいます（法令113の3⑥）。

【適用事由】

適用事由		
	欠損等法人等の状況	事　由
1号	欠損等法人が特定支配日の直前において事業を営んでいない場合（清算中を含む。）において，	特定支配日以後に事業を開始すること
2号	欠損等法人が特定支配日の直前において営む事業（旧事業）の全てを特定支配日以後に廃止し，又は廃止することが見込まれている場合において，	旧事業の事業規模のおおむね5倍を超える資金の借入れ，出資による金銭その他の資産の受入れ（合併又は分割による資産の受入れを含む。）を行うこと
3号	支配株主又はその関連者が欠損等法人に対する一定の債権を取得している場合において，	欠損等法人が旧事業の事業規模のおおむね5倍を超える資金の借入れ，出資による金銭その他の資産の受入れ（合併又は分割による資産の受入れを含む。）を行うこと
4号	上記1号〜3号の場合において，	欠損等法人が自己を被合併法人とする適格合併を行い，又は他の内国法人による完全支配関係がある欠損等法人の残余財産が確定すること
5号	特定支配関係を有することとなったことに基因して，欠損等法人の特定支配日の直前の特定役員の全てが退任し，かつ，特定支配日の直前の使用人（旧使用人）のおおむね20％以上に相当する数の者が退職した場合において，	旧使用人が従事しない事業の事業規模が旧事業の特定支配日の直前における事業規模のおおむね5倍を超えることとなること

⑷　適用事例

　事業会社株式を保有している資産管理会社の株式を取得するケースで，取得後の課税関係を検討します。資産管理会社は，単に事業会社株式を保有しているだけで事業を営んでいないことを前提とします[4]。

【資産管理会社株式の取得】

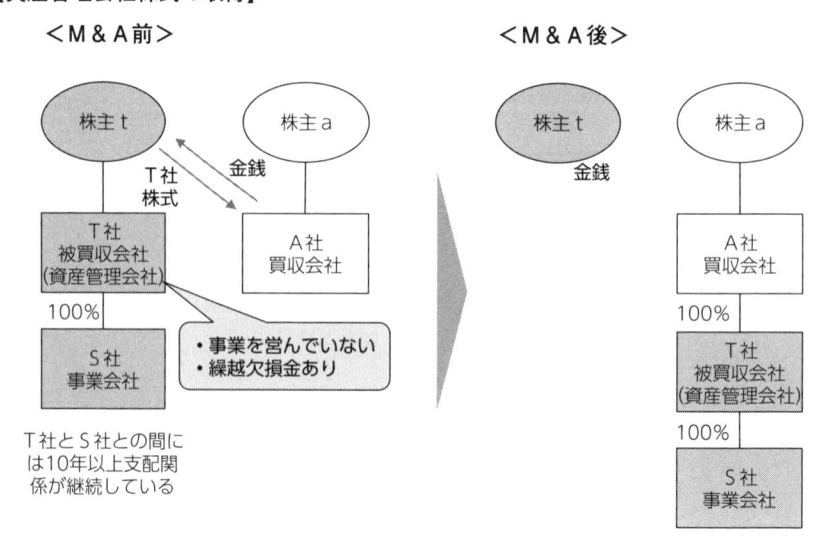

① 資産管理会社T社で事業を開始する場合

M&Aによる資産管理会社株式取得後5年以内に資産管理会社で事業を開始した場合には，適用事由1号に該当し，事業を開始した事業年度前の各事業年度において生じた繰越欠損金は切り捨てられます（法法57の2①一）。

② 資産管理会社T社を被合併法人，A社を合併法人とする適格合併を行う場合

M&Aによる資産管理会社株式取得後5年以内に資産管理会社を被合併法人とする適格合併を行った場合には，適用事由4号に該当し，資産管理会社の最後事業年度（合併直前事業年度）の前事業年度以前において生じた繰越欠損金は切り捨てられます[5]（法法57の2①四，④）。資産管理会社の最後事業年度において生じた欠損金をA社が引き継げるかどうかは，組織再編税制（法法57②

---

4 事業会社株式を保有する法人の株式を取得した場合であっても，例えば，その法人が従業者を有し，傘下の複数の事業会社の経営指導や監査業務等の経営管理業務を行い，事業会社から対価を収受している場合などは，「事業を営んでいない」に該当しないと考えます。

5 資産管理会社を解散，清算した場合も同様に，資産管理会社の残余財産確定の日の属する事業年度の前事業年度以前において生じた繰越欠損金は切り捨てられます。

③）により判定します。

　合併法人であるＡ社の繰越欠損金の使用制限は組織再編税制（法法57①④）により判定します。

③　資産管理会社Ｔ社を被合併法人，事業会社Ｓ社を合併法人とする適格合併を行う場合

　Ｍ＆Ａによる資産管理会社株式取得後5年以内に資産管理会社を被合併法人とする適格合併を行った場合には，適用事由4号に該当し，資産管理会社の最後事業年度（合併直前事業年度）の前事業年度以前において生じた繰越欠損金は切り捨てられます（法法57の2①四，④）。資産管理会社の最後事業年度において生じた欠損金を事業会社が引き継げるかどうかは，組織再編税制（法法57②③）により判定しますが，資産管理会社と事業会社との間には5年前の日から支配関係が継続しているため引き継ぐことができます。

　合併法人である事業会社の繰越欠損金の使用制限も組織再編税制（法法57①④）により判定しますが，資産管理会社と事業会社との間には5年前の日から支配関係が継続しているため切り捨てられることはありません。

④　資産管理会社Ｔ社を合併法人，事業会社Ｓ社を被合併法人とする適格合併を行う場合

　Ｍ＆Ａによる資産管理会社株式取得後5年以内に資産管理会社を合併法人とする適格合併を行った場合には，適格合併による事業の受入れが事業の開始に該当するため適用事由1号に該当し，資産管理会社の合併の日の属する事業年度前の各事業年度において生じた繰越欠損金は切り捨てられます（法法57の2①一）。さらに，被合併法人である事業会社の繰越欠損金は全額引き継ぐことができません（法法57の2②一）。

大誤算！

買収した資産管理会社と事業会社を合併したら，
事業会社の繰越欠損金が切り捨てられた。

　A社は株主 t（個人）から，T社（3月決算法人）の株式の全てをX5年4月1日に株式譲渡により取得した。この買収はT社の100％子法人でソフトウエア開発業を行うS社（3月決算法人）の株式の取得を企図したものであったが，株主 t から持株会社であるT社株式での譲渡が条件として提示されたため，A社がそれに応じたものである。T社はS社株式を所有しているのみで従業員はおらず，事業は行っていない。なお，T社とS社の支配関係は10年以上前から継続している。

　買収実行後A社は，事業を行っていないT社の法人としての維持コストを削減するため，T社を合併法人，S社を被合併法人とする合併をX6年4月1日に行うことにした。T社はX5年3月期以前において生じた繰越欠損金100万円，S社はX5年3月期以前において生じた繰越欠損金2億円を有していたが，両社の間には5年前の日から支配関係が継続していることから繰越欠損金は切り捨てられないと判断し，合併を実行した。

　しかしながら，T社は事業を全く行っていないペーパーカンパニーであったため，欠損等法人の規定により，T社の繰越欠損金のみならずS社の繰越欠損金も全額切り捨てられることになった。仮にS社を合併法人，T社を被合併法人とする合併としていたら，S社の繰越欠損金は切り捨てられなかった。

【資産管理会社と事業会社の合併】

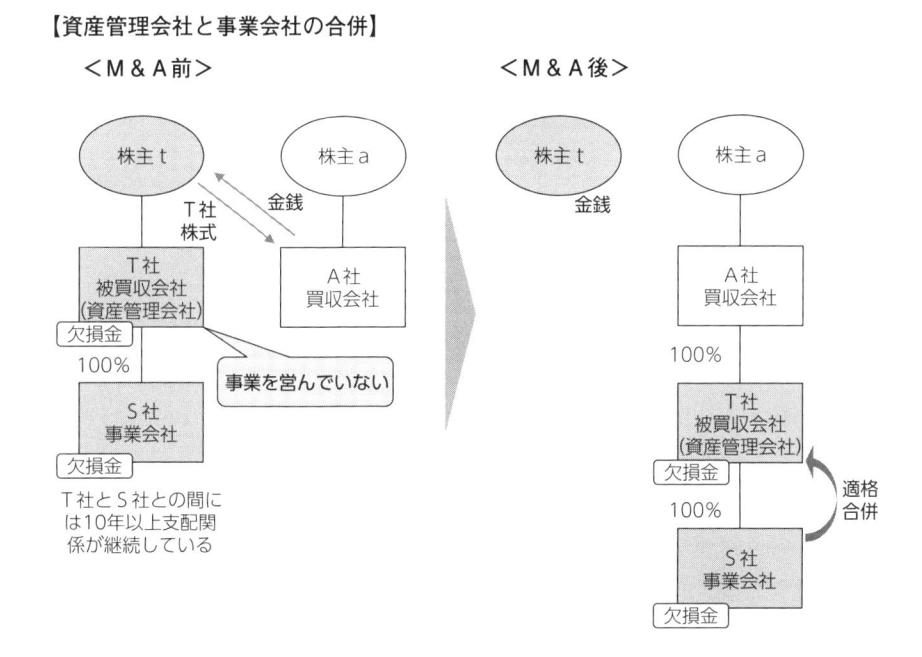

解　説

　本事例のように，事業を営んでいない法人（資産管理会社など）を含めて買収し，買収後にその資産管理会社を再編当事法人とする組織再編成を行う場合は，欠損等法人の規定に細心の注意が必要です。

　本事例では，資産管理会社Ｔ社と事業会社Ｓ社との間に５年前の日から支配関係が継続していることから，両社の繰越欠損金が切り捨てられることはないと判断してしまいがちです。しかしながら，事業を全く行っていない状態のＴ社を取得しているため欠損等法人の規定の適用対象になり，Ｔ社を合併法人にした場合には，Ｔ社の適用事業年度前の事業年度において生じた繰越欠損金（100万円），及び，事業会社Ｓ社の繰越欠損金（２億円）の全額が切り捨てられます。

　仮に事業会社Ｓ社を合併法人としていたら，Ｔ社の適用事業年度前の事業年度において生じた繰越欠損金（100万円）は切り捨てられますが，Ｓ社の繰越欠損金は組織再編税制により使用可否が判断されることになり，Ｔ社とＳ社と

の間には5年前の日から支配関係が継続しているため，S社の繰越欠損金が切り捨てられることはありませんでした。さらにいえば，株主tがT社株式を譲渡する前にT社とS社が合併していれば，両社の間には5年前の日から支配関係が継続しているため，両社の繰越欠損金が切り捨てられることはありませんでした。

　また，買収目的とする事業会社が清算中の100％子法人を有しているような場合も，その状態のまま買収すると清算中の子法人は欠損等法人の規定の対象となり，残余財産確定時にその清算子法人の繰越欠損金は切捨て対象になります。仮に買収前に残余財産が確定していたら，事業会社と清算子法人との間に5年前の日から支配関係が継続しているなどの一定の要件を満たしていれば，事業会社は清算子法人の繰越欠損金を引き継ぐことができます。

　買手の立場としては，事業を行っていない法人は売手の傘下にあるうちに合併を行い（又は残余財産を確定させ），買収目的とする事業会社のみを買収することが望ましいといえます。買収後の組織再編成に支障がないかどうかを検討した上で，買収交渉を進める必要があるといえるでしょう。

> ### 教　訓
> 事業を行っていない法人は買収対象から外す方が無難。

◆素朴な疑問Q＆A◆

　　　被買収会社の事業の廃止見込みの状況下で行う適格合併

Q．被買収会社T社が行うα事業を取得する目的でT社株式を取得しましたが，その後の経営方針の変更により，近い将来T社の事業を全て廃止することになりました。この状態でT社を被合併法人，A社を合併法人とするグループ内適格合併を行う場合，T社の繰越欠損金の取扱いはどのようになりますか。なお，A社は，T社と同種のα事業を，T社とは異なる地域で行っている法人です。

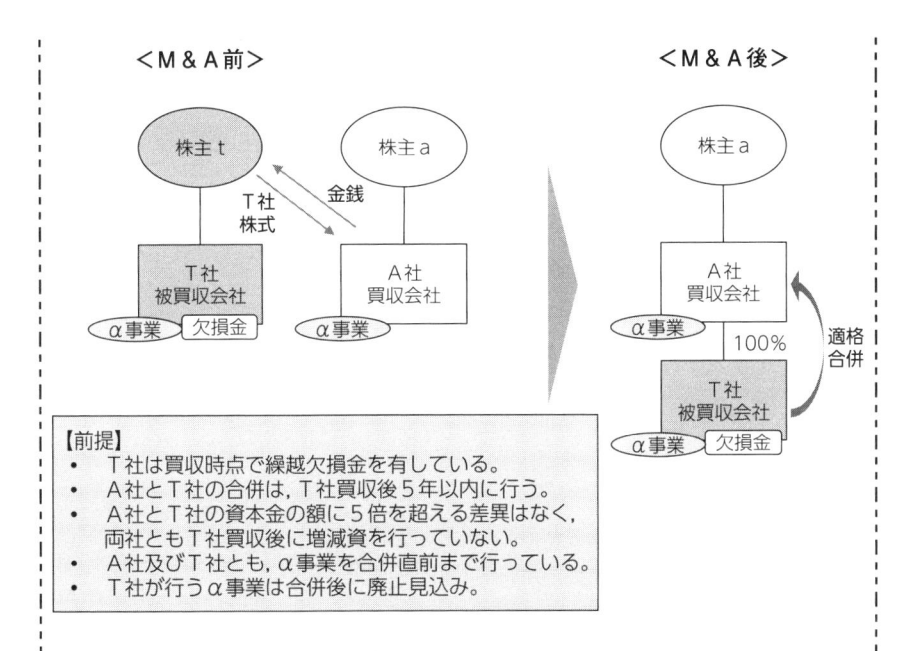

A．T社の繰越欠損金は，欠損等法人の欠損金の繰越しの不適用の規定により切り捨てられる可能性があると考えます。

| 解　説 |

　T社が行う事業（α事業）の全てを廃止する見込みとなった状態（ただし，完全に廃止していない状態）で，T社を被合併法人，α事業を行うA社を合併法人とするグループ内適格合併を行う場合の繰越欠損金の取扱いは，次の通りです。

　まず，T社とA社の適格合併について，みなし共同事業要件の判定を行うと次のようになります。

　T社が合併前に行う主要な事業（α事業）とA社が合併前に行う事業（α事業）が同種の事業であることから，事業関連性要件を満たします。また，T社とA社の資本金の額に5倍を超える差異がないことから事業規模要件を満たし，支配関係発生以後に資本金の額に変動がないため事業規模継続要件も満たします。結論として，T社とA社はみなし共同事業要件

を満たすことになります[6]。

　しかしながら，Ｔ社が行う全ての事業の廃止見込みの状況下で行う適格合併は，欠損等法人の規定の適用事由4号（欠損等法人が特定支配日の直前において営む事業の全てを特定支配日以後に廃止することが見込まれている場合において，欠損等法人が自己を被合併法人とする適格合併を行うこと）に該当し，Ｔ社の繰越欠損金は切り捨てられる可能性があると考えます。

　実務上は，合併時点で事業廃止見込みであったと捉えられる可能性の判断が非常に難しい事案もあります。被買収会社の営んでいた事業を廃止する意思決定が合併前になされており，被買収会社の役員及び従業員の全員の退職が決まっている状況であるなど，合併後に被買収会社の経営資源が全く残らないことが見込まれる場合は，欠損等法人の規定に注意を払う必要があると考えます。

6　みなし共同事業要件は共同で事業を行うための合併であるかどうかを判定する要件ではありますが（法法57③），要件を規定する法人税法施行令112条3項には，合併後の事業継続に関する要件は設けられていません。

6．グループ法人税制—譲渡損益の繰延べと取崩し

　内国法人が，完全支配関係のある法人に対して譲渡損益調整資産を譲渡した場合には，譲渡法人においてその資産の譲渡損益を繰り延べることとされています（法法61の11①）。譲渡損益調整資産とは，次に掲げる資産のうち譲渡直前の帳簿価額が1,000万円以上の資産をいいます（法法61の11①，法令122の12①）。

- 固定資産
- 土地（土地の上に存する権利を含み，固定資産に該当するものを除く。）
- 有価証券（売買目的有価証券を除く。）
- 金銭債権
- 繰延資産

　譲渡法人で繰り延べられた譲渡損益は，譲受法人においてその資産の譲渡，償却，評価換え，貸倒れ，除却その他これらに類する事由が生じたときに取り崩して損金の額又は益金の額に算入します（法法61の11②，法令122の12④）。また，譲渡法人と譲受法人との間に完全支配関係を有しないこととなったときも，譲渡損益を取り崩します（法法61の11③）。

　ただし，完全支配関係グループ内で適格組織再編成が行われた場合は次の通りの取扱いとされ，繰り延べた譲渡損益の取崩しを行わないこととされています。

- 譲渡法人が完全支配関係グループ内の適格合併により解散した場合は，繰り延べた譲渡損益の取崩しは行わず，その後は当該適格合併の合併法人を譲渡法人とみなして，譲渡損益の取崩しの規定等を適用する（法法61の11③一，⑤）。
- 譲受法人が完全支配関係グループ内の適格合併により解散した場合は，譲渡法人において繰り延べた譲渡損益の取崩しは行わず，その後は当該適格合併の合併法人を譲受法人とみなして，譲渡損益の取崩しの規定等

を適用する（法法61の11③二，⑥）。

● 譲受法人が完全支配関係グループ内の適格分割，適格現物出資，又は，適格現物分配により譲渡損益調整資産を移転した場合は，譲渡法人において繰り延べた譲渡損益の取崩しは行わず，その後は分割承継法人，被現物出資法人，被現物分配法人を譲受法人とみなして，譲渡損益の取崩しの規定等を適用する（法法61の11⑥）。

大誤算！

事業譲渡益の繰延べができなかった。

　A社は，α事業及びβ事業を行う被買収会社T社の株式の全てを株式譲渡により取得した。

　買収後にT社は，A社に対しα事業を事業譲渡により時価（3億円）で譲渡した。α事業の時価はT社買収時に算定された事業価値に基づく金額であり，第三者間取引価額といえる金額である。T社においてα事業に属する個々の資産・負債に含み損益はなかったものの，簿価純資産価額が2億円であったため，T社に事業譲渡益が1億円計上された。T社は，完全支配関係のあるA社に対する事業譲渡であることからグループ法人税制の適用があると考え，当該事業譲渡益を繰延処理した。

　しかしながら，後に当該事業譲渡益は繰延べの対象にならないことが判明し，T社の事業譲渡益1億円に対し課税が生じることになった。

【事業譲渡と譲渡損益の繰延べ】

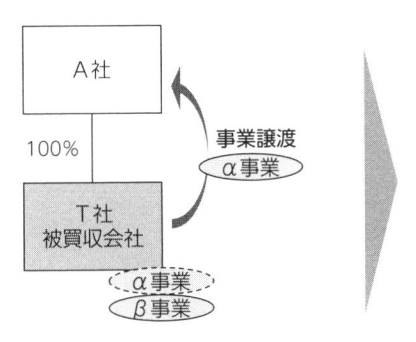
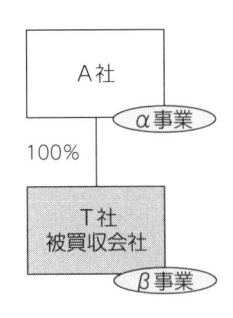

<＜事業譲渡＞>

A社

100%

事業譲渡
α事業

T社
被買収会社

α事業
β事業

<＜事業譲渡後＞>

A社

α事業

100%

T社
被買収会社

β事業

【α事業の簿価純資産】

資産	4億円	負債	2億円
（帳簿価額1,000万円以上の資産は有していない）		簿価純資産	2億円

【α事業の時価純資産】

資産	4億円	負債	2億円
		時価純資産	3億円
自己創設のれん1億円			

【T社におけるα事業譲渡仕訳】

借方		貸方	
負債	2億円	資産	4億円
現預金	3億円	事業譲渡益	1億円

繰延べ？

解　説

　事業譲渡では，譲渡の対象となった事業に係る資産・負債をそれぞれ個別に譲渡したものとして所得金額の計算を行います。完全支配関係のある法人に対する事業譲渡の場合，帳簿価額1,000万円以上の資産の譲渡損益は繰り延べられますが，本事例の事業譲渡益は，いわば自己創設のれんが事業譲渡益として顕在化したものといえます。自己創設のれんの譲渡直前の帳簿価額はゼロです

ので，譲渡損益繰延べの対象になりません。

　仮に事業譲渡益の発生要因が土地の含み益の実現によるものであったとしたならば，その土地の譲渡直前の帳簿価額が1,000万円以上の場合は譲渡益が繰り延べられます。適正に税務処理を行うためには，事業譲渡益の発生要因の分析と，各資産の譲渡直前の帳簿価額の確認が必須になります。

　なお，譲渡直前の帳簿価額とは税務上の帳簿価額を指しますが，会計上の帳簿価額で1,000万円以上かどうかを判定してしまう勘違いが散見されます。法人税申告書別表5(1)の留保金額の確認を失念しないよう注意が必要です。

教　訓

　完全支配関係法人間の取引の譲渡損益が，全て繰り延べられるわけではない。

大誤算！

　　　　適格合併なのに，合併当事者ですらないのに課税が発生した。

　A社は被買収会社T社の株式の全てを，株式譲渡により株主t社から取得した。被買収会社T社はS1社及びS2社の全株式を保有しており，A社はT社，S1社，S2社を同時に100％子法人化した。S1社はt社グループ時代に，当時所有していたS2社株式をT社に譲渡しており，S2社株式譲渡益1億円を繰延処理していた。

　買収後にA社は，T社を合併法人，S2社を被合併法人とする合併を行った場合の課税関係を検討した。その結果，当該合併は適格合併に該当することから，合併法人T社及び被合併法人S2社のいずれにも課税は生じないと判断して合併を実行した。

　しかしながら，合併の当事者ではないS1社において，過去に繰延処理していたS2社株式譲渡益1億円を取り崩す必要があることが後に判明し，S1社において課税が生じることになった。

【適格合併と譲渡損益の取崩し】

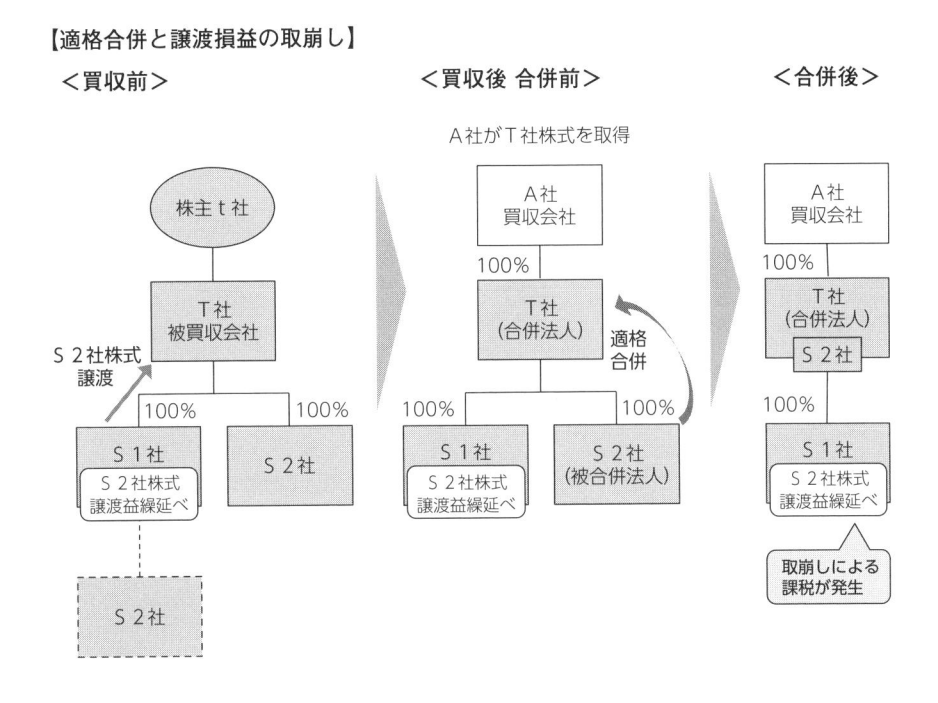

解　説

　完全支配関係グループ内の適格合併により譲渡法人が解散した場合は，当該適格合併の合併法人が譲渡法人としての地位を引き継ぎます（法法61の11⑤）。また，完全支配関係グループ内の適格合併により譲受法人が解散した場合は，当該適格合併の合併法人が譲受法人としての地位を引き継ぎます（法法61の11⑥）。本事例では，譲渡法人（S1社）が完全支配関係グループ内の適格合併により解散したわけではなく，譲受法人（T社）が完全支配関係グループ内の適格合併により解散したわけでもないため，これらの地位の引継ぎはありません。

　合併法人であるT社が合併により被合併法人であるS2社の株式を有しなくなることも，法人税法上は株式の譲渡として取り扱われます（法法61の2②）。したがって，譲渡法人であるS1社では，その合併が適格合併であるか非適格合併であるかにかかわらず，繰り延べていた譲渡損益を取り崩すことになります[1]。

　完全支配関係グループ内の適格合併では，譲渡損益の取崩しは行わないと思い込んでしまいがちです。特に，本事例のS1社は合併当事者ではないため，譲渡損益の取崩しが必要であることに気づきにくい状況にあります。実務上，繰り延べた譲渡損益は，完全支配関係グループの親法人において情報を管理していることが多いですが，本事例のようにM＆Aにより親法人が変更になると，過去に譲渡損益を繰り延べていた事実が完全に見落とされてしまうことがあります。買収会社側においては，買収した法人の法人税申告書別表5⑴に記載されている各金額の内容，発生要因，取り崩すべき事象等に関し，税務担当者間での情報共有が必須といえます。

> **教　訓**
>
> 　被合併法人株式が過去に完全支配関係法人間で譲渡されていないか，譲渡損益が繰り延べられていないかの確認は必須。被合併法人の株主の推移を確認すべし。

1　札幌国税局文書回答事例「グループ法人税制における譲渡損益の実現事由について」（平成24年8月3日）参照。

7．グループ通算制度

(1)　通算グループへの加入と加入時期の特例

　内国法人が，通算親法人との間にその通算親法人による完全支配関係を有することとなった場合には，原則として，その完全支配関係を有することとなった日において通算制度の承認があったものとみなされ（法法64の9⑪），その日に通算グループに加入します。この場合，通算子法人となる法人の事業年度は加入日の前日に終了し，これに続く事業年度は加入日から開始するものとされています（法法14④一）。

　子法人の加入時期には特例が設けられており，通算親法人が一定の書類を納税地の所轄税務署長に提出した場合には，通算子法人となる法人の事業年度は特例決算期間（その子法人の月次決算期間[1]又は会計期間）の末日に終了し，これに続く事業年度は特例決算期間の末日の翌日から開始するものとされ（法法14④一，⑧），当該翌日において通算制度の承認があったものとみなされます[2]（法法64の9⑪）。すなわち，通算子法人となる法人は，原則的な加入日の属する月次決算期間又は会計期間の末日の翌日に通算グループに加入することになります。この特例を一般に，「加入時期の特例」といいます。

　加入時期の特例の適用を受けるためには，この特例の適用がないものとした場合に生ずることとなる加入日の前日の属する事業年度に係る確定申告書の提出期限となる日までに，通算親法人が加入時期の特例の適用を受ける旨を記載した書類（「完全支配関係を有することとなった旨を記載した書類及びグループ通算制度への加入時期の特例を適用する旨を記載した書類」）に特例決算期間を記載して，納税地の所轄税務署長に提出する必要があります（法法14⑧，法規8の3の3）。

1　会計期間をその開始の日以後1月ごとに区分した各期間をいいます（法法14⑧一イ）。
2　特例決算期間の末日まで継続して子法人と通算親法人との間に通算親法人による完全支配関係がある場合に限ります（法法14⑧一）。

【加入時期の特例】

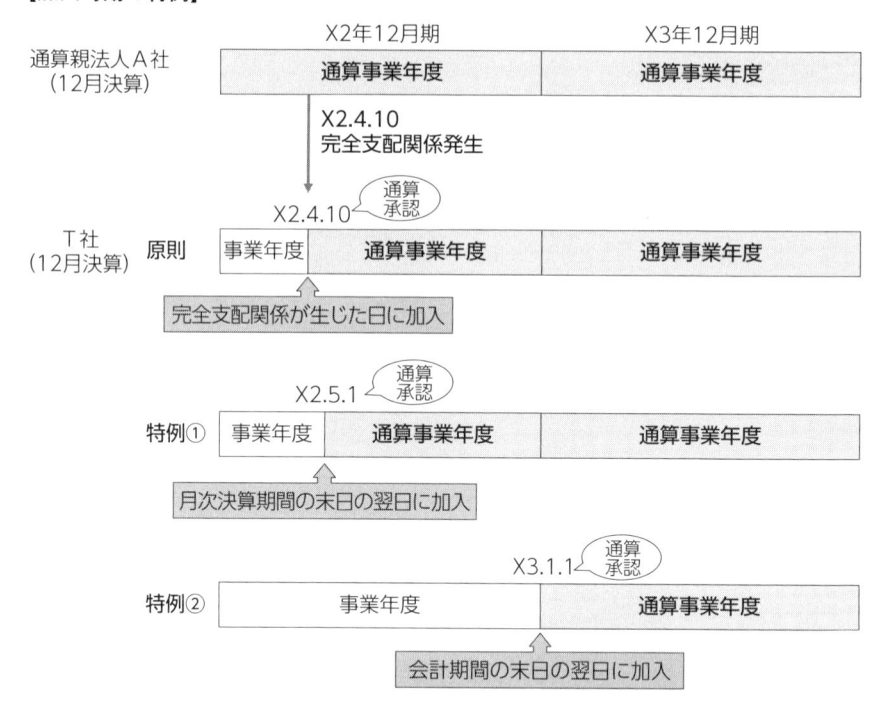

(2)　通算グループへの加入と時価評価・繰越欠損金の切捨て

　通算制度の承認を受ける法人が，通算グループへの加入直前事業年度終了の時に有する時価評価資産の評価益の額又は評価損の額は，加入直前事業年度の所得の金額の計算上，益金の額又は損金の額に算入することとされています（法法64の12①）。

　時価評価資産とは次に掲げる資産をいいます。ただし，帳簿価額が1,000万円未満の資産，含み損益がその法人の資本金等の額の2分の1又は1,000万円のいずれか少ない金額未満の資産，その他一定の資産は除かれています（法令131の16①）。

【時価評価資産】

- 固定資産
- 土地（土地の上に存する権利を含み，固定資産に該当するものを除く。）
- 有価証券（売買目的有価証券を除く。）
- 金銭債権
- 繰延資産

　なお，次に掲げる法人は時価評価を要しないこととされています（法法64の12①，法令131の16③④）。これらの法人に該当しない法人は，所有する資産の時価評価が必要となり，かつ，加入直前事業年度末において有する法人税の繰越欠損金の全額が切り捨てられます（法法57⑥）。

- 通算グループ内で新設した子法人
- 適格株式交換等[3]により加入した株式交換完全子法人
- 適格組織再編成に類似する要件[4]を満たす法人

(3)　通算グループ内法人間の適格合併と繰越欠損金の取扱い

　適格合併を行った場合の繰越欠損金の取扱いについて，通算グループ内適格合併とそれ以外の適格合併との相違点は，次の表の通りです。

---

[3]　株式交換等とは，株式交換，及び，全部取得条項付種類株式（会社法171）の利用又は株式の併合（会社法180）若しくは特別支配株主の株式等売渡請求（会社法179）によるスクイーズアウトで一定のものをいいます（法法2十二の十六）。

[4]　完全支配関係発生の直前に通算親法人による支配関係がある場合には，完全支配関係継続要件，従業者従事要件，事業継続要件をいいます（法法64の12①三，法令131の16③）。完全支配関係発生の直前に通算親法人による支配関係がない場合には，完全支配関係継続要件，事業関連性要件，事業規模要件又は特定役員継続要件，従業者従事要件，事業継続要件をいいます（法法64の12①四，法令131の16③④）。

【繰越欠損金の取扱いの相違点】

> 通算グループ内の適格合併では，合併法人・被合併法人とも，法人税の繰越欠損金は切り捨てられない。

	欠損金の種類	適格合併		(参考)非適格合併
		通算グループ内合併以外の合併	通算グループ内合併	
合併法人	法人税の繰越欠損金	組織再編税制により判定（支配関係継続 or みなし共同事業要件等）	使用制限なし	使用制限なし
	事業税の繰越欠損金		組織再編税制により判定（支配関係継続 or みなし共同事業要件等）	使用制限なし
	法人住民税法人税割の欠損金※	使用制限なし	使用制限なし	使用制限なし
被合併法人	法人税の繰越欠損金	組織再編税制により判定（支配関係継続 or みなし共同事業要件等）	引継制限なし	切捨て
	事業税の繰越欠損金		組織再編税制により判定（支配関係継続 or みなし共同事業要件等）	切捨て
	法人住民税法人税割の欠損金※	引継制限なし	引継制限なし	切捨て

※欠損金の繰戻還付を受けた場合の控除対象還付法人税額，グループ通算制度の控除対象通算適用前欠損調整額・控除対象通算対象所得調整額・控除対象配賦欠損調整額など

①　法人税の繰越欠損金

　グループ通算制度では，通算グループ内法人間の適格合併により法人税の繰越欠損金が切り捨てられることはありません（法令112の2⑥⑦）。

②　事業税の繰越欠損金

　グループ通算制度は法人税法上の制度であり，地方税には適用がありません。

したがって，事業税の繰越欠損金は組織再編税制により切捨ての有無を判定します。すなわち，通算グループ内法人間の適格合併が次のいずれにも該当しない場合には，合併法人の繰越欠損金の使用制限，及び，被合併法人の繰越欠損金の引継制限が課されます[5]（地法72の23①一，地令20の 3，法法57③④）。

- 5 年前の日から支配関係が継続している法人間の適格合併
- 設立時から支配関係が継続している法人間の適格合併
- みなし共同事業要件を満たす適格合併

③　法人住民税法人税割計算上の欠損金

　法人住民税法人税割の課税標準は，法人税法の規定により算出した法人税額です。ただし，法人税法の規定により欠損金の繰戻還付の適用を受けた場合や，グループ通算制度において法人税の繰越欠損金が切り捨てられた場合，他の通算法人に自社の赤字（又は繰越欠損金）を使用させた場合等に，それらによる法人住民税の課税標準への影響をできるだけ排除する目的で，法人住民税法人税割計算上の欠損金を控除することとされています（地法53③〜㉚，321の 8 ③〜㉚）。

　適格合併では，合併法人が有していた法人住民税法人税割計算上の欠損金が切り捨てられることはありません。また，被合併法人が有していた法人住民税法人税割計算上の欠損金は合併法人に引き継がれます。

5　時価純資産超過額がある場合の特例等（本章「3．繰越欠損金の取扱い　⑺繰越欠損金の引継ぎ・使用に関する特例」参照）の適用は可能です。

大誤算！

100%子法人になったのに通算承認が生じなかった。

　A社（12月決算法人）を通算親法人とする通算グループに属するB社は，X2年4月10日に，株主tから被買収会社T社（12月決算法人）の株式の全てを株式譲渡により取得した。

　通算親法人であるA社は，T社の特例決算期間をX2年1月1日からX2年12月31日までとする加入時期の特例の適用を受ける旨を記載した書類を，期限までに所轄税務署長に提出した。なお，T社はX1年12月期に発生した繰越欠損金を有していたが，T社は通算グループ加入に伴い時価評価対象となるため，T社の法人税の繰越欠損金は切り捨てられることが見込まれていた。

　その後，A社グループでは，グループ運営方針を変更し，X2年10月1日にT社を被合併法人，通算子法人B社を合併法人とする合併を行うこととした。当該合併は適格合併に該当するが，合併に伴いT社は合併の日に通算グループに加入し，合併により同日に通算グループを離脱するものと判断し，当該合併は通算グループ内の適格合併に該当すると整理した。合併法人であるB社はX1年12月期に発生した法人税の繰越欠損金を有していたが，通算グループ内の適格合併であるため切り捨てられないと判断した。

　しかしながら，その後の再確認により，T社には通算承認の効力が生じないことが判明した。その結果，B社とT社の合併は通算グループ内の適格合併には該当せず，B社及びT社の繰越欠損金は組織再編税制により使用可否を判断すべきであることがわかった。急遽みなし共同事業要件等の要件を確認したものの要件を満たしておらず，B社及びT社の繰越欠損金のいずれも切り捨てられることになった。

【加入時期の特例とグループ内適格合併】

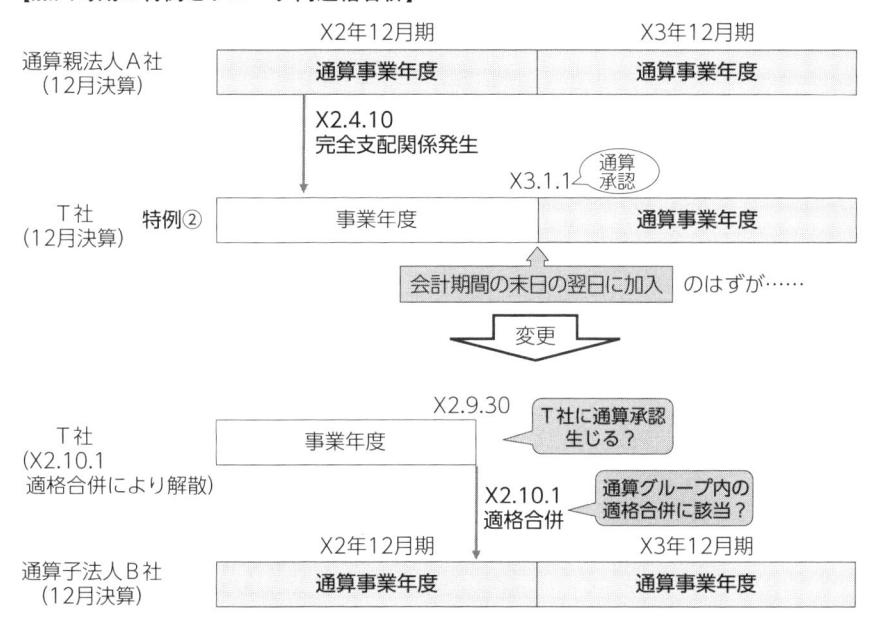

解　説

　加入時期の特例の適用を受ける場合，通算子法人となる法人の事業年度は，特例決算期間（その子法人の月次決算期間又は会計期間のうち「完全支配関係を有することとなった旨を記載した書類及びグループ通算制度への加入時期の特例を適用する旨を記載した書類」に記載された期間（法法14⑧一））の末日に終了し，これに続く事業年度は特例決算期間の末日の翌日から開始するものとされ（法法14④一，⑧），当該翌日において通算制度の承認があったものとみなされます（法法64の9⑪）。ただし，この加入時期の特例が適用されて特例決算期間の末日の翌日に通算制度の承認があったものとみなされるのは，特例決算期間の末日まで継続して通算親法人による完全支配関係がある場合に限られています（法法14⑧一）。

　本事例では，通算親法人Ａ社と被買収会社Ｔ社との間に，特例決算期間の末日（X2年12月31日）までＡ社による完全支配関係が継続していません。その

場合は，被買収会社Ｔ社に通算承認の効力が生じないこととされています[6]。通算承認の効力が生じないということは，本事例の被買収会社Ｔ社がＡ社通算グループに加入しないため，Ｔ社に対し，通算グループ加入に伴う時価評価や繰越欠損金の切捨て等の規定が適用されることはありません[7]。

　ただし，Ｂ社とＴ社との合併に関し，組織再編税制における適格判定と繰越欠損金の使用可否判定等は必要です。Ｂ社とＴ社との合併が適格合併に該当する場合に，Ｂ社とＴ社がみなし共同事業要件等の要件を満たさないときは，Ｂ社及びＴ社の繰越欠損金は切捨て対象になります（法法57③④）。

　仮に，Ｔ社が通算承認を受けた後にＢ社と適格合併していた場合には，繰越欠損金の取扱いは次のようになります。まず，Ｔ社は時価評価対象法人であるため，Ｔ社が通算グループに加入することに伴いＴ社の法人税の繰越欠損金は切り捨てられます。その後に行われるＢ社とＴ社の適格合併は通算グループ内法人間の適格合併であるため，Ｂ社の法人税の繰越欠損金は切り捨てられません（法令112の2⑦）。事業税の繰越欠損金は組織再編税制により判定しますが，Ｂ社とＴ社がみなし共同事業要件等の要件を満たさない場合は，両社の事業税の繰越欠損金は切捨て対象になります。すなわち，Ｔ社が通算承認を受けた後にＢ社と適格合併していた場合は，Ｂ社の法人税の繰越欠損金は切り捨てられなかったことになります。

6　国税庁「完全支配関係を有することとなった旨を記載した書類及びグループ通算制度への加入時期の特例を適用する旨を記載した書類」記載要領　3留意事項(2)ロ参照。

7　通算グループに加入しないということは，合併で解散することにより通算グループを離脱することもないということになり，後述する離脱時の投資簿価修正の規定の適用もありません。

【B社及びT社の繰越欠損金の取扱い】

	欠損金の種類	T社が通算グループに加入する前の適格合併の場合	T社が通算グループに加入した後の適格合併の場合
B社 (合併法人)	法人税の繰越欠損金	組織再編税制により判定 →みなし共同事業要件等の要件を満たさないため切捨て	通算グループ内の適格合併なので切り捨てられない
	事業税の繰越欠損金		組織再編税制により判定 →みなし共同事業要件等の要件を満たさないため切捨て
T社 (被合併法人)	法人税の繰越欠損金	組織再編税制により判定 →みなし共同事業要件等の要件を満たさないため切捨て	通算グループ加入に伴い切捨て
	事業税の繰越欠損金		組織再編税制により判定 →みなし共同事業要件等の要件を満たさないため切捨て

　このように，被買収会社T社が通算承認を受けているか否かにより，繰越欠損金の取扱いに大きな違いが生じます。グループ通算制度と組織再編税制が交錯すると課税関係が非常に複雑になりますが，想定外の繰越欠損金が切り捨てられることのないよう，関連する規定を慎重に確認することが重要になります。

┃　教　訓　┃
　グループ通算制度×組織再編成＝慎重の上にも慎重を期すべし。

大誤算！

事業税の欠損金が切り捨てられた。

　 A 社は被買収会社 T 社（ 3 月決算法人）の株式の全てを，X6年 4 月 1 日に株式譲渡により取得した。 T 社の旧親法人は t 社であり， t 社グループはグループ通算制度を適用していた。なお， A 社グループはグループ通算制度を適用していない。

　買収後 A 社は， A 社の100％子法人である B 社を合併法人， T 社を被合併法人とする合併をX7年 4 月 1 日に行うことを計画し，合併に伴う課税関係の検討を行った。検討の結果，当該合併は適格合併に該当すると判断した。また， B 社及び T 社とも法人税申告書別表 7 ⑴「欠損金の損金算入等に関する明細書」に繰越欠損金の記載がなく，かつ，特定資産を有していないため，繰越欠損金の切捨て及び特定資産譲渡等損失の損金算入制限の適用はないという結論に至り，計画通りX7年 4 月 1 日に合併を行った。

　合併実行後， T 社のX7年 3 月期申告書作成段階において， T 社が事業税の繰越欠損金 3 億円を有していたことが判明した。急遽みなし共同事業要件等の要件を満たすか否かの検討を行ったが，要件を満たしていなかったため， T 社の事業税の繰越欠損金が切り捨てられることになった。

【事業税の繰越欠損金の切捨て】

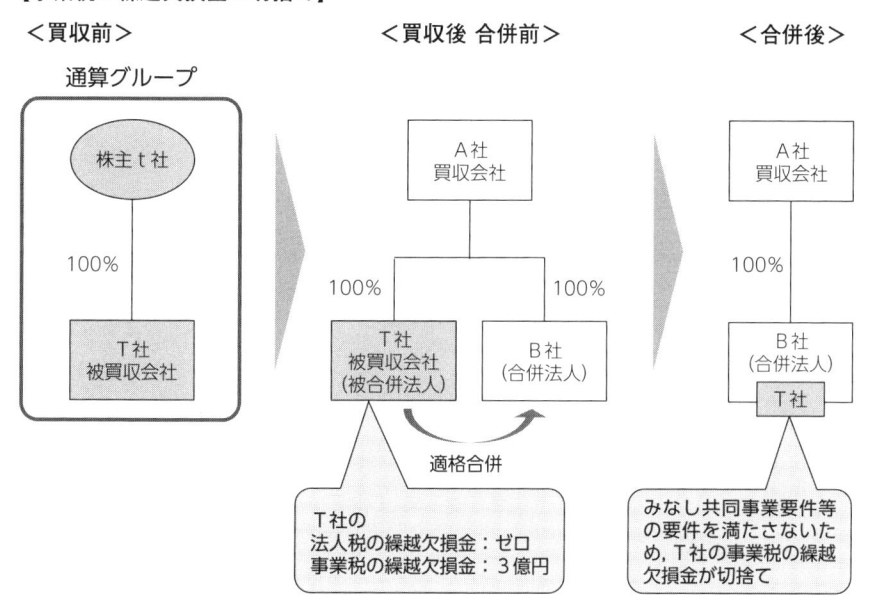

＜買収前＞　　　　　　　　　＜買収後 合併前＞　　　　　　　　＜合併後＞

通算グループ

株主 t 社

100%

T社
被買収会社

A社
買収会社

100%　　　　　　　　100%

T社
被買収会社
（被合併法人）

B社
（合併法人）

適格合併

T社の
法人税の繰越欠損金：ゼロ
事業税の繰越欠損金：３億円

A社
買収会社

100%

B社
（合併法人）

T社

みなし共同事業要件等
の要件を満たさないた
め，T社の事業税の繰越
欠損金が切捨て

解　説

　通算法人又は過去に通算法人（連結法人を含みます。）であった法人の，法人税の繰越欠損金と事業税の繰越欠損金は全く異なる金額になります。法人税法上の制度である通算制度ではグループ内の赤字と黒字を通算するため，自社に生じた赤字がグループ内の他社の黒字と通算されると，法人税法上は繰越欠損金にならないこと等が理由です。したがって，組織再編成に伴う繰越欠損金の引継制限・使用制限を検討する際は，法人税の繰越欠損金だけでなく，事業税の繰越欠損金（第６号様式別表９の金額）を意識して確認する習慣をつける必要があります。

　また，法人住民税法人税割計算上の欠損金は適格合併であれば合併法人に引き継ぎます。法人住民税法人税割計算上の欠損金は，欠損金の繰戻還付の適用を受けた場合やグループ通算制度を適用している場合等に生じます。

　被合併法人が法人住民税法人税割計算上の欠損金を有している場合は，専用の別表様式（第６号様式別表２，別表２の２，別表２の３，別表２の４，別表

２の６等）が地方税申告書に添付されているはずですが，あまり馴染みのない別表であるためか，合併法人にこれらの金額の引継ぎがなされていないケースが散見されます。引継ぎを忘れると，納付する必要のない法人税割を納付するミスにつながります。

> **教訓**
> 繰越欠損金は税目別に把握する。確認が漏れていても結果として影響がないこともあるが，それは運が良かっただけである。

⑷　通算グループ離脱時の投資簿価修正

①　制度概要

　グループ通算制度では，通算子法人が獲得した利益に対する二重課税や，通算子法人に生じた損失の二重控除を排除する目的で，通算子法人が通算グループから離脱する場合に，その通算子法人株式を保有する通算法人において離脱子法人株式の帳簿価額を修正することとされています（法令119の３⑤）。この制度のことを一般に「投資簿価修正」といいます[8]。

　通算子法人が通算親法人との間に完全支配関係を有しないこととなった場合や，通算子法人が合併により解散した場合は，その通算子法人の通算承認の効力が失われますので[9]（法法64の10⑥五，六），その子法人は通算グループから離脱することになります。離脱する通算子法人の株主法人は，離脱直前に保有するその通算子法人株式の帳簿価額を修正した上で[10]，譲渡損益の計算や合併に係る税務処理を行います。

8　投資簿価修正は，通算子法人の株主である通算法人が，通算子法人株式の帳簿価額を修正する制度です。通算親法人の株主が，通算親法人株式の帳簿価額を修正することはありません。

9　通算承認の効力が失われるその他の事由としては，国税庁長官の承認を受けて通算制度の適用を取りやめた場合，通算法人が青色申告の承認の取消通知を受けた場合，通算親法人が解散した場合，通算親法人と内国法人との間に当該内国法人による完全支配関係が生じた場合などがあります（法法64の10①⑤⑥）。

10　株主法人は，投資簿価修正により増減した子法人株式の帳簿価額に相当する金額を，自己の利益積立金額に加算又は減算します（法令９六）。

②　投資簿価修正後の通算子法人株式の帳簿価額（原則）

　離脱する通算子法人の株式を保有する通算法人は，その通算子法人株式の帳簿価額を，その通算子法人の離脱直前の簿価純資産価額に相当する金額に修正します[11]（法令119の3⑤）。簿価純資産価額とは，離脱する通算子法人の離脱直前の資本金等の額と利益積立金額の合計額をいいます[12]。

【投資簿価修正―原則】

- 通算親法人であるP社が，X2年4月1日に1,000を出資してS2社を設立した（S2社は通算グループに加入）。
- S2社は，設立から離脱までの間に所得500を計上した。
- P社は，X3年10月1日にS2社株式の全てを時価1,500で第三者であるZ社に譲渡した（S2社は通算グループから離脱）。
- S2社の離脱直前の資本金等の額は1,000，利益積立金額は500であった。

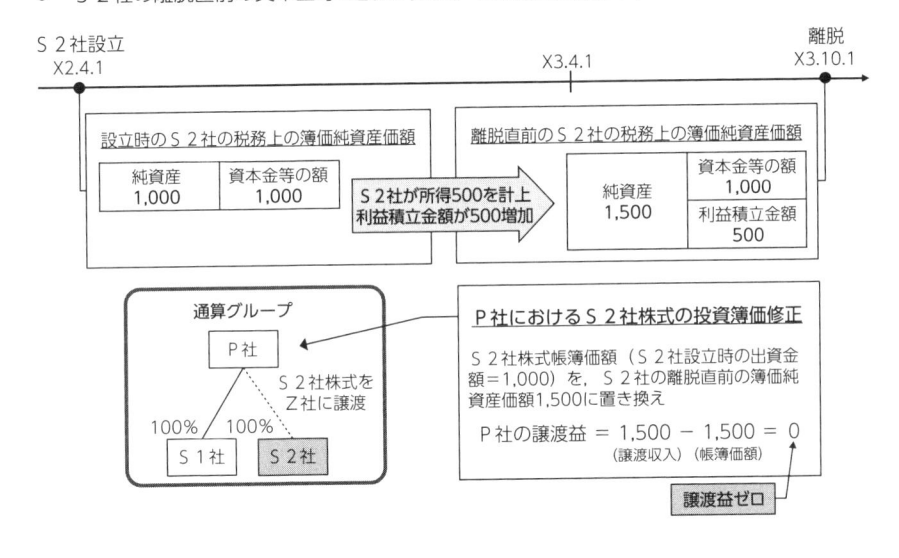

11　離脱する子法人の株式を複数の通算法人で保有している場合は，簿価純資産価額に持株割合を乗じて計算した金額に修正します（法令119の3⑤三）。

12　条文上，簿価純資産価額とは，離脱する子法人の当該承認の効力を失った日の前日の属する事業年度終了の時において有する資産の帳簿価額の合計額から負債（新株予約権等に係る義務を含みます。）の帳簿価額の合計額を減算した金額とされていますが（法令119の3⑤），この金額は，離脱子法人の離脱直前の資本金等の額と利益積立金額の合計額と一致します。

　前頁の事例では，P社はS2社株式の帳簿価額をS2社の離脱直前の簿価純資産価額1,500に置き換えた結果，P社におけるS2社株式譲渡益はゼロになっています。仮に投資簿価修正を行わなければ，P社には500の譲渡益が発生していたことになります。設立以来S2社は所得500を獲得したことにより時価が増加していますので，P社において発生する譲渡益はS2社の所得の獲得に基因するものといえますが，S2社の所得500に対する課税は所得の発生時に行われているはずです。グループ通算制度では，通算グループ内で生じた損益を通算して所得金額を計算しますので，P社のS2社株式譲渡益に再度課税すると通算グループ内でS2社の所得に対して二重に課税することになります。そこで，P社において投資簿価修正を行って二重課税を排除しています。

③　投資簿価修正後の通算子法人株式の帳簿価額（特例）

　離脱する通算子法人の株式を保有する通算法人は，その通算子法人株式の帳簿価額を，その通算子法人の離脱時の簿価純資産価額に相当する金額に修正するのが原則です。この原則的な投資簿価修正では，離脱子法人の離脱直前の簿価純資産価額がその子法人株式の譲渡原価になるため，過去に買収した子法人が通算グループから離脱する場面では，その子法人株式取得時に支出したのれん相当額が全く加味されないという問題が生じます。取得時ののれん相当額が大きかった子法人の株式を譲渡するときほど，株主法人の譲渡損益計算上の影響が大きくなります。

　この問題に対処するため，一定の要件を満たす場合には，その子法人株式の取得価額に含まれるのれん相当額を簿価純資産価額に加算できる措置が設けられています[13]（法令119の3⑥）。

13　この加算措置は，子法人株式を購入により取得していた場合（法令119①一）や，当該株式の時価による取得とされる場合（法令119①二十七）に限定されています。なお，時価による取得とされる場合であっても，合併，分割，現物分配，株式交換，株式移転により，被合併法人の株主等，分割法人若しくはその株主等，被現物分配法人，株式交換完全子法人の株主又は株式移転完全子法人の株主が交付を受けたものは除かれます（法令119の3⑦二）。

【投資簿価修正―特例（のれん相当額の加算措置）】

- 通算親法人であるＰ社が，X2年４月１日にＳ２社の発行済株式の全てを時価である1,000で取得した（Ｓ２社は通算グループに加入）。
- Ｓ２社株式取得直前の資本金等の額は100，利益積立金額は100であった。なお，Ｓ２社の有する資産・負債の税務上の帳簿価額と時価は一致していた。
- Ｓ２社は，加入から離脱までの間に所得100を計上した。
- Ｐ社は，X3年10月１日にＳ２社株式の全てを時価1,100で第三者であるＺ社に譲渡した（Ｓ２社は通算グループから離脱）。
- Ｓ２社の離脱直前の資本金等の額は100，利益積立金額は200であった。

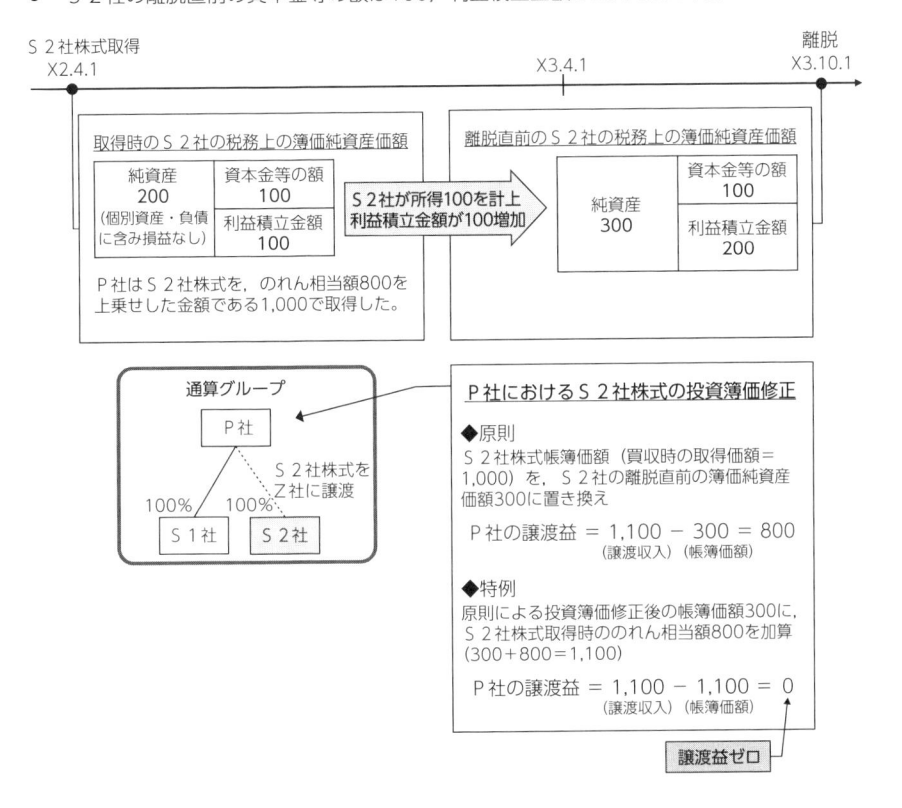

　上記事例におけるのれん相当額（800）のことを，資産調整勘定対応金額といいます（法令119の３⑦三）。
　資産調整勘定対応金額とは，子法人株式の時価による取得を，その子法人を被合併法人等とする非適格合併等とみなした場合の資産調整勘定に相当する金

額をいいます。資産調整勘定とは，組織再編成の対価の価額（時価）が組織再編成により移転を受けた資産（営業権については独立して取引される慣習のあるものに限ります。）及び負債の時価純資産価額を超える場合のその超える部分の金額をいい（法法62の8①），いわゆる正ののれんに相当する金額です（本章「8．その他法人税法上の留意点　(1)資産調整勘定の取崩し」参照）。

　前頁の事例では，P社がS2社株式を取得した時において，P社を合併法人，S2社を被合併法人とする非適格合併が行われたとした場合にP社で計上されることとなる資産調整勘定の金額が，資産調整勘定対応金額になります。P社はS2社株式を時価1,000で取得した一方で，取得時のS2社の資産・負債の時価純資産価額は200であったことから，資産調整勘定対応金額は800（＝1,000－200）と計算されます[14]。その結果，原則的な投資簿価修正後の帳簿価額300に資産調整勘定対応金額800を加算した金額1,100がP社におけるS2社株式譲渡原価となり，S2社株式取得時に支出したのれん相当額が譲渡原価として加味されることになります[15]。

　なお，原則的な投資簿価修正の金額に資産調整勘定対応金額を加算する措置は，離脱子法人の株主法人が，子法人離脱時の属する事業年度の確定申告書等に資産調整勘定対応金額の計算に関する明細を記載した書類（別表14(5)）を添付し，かつ，その計算の基礎となる事項を記載した書類を保存している場合に限り適用されます[16]（法令119の3⑥）。計算の基礎となる事項とは次に掲げる事項をいいます（法規27①一）。

- 離脱子法人株式の取得ごとの，取得価額，取得株式数，取得日
- 離脱子法人株式取得時の，その子法人の発行済株式総数
- 離脱子法人株式取得時の，その子法人が有する資産・負債の価額を記載した書類，及び，価額の根拠書類

14　S2社株式取得に係る付随費用がある場合には，S2社株式の取得価額はその付随費用を加算した金額になり（法令119①一），その金額に基づいて資産調整勘定対応金額を計算します（法基通2－3－21の8）。

15　子法人株式を段階的に取得している場合は，各取得時の正ののれん相当額から負ののれん相当額を減算した金額を，原則的な投資簿価修正の金額に加算することとされています（法令119の3⑥）。

16　離脱する子法人の株式を複数の通算法人で保有している場合は，全ての法人において別表14(5)を添付し，いずれかの法人において計算の基礎となる書類の保存が必要です（法令119の3⑥）。

大誤算！

株式取得時ののれん相当額が譲渡原価に算入できなかった。

　A社（通算親法人）はX1年4月1日に，t社から被買収会社T社の株式の全てを株式譲渡により取得した。T社の有する資産・負債の時価純資産価額は1億円であったが，T社の収益力の向上を見込み，A社はT社株式を5億円で取得した。T社は，X1年4月1日にA社通算グループに加入した。

　買収から10年後に，A社はT社株式の全てをグループ外のZ社に譲渡することにした。A社はT社株式取得時の時価算定書類等を保存していなかったため，T社株式の投資簿価修正の際にT社株式取得時ののれん相当額4億円を加算できなくなった。その結果，A社に多額のT社株式譲渡益が生じることになった。

【投資簿価修正と書類等の保存】

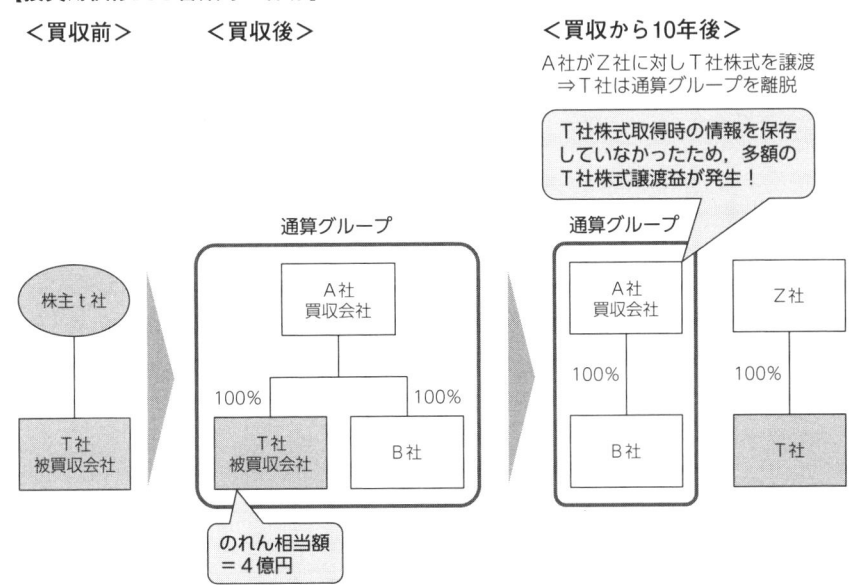

| 解　説 |

　原則的な投資簿価修正の金額に資産調整勘定対応金額を加算する措置は，離脱子法人の株主法人が，子法人離脱時の属する事業年度の確定申告書等に資産調整勘定対応金額の計算に関する明細を記載した書類（別表14⑸）を添付し，かつ，その計算の基礎となる事項を記載した書類を保存している場合に限り適用されます（法令119の3⑥）。

　資産調整勘定対応金額とは，子法人株式取得時の正ののれんに相当する金額ですので，子法人株式の取得時の時価と，株式取得時にその子法人が保有していた資産・負債の内容及び時価に関する情報が必要になります。また，子法人株式取得時のその子法人の発行済株式総数などの情報も，資産調整勘定対応金額の計算の基礎となる事項として保存が必要です。

　子法人株式取得から時間が経過すればするほど，取得時点の情報の入手は困難になることが想定されます。被買収会社株式の取得により被買収会社が通算グループに加入する場合は，将来発生し得る離脱に備え，これらに関する情報を整理して保存しておくことが重要になります。

| 教　訓 |

　子法人株式取得時の時価算定資料は，廃棄するべからず。

大誤算！

被合併法人ののれん相当額が譲渡原価に算入できなかった。

　A社（通算親法人，12月決算法人）はX1年4月1日に，t社から被買収会社T社の株式の全てを株式譲渡により取得した。T社の有する資産・負債の時価純資産価額は1億円であったが，T社の収益力の向上を見込み，A社はT社株式を5億円で取得した。T社は，X1年4月1日にA社通算グループに加入した。

　買収後A社グループでは，X2年4月1日に，T社を被合併法人，通算子法人B社を合併法人とする適格合併を行った。

　A社は，X11年4月1日にB社株式の全てをグループ外のZ社に譲渡することにした。A社は，X2年4月1日の合併でT社が解散した際のT社株式の投資簿価修正において，資産調整勘定対応金額の加算措置の適用を失念していたため，今般のB社株式の譲渡にあたり，T社株式取得時ののれん相当額4億円をB社株式譲渡原価に算入できなかった。その結果，A社に多額のB社株式譲渡益が生じることになった。

【通算グループ内適格合併と投資簿価修正】

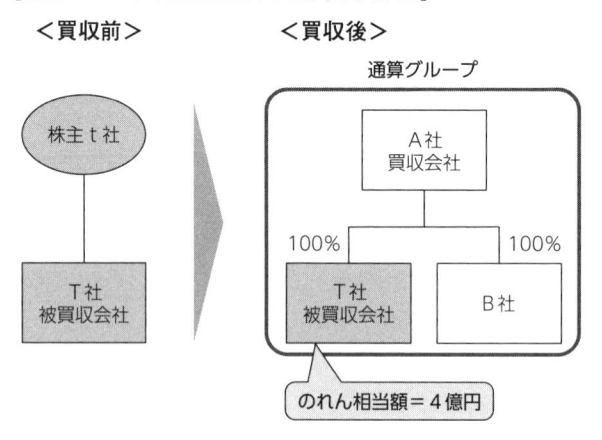

＜買収前＞　　　　　　＜買収後＞

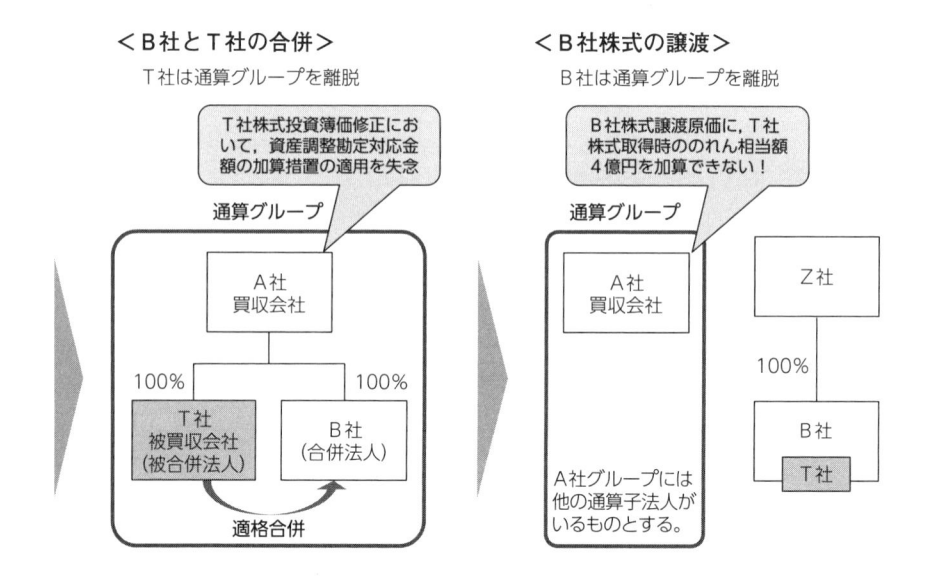

解　説

　通算子法人が被合併法人となる合併により解散した場合も，その子法人は通算グループから離脱することになり，株主法人においてその被合併法人株式の投資簿価修正を行った上で，合併に係る税務処理を行います。この投資簿価修

正においても，一定の要件を満たすことにより，離脱子法人（被合併法人）の資産調整勘定対応金額の加算措置の適用を受けることができます。また，この加算措置の適用を受けている場合は，将来合併法人株式を譲渡することとなったときに，被合併法人の資産調整勘定対応金額を合併法人株式の投資簿価修正の金額に加算することができます。

　本事例のように，Ａ社が被合併法人（Ｔ社）株式の投資簿価修正において資産調整勘定対応金額の加算措置の適用を失念した場合，合併法人（Ｂ社）株式の譲渡時に，Ｔ社の資産調整勘定対応金額（４億円）をＢ社株式譲渡原価に算入することはできません。結果として，Ｂ社株式譲渡損益の金額に大きな影響を及ぼすことになります。

　資産調整勘定対応金額の加算措置は，離脱子法人の株主法人が，子法人離脱時の属する事業年度の確定申告書等に資産調整勘定対応金額の計算に関する明細を記載した書類（別表14⑸）を添付し，かつ，その計算の基礎となる事項を記載した書類を保存している場合に限り適用されます（法令119の3⑥）。本事例では，被合併法人Ｔ社の株主であるＡ社が，X2年12月期の確定申告書等にＴ社株式に係る別表14⑸を添付していること，かつ，その計算の基礎となる事項を記載した書類を保存していることが要件になります。

　さらに，Ｂ社株式の譲渡時のＡ社の確定申告書等に別表14⑸を添付すること，かつ，資産調整勘定対応金額の計算の基礎となる事項を記載した書類（過去のグループ内適格合併により解散したＴ社の資産調整勘定対応金額の計算に関する明細を記載した書類を含みます。）を保存することで，Ｂ社株式の投資簿価修正の金額にＴ社の資産調整勘定対応金額を加算することができます（法令119の3⑥二，法規27①一，二）。

　投資簿価修正の制度は非常に複雑ですが，通算グループ内の適格合併の場合，投資簿価修正を行うこと自体忘れがちになりますので，注意が必要です。

教　訓

　通算子法人の合併による解散も通算グループからの離脱に該当する。被合併法人の株主法人は，被合併法人株式の投資簿価修正の失念に注意。

8．その他法人税法上の留意点

⑴　資産調整勘定の取崩し

　事業譲渡や非適格合併，事業の移転を伴う非適格分割では，事業を受け入れた法人側で資産調整勘定が計上されることがあります。資産調整勘定とは，事業譲渡や組織再編成の対価の価額（時価）が移転を受けた資産・負債の時価純資産価額[1]を超える場合の，その超える部分の金額をいい（法法62の8①），いわゆる正ののれんに相当する金額です。資産調整勘定は，60か月間で均等に取り崩して損金の額に算入します（法法62の8④⑤）。

　また，事業譲渡や組織再編成の対価の価額が移転を受けた資産・負債の時価純資産価額に満たない場合の，その満たない部分の金額を差額負債調整勘定といいます（法法62の8③）。差額負債調整勘定は，いわゆる負ののれんに相当する金額であり，60か月間で均等に取り崩して益金の額に算入します（法法62の8⑦⑧）。

1　営業権については，独立して取引される慣習のあるもののみを資産の取得価額に含めて資産・負債の時価純資産価額を計算します（法令123の10③）。差額負債調整勘定の計算においても同様です。

【資産調整勘定と差額負債調整勘定】

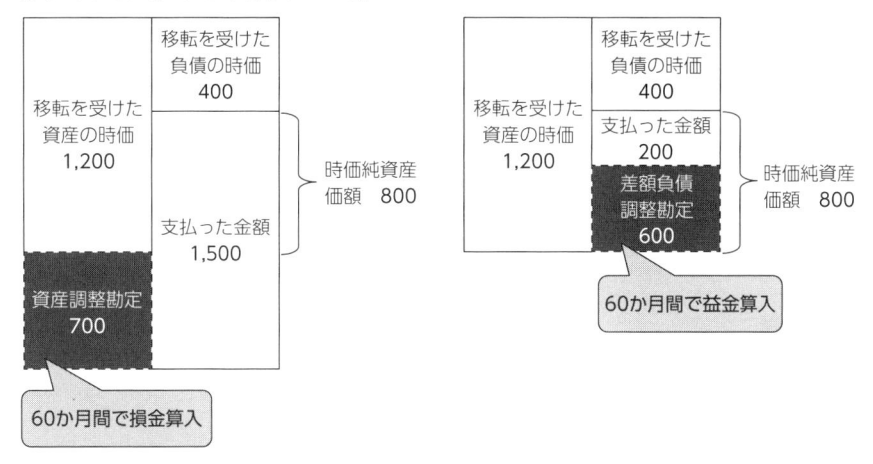

大誤算！

資産調整勘定は，計上の基因となった事業を譲渡した場合に
全額取り崩せると勘違いした。

　A社は被買収会社Ｔ社の株式の全てを株式譲渡により取得した。Ｔ社は，買収直前に買収対象事業（α事業（時価2,000万円）及びβ事業（時価5,000万円））を非適格新設分社型分割によりｔ社から受け入れており，資産調整勘定が4,000万円計上されていた。

　買収後Ａ社グループでは，Ｔ社のβ事業を，Ａ社の100％子法人であるＢ社に対し事業譲渡により時価5,000万円で譲渡することにした。Ｔ社において分割承継時に計上された資産調整勘定4,000万円のうち，3,000万円はβ事業に係るものと計算されたため，Ｔ社は，この3,000万円をＢ社に対する事業譲渡の原価として取り崩した。

　しかしながら，資産調整勘定はその後の事業の移転があっても取崩しができないことが後になって判明し，Ｔ社においてβ事業の譲渡益3,000万円に対し課税が生じることになった。

【資産調整勘定の取崩し】

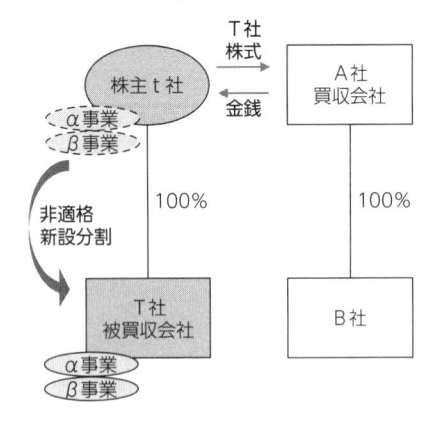

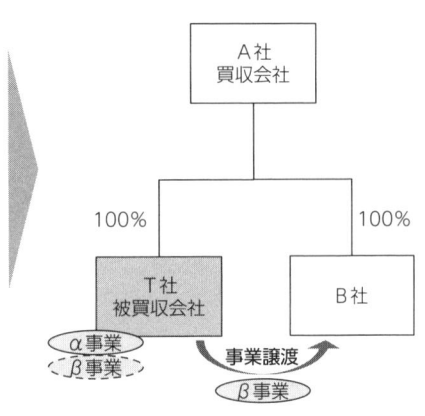

【T社　分割受入税務仕訳】

借方		貸方	
純資産（α事業） 1,000万円		資本金等の額 7,000万円	
純資産（β事業） 2,000万円			
資産調整勘定 4,000万円			

内訳を計算したところ……
α事業に係る金額　1,000万円
β事業に係る金額　3,000万円

【T社　β事業譲渡仕訳】

借方		貸方	
現預金 5,000万円		純資産（β事業） 2,000万円	
		事業譲渡益 3,000万円	
資産調整勘定償却 3,000万円		資産調整勘定 3,000万円	

資産調整勘定の取崩し可？

解　説

　資産調整勘定は，60か月間で均等に取り崩して損金の額に算入します（法法62の8④⑤）。資産調整勘定は税務上ののれんともいわれますが，資産調整勘定の計算の基礎となった事業の一部を他社に譲渡したとしても取崩しは行いません[2]。本事例では，被買収会社T社がB社に対してβ事業を事業譲渡によ

り移転していますが，T社が計上していた資産調整勘定4,000万円の一部を取り崩す処理は行いませんので，結果としてT社には事業譲渡益3,000万円に対する課税が生じることになります。

　B社においては，β事業の譲受けに伴い3,000万円の資産調整勘定が計上されることになりますので，グループ全体の損益を長期的に捉えればデメリットはないともいえますが，T社にβ事業の譲渡益が計上されることによる納税が先行することになります。

　買収会社であるA社が，買収交渉の時点でβ事業を子法人B社に移転することを想定していたのであれば，β事業の買収手法を，B社による現金を対価とする分社型分割又はB社による事業譲受けにすることの可否に関し，売手側と交渉が必要であったといえます。

> **教　訓**
>
> 　資産調整勘定は，（計上の基因となった事業を譲渡しても）60か月間で均等に取り崩す。

(2)　期中損金経理額等の届出

　期中に適格分割により減価償却資産を移転した場合，原則として，分割法人においてその減価償却資産の償却費を損金の額に算入することはできません。なぜなら，法人税法が償却費として損金の額に算入することとしているのは，「内国法人の各事業年度終了の時において有する減価償却資産」だからです（法法31①）。例えば，分割法人（12月決算法人）が10月1日に行った適格分割により分割承継法人に移転した減価償却資産は，分割法人が事業年度終了の時において有していないため，原則として償却費を損金の額に算入できません。

　ただし，分割法人が適格分割の日以後2か月以内に「適格分割等による期中

2　資産調整勘定の計算の基礎となった事業を適格分割により他社に移転しても，資産調整勘定自体が分割承継法人に移転することはありません（法法62の8⑨）。

損金経理額等の損金算入に関する届出書」を提出し，分割前の期間に係る償却費に相当する金額を費用の額として計上したときは，償却限度額の範囲内で損金の額に算入できます（法法31②③）。

大誤算！

分割前の期間の償却費を損金の額に算入できなくなった。

　A社は被買収会社T社（12月決算法人）の株式の全てをX1年4月1日に株式譲渡により取得した。T社はα事業とβ事業を営んでいるが，A社の100％子法人であるB社（12月決算法人）もβ事業を営んでいることから，A社は，T社のβ事業部門をB社に対しX1年10月1日に分割することにした。当該分割は適格分割に該当する。

　T社のβ事業部門に属する資産には減価償却資産が含まれていた。T社は期首から分割の日の前日までの9か月分の減価償却費900万円を費用計上し，「適格分割等による期中損金経理額等の損金算入に関する届出書」を，分割の日の属する事業年度（X1年12月期）の法人税確定申告期限内であるX2年2月に提出した。

　しかしながら，後になって，「適格分割等による期中損金経理額等の損金算入に関する届出書」の提出期限は適格分割の日以後2か月以内であったことが判明し，分割法人であるT社において減価償却費900万円が損金の額に算入できないことになった。

【期中の適格分割による減価償却費の損金算入】

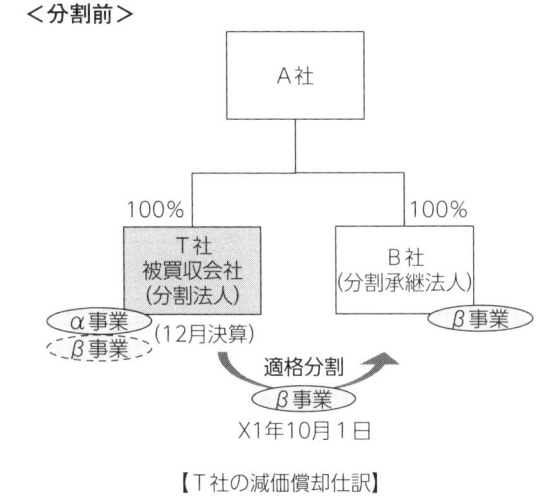

＜分割前＞

【T社の減価償却仕訳】

借方	貸方
減価償却費　　　　900万円	β事業減価償却資産　　900万円

T社において損金算入可？

解　説

　期中の適格分割で減価償却資産を移転する場合において，分割法人が「適格分割等による期中損金経理額等の損金算入に関する届出書」を提出しなかったときは，分割法人においてその減価償却資産の償却費を損金の額に算入することはできません。分割法人における分割直前の帳簿価額は期首時点の帳簿価額（償却前の金額）になり，その金額で分割承継法人に移転することになります（法法62の2②，62の3①，法令123の3③，123の4）。

　分割承継法人では事業の用に供した期間分の償却費しか損金の額に算入できないため，本事例の分割承継法人B社がX1年12月期において損金の額に算入できるのは，分割の日以後の期間分（3か月分）の償却費のみになります（法令59）。分割法人T社において損金の額に算入できなかった償却費の金額は，

償却方法が定額法であればその減価償却資産の法定耐用年数経過後にB社において損金の額に算入されることになり，定率法であれば法定耐用年数を通じB社において損金の額に算入されていくことになります。

　「適格分割等による期中損金経理額等の損金算入に関する届出書」の提出期限は，法人税確定申告書の提出期限とは関係なく適格分割の日以後2か月以内であるため，提出漏れに注意が必要です。当該届出書以外にも，組織再編成を行った場合に提出することとなる申請書・届出書は数多く規定されており，適格分割等の日以後2か月以内が提出期限とされているものが多くあります。提出が必要となる申請書・届出書は，国税庁webサイト[3]で一覧できますので，事前に確認することを習慣づけましょう。

> **教 訓**
>
> 適格分割等の日以後2か月以内が提出期限の申請・届出を忘れるまじ。

◆素朴な疑問Q＆A◆

新設分割の日

Q．新設分割を行う予定です。分割の日を自由に設定することはできますか。

A．新設分割の場合，分割の日は法務局の開庁日に限定されます。土・日・祝日を分割の日とすることはできません。

> **解 説**
>
> 新設分割は，分割により設立された会社の成立の日（設立登記の日）に効力が生じます（会社法764①）。法務局の閉庁日（土・日・祝日など）は

---

[3]　国税庁webサイトhttps://www.nta.go.jp/taxes/tetsuzuki/shinsei/annai/kigyosaihen/mokuji.htm 参照。

登記申請を受け付けていないため，新設分割の日は法務局の開庁日に限定されます[4]。

　なお，吸収分割の場合は，吸収分割契約書に定めた効力発生日に効力が生じますので（会社法758①七），曜日等により影響を受けることはありません。

(3)　受取配当等の益金不算入

　法人が配当金を受け取った場合には，受取配当等の益金不算入の規定が適用され，株式の保有割合等に応じ，一定額が益金不算入（非課税）となります（法法23）。益金不算入額は，配当等の区分に応じ，次の表の通りです（法法23①④⑤⑥，法令22，22の2，22の3）。

配当等の区分		益金不算入額
完全子法人株式等	配当等の計算期間を通じて完全支配関係がある法人の株式等	配当金の額 × 100％
関連法人株式等	配当等の基準日以前6か月の期間を通じた株式等の保有割合が3分の1超である株式等（完全子法人株式等を除く。）	配当金の額 －控除負債利子の額
その他株式等	他のいずれにも該当しない株式等	配当金の額 × 50％
非支配目的株式等	配当基準日時点の株式等保有割合が5％以下である株式等	配当金の額 × 20％

4　法人税法においても，新設分割における組織再編成の日は，新設分割設立法人の設立登記の日となります（法基通1－4－1(注1)）。

> ### 大誤算！
>
> **100％子法人からの配当の額の50％が益金算入された。**
>
> 　A社（12月決算法人）は被買収会社T社（12月決算法人）の株式の全てを，X1年10月1日に株式譲渡により取得した。
>
> 　A社は，100％子法人からの配当は全額益金不算入になると考え，T社からX1年12月期末配当（配当基準日：X1年12月31日）をX2年3月に受領した。なお，T社における配当原資は利益剰余金であった。
>
> 　その後，A社のX2年12月期申告書作成段階において，当該配当は完全子法人株式等に係る配当等，及び，関連法人株式等に係る配当等のいずれにも該当しないことが判明し，A社が受領した配当の額の50％相当額が益金の額に算入されることになった。

【被買収会社からの買収直後の配当】

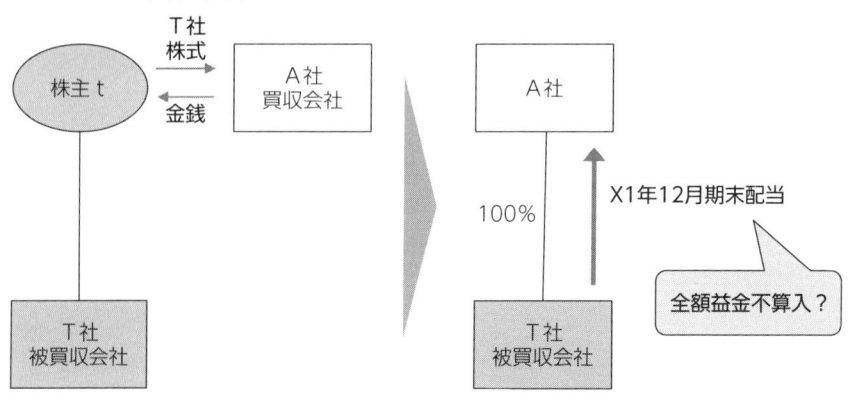

解　説

　受取配当等の益金不算入額の計算において，完全子法人株式等は配当等の計

算期間を通じて完全支配関係のある法人の株式等をいい，関連法人株式等は配当等の基準日以前6か月の期間継続して発行済株式等の3分の1超を有している法人の株式等をいいます（法法23④⑤，法令22，22の2）。基準日時点で完全支配関係があれば全額益金不算入になるというわけではないことに注意が必要です[5]。緊急的な資金需要がないのであれば，関連法人株式等又は完全子法人株式等に該当することになってから配当を行うのが得策です。

　なお，配当原資がその他資本剰余金の場合は，法人税法上，みなし配当として取り扱われ（法法24①四），その配当効力発生日の前日において完全支配関係があれば完全子法人株式等に係る配当等に該当します（法令22の2①）。

> **教　訓**
>
> 　完全支配関係のある子法人からの配当であれば，必ず全額益金不算入になるわけではない。思い込みは禁物。

(4)　被買収会社の新株予約権を取得している場合

　100％子法人化する目的で被買収会社株式を取得するにあたり，被買収会社が新株予約権を発行している場合に，買収会社がその新株予約権の全てを新株予約権者から買い取ることがあります。買収後に被買収会社を被合併法人，買収会社を合併法人とするグループ内適格合併を行った場合の新株予約権の取扱いは次の通りです。

　前提として，被買収会社の新株予約権は全て有償発行されたもので被買収会社における帳簿価額は5,000万円，買収会社の新株予約権の取得価額は2,000万円とし，合併契約書には新株予約権に関し次のように記載されているものとします。

5　配当を受領する法人において完全子法人株式等に係る配当に該当する場合や，配当の基準日において発行済株式数の3分の1超を有する法人に対して配当を支払う場合は，所得税の源泉徴収を不要とする特例が設けられています（所法177，所令301）。ただし，一般社団法人，一般財団法人，労働者協同組合，人格のない社団等，及び，公益法人等が支払いを受ける配当等については，この特例の適用はありません（所法177）。

> 第○条　新株予約権
>
> 　甲は，乙が発行した新株予約権の全てを保有していることから，本件合併に際して，乙の新株予約権者に対して，その新株予約権に代わる金銭等の交付を行わない。

(注)　甲は合併法人，乙は被合併法人を指す。

　被合併法人が発行していた新株予約権は，合併の効力発生日に消滅します（会社法750④）。また，被合併法人が適格合併により消滅したときは，被合併法人の有する資産・負債は，被合併法人の最後事業年度終了の時の帳簿価額により合併法人に引継ぎをしたものとして，被合併法人の最後事業年度の所得の金額を計算します（法法62の2①）。

　法人税法上，新株予約権は発行法人の負債として取り扱われますが（法令113①一等），合併により被合併法人から合併法人に移転する負債には，合併により消滅する被合併法人の新株予約権に代えて新株予約権者に交付する資産の交付に係る債務を含むものとして，被合併法人の最後事業年度の所得の金額を計算します（法令123③）。新株予約権に代わる金銭等の交付を行わない場合，被合併法人における債務の額はゼロになり，合併法人に引き継ぐ債務がゼロになると考えられることから，新株予約権の従前の帳簿価額5,000万円は，被合併法人の最後事業年度の益金の額に算入せざるを得ないと考えます。

　他方で，合併法人が旧新株予約権者から買い取った被買収会社の新株予約権は合併により消滅するため，合併法人は，合併の日において，新株予約権の取得価額である2,000万円を損金の額に算入すると考えます。

(5)　賃上げ促進税制

　賃上げ促進税制は，青色申告書を提出する法人のその事業年度の給与等の支給額が，前事業年度の給与等の支給額よりも増加している場合として一定の要件を満たすときに，控除対象雇用者給与等支給増加額の一定割合を，その事業年度の法人税額から控除する制度です[6]（措法42の12の5①②③）。控除対象雇

用者給与等支給増加額とは，その事業年度の雇用者給与等支給額[7]から比較雇用者給与等支給額（前事業年度の雇用者給与等支給額[8]）を控除した金額[9]をいいます。

　賃上げ促進税制は，全企業向けの制度，中堅企業（常時使用する従業員の数が2,000人以下の法人[10]）向けの制度，中小企業者向けの制度に分けて各要件や税額控除率などが規定されています。中小企業者向けの制度では，賃上げを実施した事業年度に賃上げ促進税制の要件を満たしたものの，法人税額から控除しきれない金額がある場合には，控除できなかった金額を5年間繰り越すことができます[11]（措法42の12の5④，⑤十二）。この繰越控除制度は，2024年4月1日以後に開始した事業年度において生ずる控除しきれない金額について適用されます（令和6年改正法附則1，44）。

```
◆素朴な疑問Q＆A◆
      賃上げ促進税制の繰越控除制度

Q．賃上げ促進税制の繰越控除制度は，中小企業者でなければ適用が受け
　られないのでしょうか。

A．繰越税額控除限度超過額の生じた事業年度終了の時において中小企業
　者に該当していれば，繰越控除の適用を受ける事業年度終了の時におい
　て中小企業者に該当していなくても繰越控除が受けられます。
```

6　その事業年度の調整前法人税額の20％を限度に控除できます。
7　その事業年度の所得の金額の計算上損金の額に算入される国内雇用者に対する給与等の支給額をいいます（措法42の12の5⑤九）。
8　前事業年度の月数と適用を受ける事業年度の月数は一致しているものとします。
9　この金額が調整雇用者給与等支給増加額を超える場合は，調整雇用者給与等支給増加額になります。調整雇用者給与等支給増加額とは，雇用安定助成金控除後の雇用者給与等支給額から，雇用安定助成金控除後の前事業年度の雇用者給与等支給額を控除した金額をいいます（措法42の12の5⑤六）。
10　その法人及びその法人による支配関係がある他の法人の常時使用する従業員の数の合計数が1万人を超える法人を除きます（措法42の12の5⑤十）。
11　繰越税額控除を行う事業年度において，その事業年度の雇用者給与等支給額が前事業年度よりも増加している場合に限ります（措法42の12の5④）。

解　説

　中小企業者向けの賃上げ促進税制では，賃上げを実施した事業年度に賃上げ促進税制の要件を満たしたものの，法人税額から控除しきれない金額（繰越税額控除限度超過額）がある場合には，控除できなかった金額を5年間繰り越すことができます。

　この繰越控除は，繰越税額控除限度超過額の生じた事業年度終了の時において中小企業者に該当していれば，繰越控除の適用を受ける事業年度終了の時において中小企業者に該当している必要はありません（措通42の12の5-1の3㈲2）。ただし，繰越控除制度は，繰越税額控除限度超過額の生じた事業年度以後の事業年度の確定申告書に繰越税額控除限度超過額の明細書（別表6㈱付表1「給与等支給額，比較教育訓練費の額及び翌期繰越税額控除限度超過額の計算に関する明細書」）を添付すること等の明細書添付要件が課されています（措法42の12の5⑧）。

　税額控除限度超過額を翌期に繰り越すのであれば，税額控除の適用を受けない事業年度においても（最大5年間），別表6㈱付表1を確定申告書に添付しなければなりません。中小企業者であった被買収会社が，M&Aに伴って中小企業者に該当しなくなることも想定されるため，添付漏れに注意が必要です。

◆素朴な疑問Q&A◆

繰越税額控除限度超過額を有する法人の合併

Q. 適格合併では，被合併法人が有する賃上げ促進税制の繰越税額控除限度超過額を合併法人に引き継ぐことはできますか。

A. 賃上げ促進税制の繰越税額控除限度超過額は，合併法人に引き継ぐことはできません。

解　説

　賃上げ促進税制の繰越税額控除限度超過額を有している法人を被合併法人とする合併を行った場合は，その合併が適格合併に該当するときであっても，繰越税額控除限度超過額を合併法人に引き継ぐことはできません（措通42の12の5−5）。グループ内で合併を行う場合，2社のうちどちらの法人を合併法人として存続させるのかを決定する前に，賃上げ促進税制の繰越税額控除限度超過額の有無を確認すべきでしょう。

　なお，適格分割により従業員が移転しても同様に，繰越税額控除限度超過額を分割承継法人に引き継ぐことはできません。

大誤算！

分割前の給与等支給額がわからない！

　A社は，T社（3月決算法人）が行うα事業と，T社の100％子法人S社（3月決算法人）が行うβ事業を次の手法により取得した。

① 　T社はX2年4月1日に分社型分割によりα事業をS社に移転する。α事業に従事する従業員の雇用契約はS社が引き継ぐ。

② 　A社はS社の株式の全てを，分割と同日（X2年4月1日）にT社から株式譲渡により取得する。

　買収後のS社の事業は好調であり，X3年3月期の法人税確定申告書を作成したところ多額の法人税額が算出されたため，急遽賃上げ促進税制の適用可否の検討を行った。しかしながら，S社はX2年4月1日にT社から分割によりα事業を受け入れており，賃上げ促進税制を適用するためには，T社のX2年3月期における給与等支給額及び国内雇用者の数に関する情報が必要であることがわかった。T社にこれらの情報の開示を打診したものの申告期限までに情報を入手できず，S社におけるX3年3月期の賃上げ促進税制の適用を断念した。

【分割を行った場合の給与等支給増加額の計算】

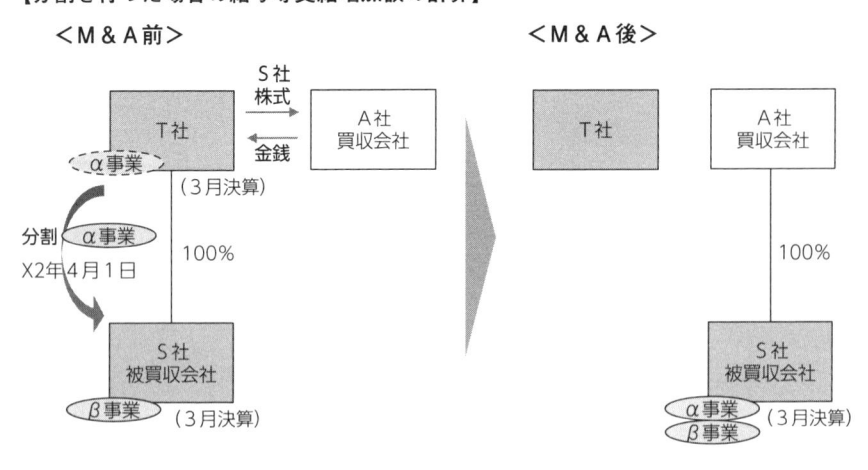

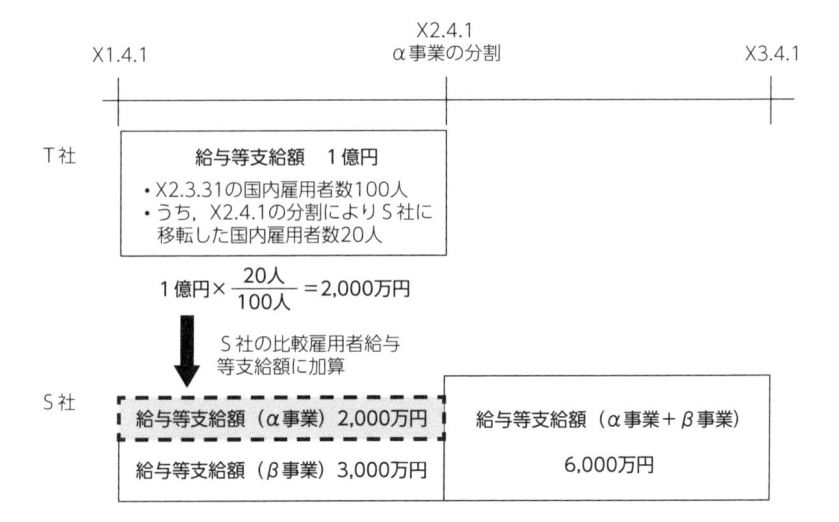

解　説

　分割法人の事業に従事していた従業員が分割により分割承継法人に移転すると，分割承継法人では分割後の給与等支給額が増加するため，賃上げ促進税制における比較雇用者給与等支給額の計算上，一定の調整を行うこととされています（措令27の12の5⑭⑮⑯⑰⑳）。

　本事例のように，賃上げ促進税制の適用を受けようとする事業年度の期首（X2年4月1日）の分割により従業員の移転を受けた場合は，分割承継法人の比較雇用者給与等支給額は，次の算式により計算した金額になります[12]。

$$
\begin{array}{l}
\text{分割承継法人の} \\
\text{比較雇用者給与等} \\
\text{支給額}
\end{array}
=
\begin{array}{l}
\text{分割承継法人の} \\
\text{X2年3月期の} \\
\text{給与等支給額}
\end{array}
+
\begin{array}{l}
\text{分割法人の} \\
\text{X2年3月期の} \\
\text{給与等支給額}
\end{array}
\times
\dfrac{
\begin{array}{l}
\text{分割法人から分割承継法人} \\
\text{に移転した国内雇用者数}
\end{array}
}{
\begin{array}{l}
\text{分割法人の分割直前} \\
\text{の国内雇用者数}
\end{array}
}
$$

　このように，分割承継法人の比較雇用者給与等支給額の計算には，分割法人の給与等支給額の総額や分割直前の国内雇用者数といった情報が必要になることに注意が必要です[13]。

> **教　訓**
>
> 　分割承継法人が賃上げ促進税制の適用を受ける場合は，分割法人の給与等支給額などの情報が必要になる。

12　分割法人においても比較雇用者給与等支給額の調整計算を行います。なお，期の途中で分割が行われた場合や分割法人と分割承継法人の事業年度が一致していない場合等は，調整計算がより複雑になります。

13　合併法人が賃上げ促進税制の適用を受ける場合も，被合併法人の給与等支給額を加味して比較雇用者給与等支給額を計算する調整規定が設けられています（措令27の12の5 ⑫⑬⑰⑲）。

9．不動産移転コスト

(1)　不動産移転に係る登録免許税と不動産取得税

　売買や組織再編成等により土地や建物を移転させた場合には，次の表の通り，登録免許税及び不動産取得税が課税されます（登免法9，別表第1，措法72①一，地法73の7二，73の7二の二，73の13①，73の15，地令37の14，37の14の2，地法制定附則11の2①，11の5①）。これらの税金は「登記」や「取得」という事実に対して課税されるため，組織再編成等により所有者に異動があった場合，その異動の都度課税されることになります。

【不動産移転コスト（固定資産税評価額に対する税率）】

手　法	登録免許税		不動産取得税	
	土　地	建　物	土　地[※2]	建　物
売　買	1.5%[※1]	2%	3%[※3]	4%[※4]
合　併	0.4%	0.4%	非課税	非課税
分　割	2%	2%	3%[※3]	4%[※4]
現物出資	2%	2%	3%[※3]	4%[※4]
現物分配	2%	2%	3%[※3]	4%[※4]
事業譲渡	2%	2%	3%[※3]	4%[※4]

> 一定の要件を満たす場合は非課税

※1　2026年3月までの登記については1.5%に軽減されている。
※2　2027年3月までに取得した宅地等に係る不動産取得税は，「取得した宅地等の価格×1／2」が課税標準額となる。
※3　2027年3月までに取得した土地の税率は3%に軽減されている。
※4　取得した建物が住宅の場合，2027年3月までの取得には3%の税率が適用される。

(2)　不動産取得税の非課税特例

　会社分割により分割承継法人が不動産を取得した場合には，不動産取得税が非課税となる特例が設けられています（地法73の7二，地令37の14）。非課税となる要件は次の通りです。

【会社分割における不動産取得税の非課税要件】

要　件		要件の内容
①	対価要件	分割法人の株主に分割承継法人の株式以外の資産が交付されないこと（対価を交付する分割型分割の場合は，分割承継法人の株式が分割法人の株主の有する分割法人株式数の割合に応じて交付されること）
②	主要資産負債引継要件	分割事業に係る主要な資産・負債が分割承継法人に移転していること
③	従業者従事要件	分割の直前の分割事業に係る従業者のおおむね80％以上の者が，分割後に分割承継法人の業務に従事することが見込まれていること
④	事業継続要件	分割事業が，分割承継法人において分割後に引き続き営まれることが見込まれていること

　注意が必要なのは，法人税法上の適格分割に該当することが，不動産取得税の非課税要件ではないということです。完全支配関係法人間の分割は，対価要件と完全支配関係要件を満たせば適格分割に該当しますが（本章「2.　適格判定　(2)グループ内組織再編成の適格要件」参照），不動産取得税の非課税要件には，完全支配関係がある場合であっても主要資産負債引継要件や従業者従事要件，事業継続要件が課されています。

大誤算！

適格合併なのに多額の税金が発生した。

　A社は被買収会社T社の株式の全てを株式譲渡により取得した。

　買収後A社は，T社を被合併法人，A社の100％子法人であるB社を合併法人とする合併を行うことを計画し，課税関係の検討を行った。その結果，当該合併は適格合併に該当するため特に課税は生じないという結論になった。

　しかしながら，T社が土地及び建物（固定資産税評価額計10億円）を所有していたため，合併を実行したところ，合併に伴う所有権移転登記の

際に400万円の登録免許税（固定資産税評価額計10億円×0.4％＝400万円）が課されることになった。

【合併と不動産所有権移転登記に伴う登録免許税】

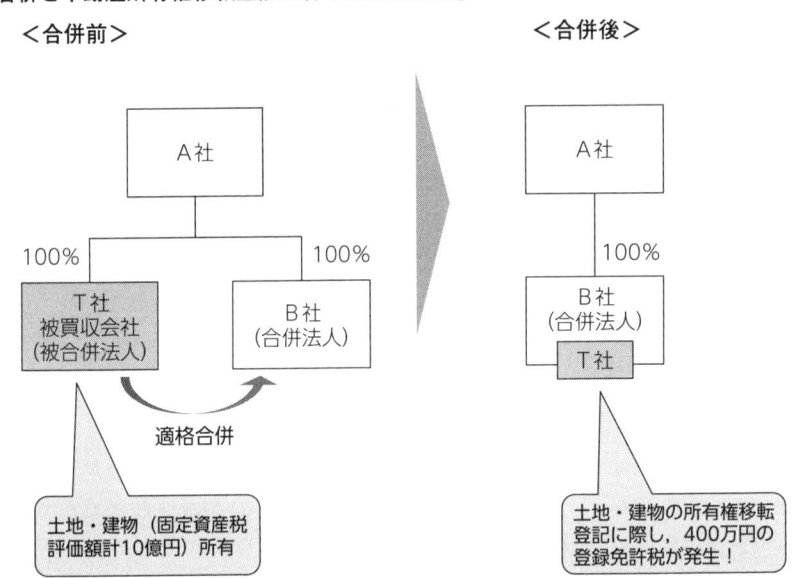

解　説

　不動産を所有している法人を被合併法人とする合併では，被合併法人の不動産が合併法人に移転するため，所有権移転登記に伴う登録免許税が生じます。仮に，本事例の被買収会社Ｔ社が合併法人であったならば，不動産の移転がないため登録免許税が発生することはなかったことになります。

　分割の場合にも同様のことがいえます。分割対象資産に不動産が含まれている場合で不動産移転コストが多額にのぼると見込まれるケースでは，不動産を分割対象資産から除外したり，不動産が属していない事業を分割対象事業にしたりすることができれば，不動産移転コストが生じることはありません。

　不動産の価額によっては組織再編成に伴って多額の移転コストが生じる可能性があります。移転コストの多寡は，組織再編成の実行の意思決定にも影響を

及ぼす極めて重要な要素になり得ます。合併の実行前に移転コストを見積り，合併法人と被合併法人を入れ替えることの可否を含め検討することが肝要です。

参　考

　本事例の被買収会社Ｔ社の所有する土地・建物が，買収直前にＴ社が分割により承継したものであった場合，買収後の合併の実行により，分割時の不動産取得税の非課税要件に抵触する可能性があります。

【被買収会社Ｔ社の合併が分割時に予定されていた場合】

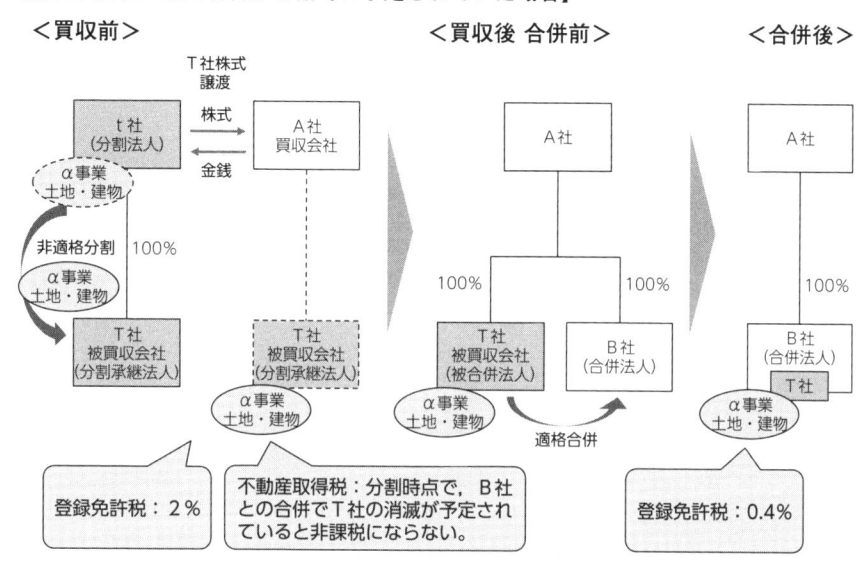

　分割による不動産取得税の非課税要件のひとつに，事業継続要件（分割事業が分割承継法人において分割後に引き続き営まれることが見込まれていること）があります。分割承継法人（本事例の被買収会社Ｔ社）を被合併法人とする合併が分割時に既に予定されていた場合，分割事業が分割承継法人において引き続き営まれることが見込まれていなかったことになるため，事業継続要件を満たさないことになります[1]。結果，分割時の不動産取得税は非課税になりません。

　買収時においてB社と被買収会社T社の事業統合計画があるならば，買収手法を，B社を分割承継法人とし，現金を対価とする分社型分割で被買収事業を直接受け入れる方法に変更できないか，B社で買収資金の調達は可能かなどについて検討した上で，買収交渉を行うことが望ましいといえます。

【B社による分割受入れに変更した場合】

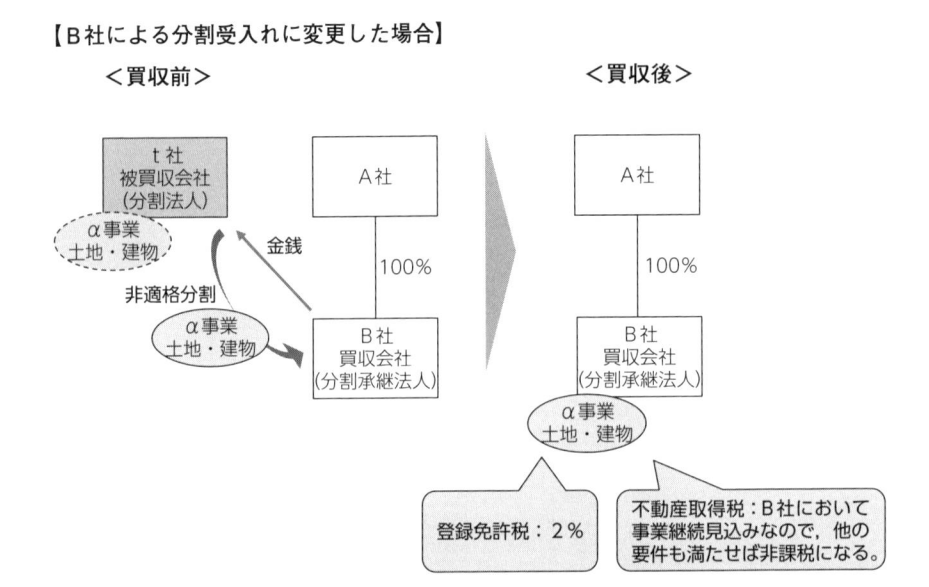

教訓

不動産移転コストを侮るなかれ。

1　不動産取得税の非課税要件は，支配関係のある法人間で分割を行う場合の法人税法上の適格要件に似ていますが，完全に一致しているわけではありません。相違点のひとつが事業継続要件です。不動産取得税の非課税要件では，分割事業が分割承継法人において引き続き行われることが見込まれていないと事業継続要件を満たしません（地令37の14二）。他方，法人税法上の適格要件では，分割後に分割事業が次に掲げる法人において引き続き行われることが見込まれているときも，事業継続要件を満たします（法法2十二の十一ロ(3)）。

(ア)　分割承継法人との間に完全支配関係がある法人

(イ)　分割後の適格合併により分割事業が当該適格合併に係る合併法人に移転することが見込まれている場合における当該合併法人及び当該合併法人との間に完全支配関係がある法人

10. 住民税均等割・事業税資本割

(1) 住民税均等割・事業税資本割の計算と組織再編成による影響

　法人の都道府県民税均等割は，資本金等の額を基礎として事業所ごとに課税され，市町村民税の均等割は，資本金等の額と従業者数を基礎として事業所ごとに課税されます（地法52①，312①）。事業税資本割は，資本金の額が1億円超である法人[1]を対象とし，資本金等の額に税率を乗じて計算します（地法72の12二，72の21①）。ただし，これらの税額計算の基礎となる資本金等の額が，事業年度終了の日における資本金の額及び資本準備金の額の合計額に満たない場合は，資本金の額及び資本準備金の額の合計額を基礎に計算することとされています（地法52④，72の21②，312⑥）。

　このような計算の仕組みになっていることから，組織再編成により資本金の額や資本準備金の額，税務上の資本金等の額に変動が生じると，住民税均等割や事業税資本割の納税額に影響を及ぼすことになります。

(2) 欠損塡補と資本金等の額

　資本金の額又は資本準備金の額の減少手続きを行っても，法人税法上の資本金等の額は減少しません。ただし，会社法の規定に基づいて資本金の額又は資本準備金の額を減少させて欠損塡補を行った場合は，住民税均等割及び事業税資本割の計算の基礎となる地方税法上の資本金等の額が減額されることになっています[2]（地法23①四の二イ(3)，72の21①三，292①四の二イ(3)，地規1の9

1　2025年4月1日以後開始事業年度からは，前事業年度に外形標準課税の対象であった法人が資本金の額を1億円以下に減資した場合でも，事業年度終了の日における資本金の額と資本剰余金の額の合計額が10億円を超えるときは外形標準課税の対象とされます（地法制定附則8の3の3①，地法改正附則（令和6年3月30日）7①）。また，2026年4月1日以後開始事業年度からは，資本金の額と資本剰余金の額の合計額が50億円を超える法人等の100％子法人等のうち，資本金の額が1億円以下で，資本金の額と資本剰余金の額の合計額が2億円を超える法人も外形標準課税の対象とされます（令和6年度税制改正後の地法72の2①②，地法改正附則（令和6年3月30日）1四）。

2　資本金の額又は資本準備金の額の減少手続きから1年以内に欠損塡補に充てた場合に限ります

の6②，3の16②，9の19②）。その結果，住民税均等割及び事業税資本割が
減少します。

(3)　組織再編成による資本金等の額の変動

　組織再編成に伴い，再編当事法人の資本金等の額が変動することがあります。
完全支配関係法人間の適格合併と適格分割を例に挙げると，資本金等の額は次
のように変動します。

①　適格合併

　適格合併では，被合併法人の資本金等の額に相当する金額を合併法人の資本
金等の額に加算します[3]（法令8①五）。被合併法人の資本金等の額がマイナス
の場合も同様に，マイナスの資本金等の額に相当する金額を加算します（すな
わち，合併法人の資本金等の額が減少します。）。

　なお，合併が親子法人間の適格合併である場合は，被合併法人の資本金等の
額に相当する金額から，親法人が有していた子法人株式の税務上の帳簿価額を
減算した金額を，合併法人の資本金等の額に加算します（法令8①五）。

②　適格分割型分割

　適格分割型分割では，分割法人の分割直前の資本金等の額に分割移転割合を
乗じた金額を分割法人の資本金等の額から減算します（法令8①十五）。分割
承継法人では，同額を資本金等の額に加算します[4]（法令8①六）。分割移転割
合とは，大雑把にいうならば，分割法人の税務上の簿価純資産価額に占める移
転簿価純資産価額の割合をいいます[5]。

　なお，子法人から親法人に対する適格分割型分割の場合に分割承継法人（親
法人）において加算する資本金等の額は，子法人が減少させた資本金等の額か

（地規1の9の6③，3の16③，9の19③）。
3　合併の対価として合併親法人株式を交付していないことを前提としています。
4　分割の対価として分割承継親法人株式を交付していないことを前提としています。
5　詳細は，後述「 大誤算！ 　分割承継法人の資本金等の額は移転簿価純資産価額を限度に増加する
　とは限らない。」参照。

ら，親法人が有していた子法人株式の税務上の帳簿価額に分割移転割合を乗じた金額を減算した金額になります（法令8①六）。

③　適格分社型分割

　適格分社型分割では，分割法人の分社型分割の直前の移転資産の帳簿価額から移転負債の帳簿価額を減算した金額を，分割承継法人の資本金等の額に加算します（法令8①七）。分割法人の資本金等の額が変動することはありません。

大誤算！

欠損塡補による資本金等の額の減額措置は
合併法人に引き継げない。

　Ａ社は被買収会社Ｔ社（資本金等の額15億円）の株式の全てを株式譲渡により取得した。

　買収後Ａ社は，Ｔ社を被合併法人，Ａ社の100％子法人Ｂ社（資本金等の額0.3億円）を合併法人とする合併を行うことを計画し，課税関係の検討を行った。その結果，当該合併は適格合併に該当するため特に課税は生じないという結論になった。

　なお，Ｔ社は過去に14.5億円の欠損塡補を行っていたため，地方税法上の資本金等の額（均等割の計算基礎となる資本金等の額）は0.5億円になっていた。今回の合併は適格合併に該当するため，Ｔ社が適用を受けていた資本金等の額の減額措置が合併法人であるＢ社に引き継がれるものとＡ社は判断し，計画通り合併を実行した。

　しかしながら，被合併法人が適用を受けていた資本金等の額の減額措置は，適格合併であっても合併法人に引き継がれないことが後に判明した。Ｂ社は全国各地に従業者数50人超の事業所を多数有していたことから，合併によりＢ社の均等割が激増する結果になった。

【資本金等の額の減額措置と合併】

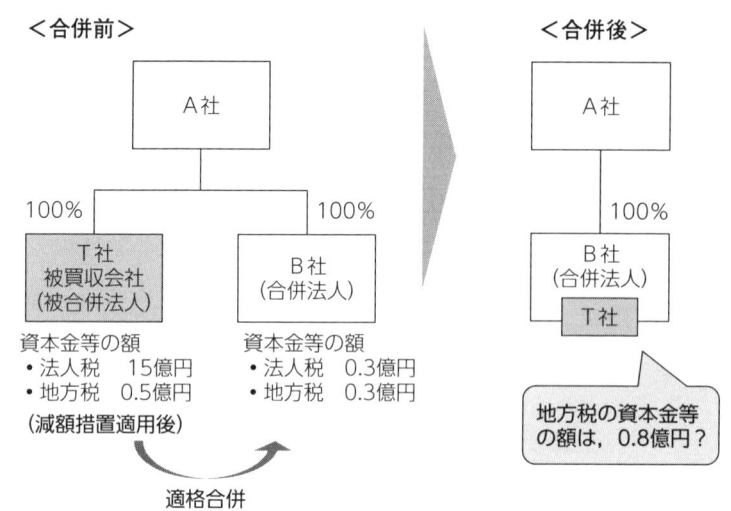

＜合併前＞

A社

100%　　　　　　　100%

T社
被買収会社
（被合併法人）

B社
（合併法人）

資本金等の額
・法人税　　15億円
・地方税　　0.5億円

資本金等の額
・法人税　　0.3億円
・地方税　　0.3億円

（減額措置適用後）

適格合併

＜合併後＞

A社

100%

B社
（合併法人）

T社

地方税の資本金等
の額は，0.8億円？

解　説

　法人が欠損填補を行った場合には，住民税均等割の計算の基礎となる地方税法上の資本金等の額が減額されます（前述「⑵欠損填補と資本金等の額」参照）。

　この減額措置の適用を受けていた法人を被合併法人として合併を行った場合，その合併が適格合併であったとしても，合併法人はその減額措置を引き継ぐことはできません。したがって，本事例のB社の均等割は，資本金等の額15.3億円（＝B社の資本金等の額0.3億円＋T社の資本金等の額15億円）を基礎に計算することになります。仮にT社が合併法人であったならば，合併後の地方税法上の資本金等の額は0.8億円（＝T社の資本金等の額0.5億円（減額措置適用後）＋B社の資本金等の額0.3億円）となり，均等割の納税額が激増することはなかったことになります。

　事業税資本割についても同様に，資本金等の額の減額措置を合併法人に引き継ぐことはできません。

　一旦資本金等の額が増加すると，法人の任意で減少させる手法は限られることから，均等割や資本割の納税額が将来にわたり継続して増加することもあり

得ます。合併の実行前に地方税への影響を確認し，合併法人と被合併法人を入れ替えることの可否を含め，合併によるメリットとデメリットを多角的に検討することが肝要です。

教 訓

合併後の均等割・資本割の試算を誤ると，影響は長期にわたる。

大誤算！

分割承継法人の資本金等の額は移転簿価純資産価額を限度に増加するとは限らない。

A社は被買収会社T社の株式の全てを株式譲渡により取得した。

買収後A社は，T社（直前事業年度終了時の資本金等の額10億円，利益積立金額△12億円）が行うα事業を，A社の100％子法人B社（資本金等の額2,000万円）に対し適格分割型分割により移転することを計画した。

分割承継法人となるB社は全国各地に従業者数50人超の事業所を多数有していたことから，分割によるB社の住民税均等割への影響が懸念された。そこで，α事業の移転簿価純資産価額（α事業に属する資産の帳簿価額から負債の帳簿価額を減算した金額）を確認したところ1,000万円であったため，分割によるB社の資本金等の額の増加額は最大で1,000万円と見積り，分割後の住民税均等割への影響はないと判断した。

しかしながら，分割によりB社の資本金等の額が10億円増加することが後に判明し，B社の均等割が激増する結果になった。

【分割移転割合が1になるケース】

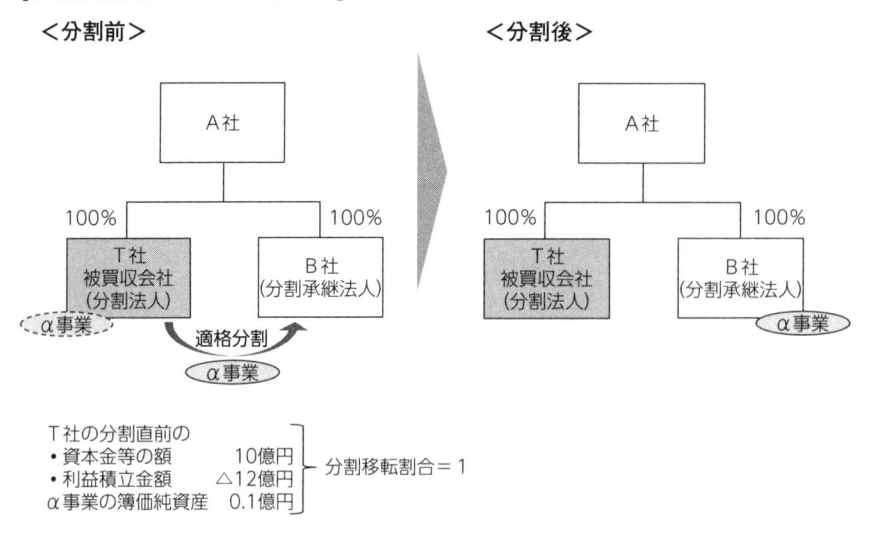

＜分割前＞　　　　　　　　　　　　　　＜分割後＞

T社の分割直前の
・資本金等の額　　　　10億円
・利益積立金額　　　△12億円　　　分割移転割合＝1
α事業の簿価純資産　0.1億円

【T社　分割税務仕訳】

借方		貸方	
資本金等の額　10億円		純資産	0.1億円
		利益積立金額	9.9億円

【B社　分割受入税務仕訳】

借方		貸方	
純資産	0.1億円	資本金等の額	10億円
利益積立金額	9.9億円		

解　説

　本事例のような100％兄弟法人間で行う適格分割型分割では，分割法人の分割直前の資本金等の額に分割移転割合を乗じた金額を分割法人の資本金等の額から減算し，同額を分割承継法人の資本金等の額に加算します（法令8①六，十五）。

　分割移転割合とは，大雑把にいうならば，分割法人の税務上の簿価純資産価額に占める移転簿価純資産価額の割合をいいますが，その分割がある条件に当てはまった場合には，分割移転割合がゼロになったり1になったりするケースがあります。

【分割型分割で分割法人の資本金等の額から減算する金額】

この割合が
分割移転割合

$$\begin{array}{l}\text{分割法人の資本金等の}\\\text{額から減算する金額}\end{array} = \begin{array}{l}\text{分割法人の分割型分割}\\\text{の直前の資本金等の額}\end{array} \times \dfrac{A}{B}$$

A＝分割法人の分割型分割の直前の移転資産の帳簿価額から移転負債の帳簿価額を控除
　　した金額（ゼロが下限）

B＝分割法人の分割型分割の日の属する事業年度の前事業年度終了の時の資産の帳簿価
　　額から負債の帳簿価額を減算した金額（税務上の簿価純資産価額）

【分割移転割合計算上の注意事項】

　a．分割法人の分割型分割の直前の資本金等の額がゼロ以下である場合，分割移転割
　　　合はゼロになる。

　b．分割法人の分割型分割の直前の資本金等の額及び分子の金額がゼロを超え，かつ，
　　　分母の金額がゼロ以下である場合は，分割移転割合は1になる。

本事例はこれに該当する

　c．分割移転割合は，小数点以下3位未満の端数を切り上げる。

　d．算出した割合（A／B）が1を超えるときは，分割移転割合は1になる。なお，
　　　分子の金額がゼロの場合は分割移転割合はゼロになる。

　　本事例の分割法人（被買収会社T社）の資本金等の額は10億円であり，移転簿価純資産価額もプラスですが，T社の税務上の簿価純資産価額が△2億円であるため，上記【分割移転割合計算上の注意事項】b. に該当し，分割移転割合は1になります。したがって，T社の資本金等の額から減算する金額は10億円（＝T社の資本金等の額×1）になります[6]。他方，分割承継法人であるB社の資本金等の額は10億円増加することになります[7]。分割による移転簿価純資産価額が1,000万円であったとしても，その金額を限度に分割法人及び分割承継法人の資本金等の額が増減するわけではないことに注意が必要です。

　　従業者数が50人を超える事業所を多く抱える法人の資本金等の額が増加すると，均等割の額が激増する可能性があります。分割による資本金等の額の増

6　分割法人T社は，純資産1,000万円が減少し，資本金等の額が10億円減少，利益積立金額が9.9億
　円増加することになります（法令8①十五，9十）。
7　分割承継法人B社は，純資産1,000万円が増加し，資本金等の額が10億円増加，利益積立金額が
　9.9億円減少することになります（法令8①六ニ，9三）。

加額は，分割の実行前に可能な限り正確に見積ることが重要です。なお，計算に使用する分割法人の資本金等の額や簿価純資産価額は，会計上の金額ではなく税務上の金額です。分割法人が過去に欠損填補や組織再編成を行っていると，これらの金額は会計と税務とで大きく異なることがあるため，必ず法人税申告書別表5(1)により確認を行います。

　また，移転資産・負債の帳簿価額も税務上の金額を用いて計算します。法人税申告書別表5(1)に税務上の加算留保額が多額に計上されている資産が分割移転資産に含まれているにもかかわらず，会計上の移転簿価純資産価額により計算を行うと，分割法人及び分割承継法人の資本金等の額の変動額を大きく見誤ることになります。

> **教　訓**
>
> 　検討に思い込みは厳禁。組織再編税制は，関係法令をいくら確認してもしすぎることはない。

11. 消費税

(1) 組織再編成の手法と消費税の課税関係

国内において事業者が行った資産の譲渡等[1]は消費税の課税の対象になります（消法4①）。また，国内において行われる資産の譲渡等のうち，土地や有価証券，貸付金など一定の資産の譲渡は，消費税が非課税になります（消法6①，別表第2）。

組織再編成による資産の移転であっても，消費税法上は，その移転が国内において事業者が行った資産の譲渡等に該当する場合には，消費税の課税の対象になります。組織再編成の手法別の消費税の課税関係は次の通りです。

① 合　併

被合併法人は，合併法人に対し資産・負債や権利義務を包括的に承継します（会社法2二十七，二十八）。包括承継は資産の譲渡等に該当しないため（消令2①四），消費税の課税の対象になりません。したがって，被合併法人に課税売上げや非課税売上げが発生することはありません。

② 分　割

分割法人は，分割承継法人に対し資産・負債や権利義務を包括的に承継します（会社法2二十九，三十）。包括承継は資産の譲渡等に該当しないため（消令2①四），消費税の課税の対象になりません。したがって，分割法人に課税売上げや非課税売上げが発生することはありません。

③ 現物出資

現物出資による資産の移転は，資産の譲渡等に類する行為として消費税の課

1　資産の譲渡等とは，事業として対価を得て行われる資産の譲渡及び貸付け並びに役務の提供をいいます（消法2①八）。このうち，資産の譲渡とは，資産をその同一性を保持しつつ他人に移転させることをいいます（消基通5－2－1）。

税の対象になります（消令2①二）。

　例えば，現物出資する資産が土地や有価証券，貸付金などの非課税資産である場合は現物出資法人に非課税売上げが発生することになり（消法別表第2一，二，消令9①），現物出資の対価として取得する被現物出資法人株式の価額が非課税売上げになります[2]（消法30⑥，消令48①一）。注意が必要なのは，法人税法において適格現物出資に該当した場合であっても，消費税法上の非課税売上げは時価で計上するということです。適格現物出資では，現物出資により移転した資産の帳簿価額から負債の帳簿価額を減算した金額が，交付を受けた株式の取得価額になるため[3]（法令119①七），消費税法上の非課税売上げも移転資産・負債の帳簿価額により計算するという勘違いが起きやすくなります。

　法人税法においては，分社型分割と現物出資の課税関係（適格判定や譲渡損益の取扱い）はほとんど同じであることから，消費税法における取扱いも同じであると捉えられがちです。現物出資では，消費税法上，対価として取得した株式の時価算定が必要になることと，その価額によっては，現物出資法人の課税売上割合に大きな影響を及ぼす可能性があることに注意が必要です。

④　現物分配

　消費税法において，剰余金の配当（現物分配を含みます。）は，配当を行う法人及び配当を受領する法人のいずれにおいても課税の対象になりません（消基通5-2-8）。

⑤　株式交換・株式移転

　(a)　対価が交付される株式交換の場合

　消費税法において，資産の交換は，資産の譲渡に該当することとされています（消基通5-2-1(注)）。株式交換は，株式交換完全子法人の株主が，所有する株式交換完全子法人株式を株式交換完全親法人株式[4]と交換する取引（株

2　有価証券及び金銭債権の譲渡対価の額は，課税売上割合の計算上，その5％相当額を分母に算入します（消令48①⑤）。

3　株式の交付を受けるために要した費用がある場合は，その費用の額を加算した金額が株式の取得価額になります（法令119①七）。

4　株式交換完全支配親法人（株式交換完全親法人の発行済株式等の全部を直接又は間接に保有す

式交換完全子法人株式を譲渡し，対価として株式交換完全親法人株式を取得する取引）と整理できますので，対価のある有価証券譲渡取引に該当します。

　株式交換完全子法人の株主が課税事業者である場合は，株主に有価証券の譲渡としての非課税売上げが発生し[5]（消法別表第2二），対価として取得する株式交換完全親法人株式の価額の5％相当額を，課税売上割合の分母に算入することになります（消令48①⑤）。法人税法における適格株式交換に該当する場合であっても，株式交換完全親法人株式の時価算定が必要になることと，その価額によっては，株式交換完全子法人の株主の課税売上割合に大きな影響を及ぼす可能性があることに注意が必要です。

(b)　無対価の株式交換の場合

　完全支配関係グループ内の株式交換（100％子法人を100％孫法人にするための株式交換など）は，無対価で適格株式交換に該当し得るため，実務上，100％グループ内で行われる株式交換の多くは無対価で実行されています。無対価株式交換では，株式交換完全子法人の株主は，所有する株式交換完全子法人株式を株式交換完全親法人に譲渡しますが，対価の交付を受けません。消費税法上は無償による資産の譲渡に該当し，課税の対象にならないため（消基通5－1－2），株式交換完全子法人の株主に非課税売上げが発生することはありません。

(c)　株式移転の場合

　株式移転では株式移転完全親法人が新設されますので，必ず対価が交付されます（会社法773①五）。株式移転は，株式移転完全子法人の株主が，所有する株式移転完全子法人株式を株式移転完全親法人株式と交換する取引（株式移転完全子法人株式を譲渡し，対価として株式移転完全親法人株式を取得する取引）と整理できますので，対価のある有価証券譲渡取引に該当します。

る関係のある法人）の株式も含みます（法法2二十二の十七）。
5　株式交換完全子法人の株主が課税事業者である個人の場合，株式交換による株式の譲渡が「事業として」行われることは稀であると考えられるため，個人株主に非課税売上げが発生するケースはほとんどないものと考えます。

　したがって，消費税法上の留意点は「(a)対価が交付される株式交換の場合」と同様です。法人税法における適格株式移転に該当する場合であっても，株式移転完全親法人株式の時価算定が必要になることと，その価額によっては，株式移転完全子法人の株主の課税売上割合に大きな影響を及ぼす可能性があることに注意が必要です。

⑥　事業譲渡

　事業譲渡では，譲渡の対象となった事業に係る資産をそれぞれ個別に譲渡したものとして，各資産ごとに消費税の取扱いを検討することになります。移転資産の中に課税資産が含まれていれば課税取引になり，土地や貸付金などの非課税資産が含まれていれば非課税売上げを計上します。その結果，課税売上割合に大きな影響を及ぼす可能性があります。

　事業の譲受け側の消費税の取扱いも同様です。譲り受けた資産の内容により課税仕入れに該当するか否かの判定を行います[6]。

大誤算！

無対価株式交換にしていれば……。

　A社（12月決算法人）は被買収会社T社の株式の全てを，X1年7月1日に株式譲渡により10億円で取得した。

　買収後A社は，A社グループの中間持株会社であるB社を株式交換完全親法人，T社を株式交換完全子法人とする株式交換をX1年10月1日に行うことを計画し，課税関係の検討を行った。その結果，当該株式交換は適格株式交換に該当し，特に課税は生じないと結論づけられた。株式交換の対価としてB社株式を交付しても，無対価で株式交換を実行しても，いずれも適格株式交換に該当することから，B社は対価の交付を行うことを選択した。

6　仕入税額控除の適用を受ける場合は，原則として譲渡者からインボイスの交付を受けて保存する必要があります（消法30⑦）。

　その後，Ａ社のX1年12月期確定申告書の作成段階になって，消費税法上，Ａ社にＴ社株式の譲渡に伴う非課税売上げ10億円が発生していることに気づいた。その結果，非課税売上げの５％相当額である5,000万円を課税売上割合の分母に算入することになり，Ａ社の仕入税額控除の金額が大きく減少することになってしまった。

【対価を交付する株式交換】

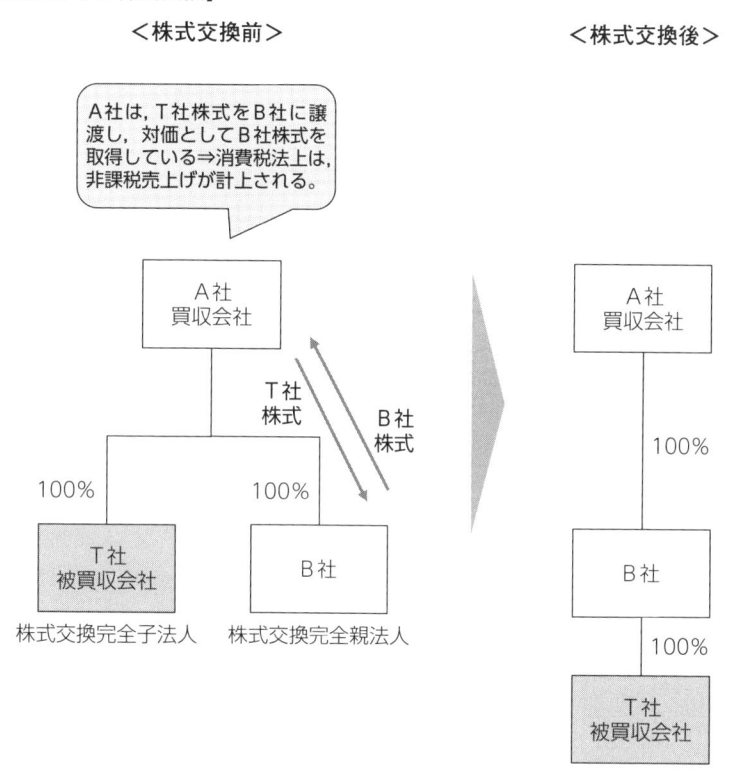

＜株式交換前＞　　　　　　　　　　　　　　　　　＜株式交換後＞

Ａ社は，Ｔ社株式をＢ社に譲渡し，対価としてＢ社株式を取得している⇒消費税法上は，非課税売上げが計上される。

Ａ社
買収会社

Ｔ社
株式

Ｂ社
株式

100%　　　　　　100%

Ｔ社
被買収会社

Ｂ社

株式交換完全子法人　　株式交換完全親法人

Ａ社
買収会社

100%

Ｂ社

100%

Ｔ社
被買収会社

解　説

　消費税法において，資産の交換は，資産の譲渡に該当することとされています（消基通５－２－１(注)）。株式交換で対価が交付された場合，株式交換完全

子法人の株主（本事例のA社）では，対価として取得したB社株式の価額が非課税売上げになり，その5％相当額を課税売上割合の分母に算入します（消令48①⑤）。

　仮に当該株式交換が無対価で実行されていた場合は，消費税法上は無償による資産の譲渡となり，A社に非課税売上げが発生することはなかったことになります。

教　訓

　対価が交付される株式交換では，株式交換完全子法人の株主に非課税売上げ（有価証券譲渡）が計上される。

◆素朴な疑問Q＆A◆

ＤＥＳが課税売上割合に与える影響

Q．100％子法人に対するＤＥＳ（デット・エクイティ・スワップ）を行うことになりました。適格現物出資に該当しますが，他に留意点はありますか。

A．消費税法上，ＤＥＳは金銭債権の譲渡に該当しますので，非課税売上げが生じることに注意が必要です。

解　説

　消費税法上，金銭以外の資産の出資は資産の譲渡等に該当します（消令2①二）。債権者が保有する債権を債務者である会社に現物出資するＤＥＳは，消費税においては金銭債権の譲渡に該当し，現物出資の対価として取得した株式の時価が非課税売上げになります（消令45②三）。課税売上割合の計算上は，その5％相当額を分母に算入します（消令48①⑤）。

(2)　会社分割後の納税義務判定と簡易課税制度適用可否判定

　基準期間における課税売上高が1,000万円を超える場合は，消費税の納税義務は免除されません（消法9①）。また，基準期間における課税売上高が5,000万円を超える場合は，簡易課税制度の適用はできません（消法37①）。

　分割法人及び分割承継法人の分割事業年度以後の事業年度における消費税の納税義務について基準期間における課税売上高で判定を行う場合，どの法人の課税売上高を使用して判定するのかに関し非常に複雑な取扱いが定められています[7]。また，簡易課税制度の適用可否判定についても，新設分割の場合に限り特別な取扱いが設けられています。

①　新設分割の場合

(a)　納税義務判定

　新設分割を行った場合の納税義務判定は，分割法人と分割承継法人とで次の図の通り異なります。

---

[7]　吸収合併を行った場合も，免税事業者であった合併法人の合併の日以後の納税義務は，被合併法人の課税売上高を加味して判定を行うこととされているなど，複雑な取扱いが定められています（消法11，消令22）。

【新設分割後の納税義務判定】

基準期間における課税売上高（1,000万円超か否か）			
分割法人	分割事業年度※	分割法人の課税売上高で判定	
	翌事業年度	分割法人の課税売上高で判定	
	翌々事業年度以後	基準期間の末日において	分割承継法人と50%超の資本関係あり	**分割法人と分割承継法人**の課税売上高の合計で判定
			分割承継法人と50%超の資本関係なし	分割法人の課税売上高で判定
分割承継法人	分割事業年度	**分割法人**の課税売上高で判定	
	翌事業年度	**分割法人**の課税売上高で判定	
	翌々事業年度以後	基準期間の末日において	分割法人と50%超の資本関係あり	**分割法人と分割承継法人**の課税売上高の合計で判定
			分割法人と50%超の資本関係なし	分割承継法人の課税売上高で判定

※分割事業年度とは，分割の日の属する事業年度をいいます。

（ⅰ）　分割承継法人

　分割承継法人の分割事業年度（＝設立事業年度）は，分割法人の2事業年度前の課税売上高[8]が1,000万円超である場合，納税義務は免除されません（消法12①）。分割事業年度の翌事業年度も分割法人の課税売上高により判定し（消法12②，消令23②），翌々事業年度以後は，基準期間の末日において分割法人と50%超の資本関係があれば，分割法人と分割承継法人の課税売上高の合計で判定を行います（消法12③，消令23③④）。

　このように，会社分割により設立された法人を買収した場合で，他の判定方法（インボイス発行事業者として登録を受けているか，基準期間がない法人で事業年度開始日における資本金の額が1,000万円以上であるか等）により課税事業者に該当しないときは，納税義務判定に分割法人の課税売上高に関する情

8　厳密には，分割承継法人の設立事業年度開始の日の2年前の日の前日から同日以後1年を経過する日までの間に終了した分割法人の各事業年度における課税売上高の合計額を，当該各事業年度の月数の合計数で除し，これに12を乗じて計算した金額をいいます（消令23①）。

報が必要になります。

(ii)　分割法人

　分割法人の分割事業年度及びその翌事業年度の納税義務判定は，自社（分割法人）の基準期間における課税売上高により判定します。分割の翌々事業年度以後は，基準期間の末日において分割承継法人と50％超の資本関係があれば，分割法人と分割承継法人の課税売上高の合計で判定を行います（消法12④，消令23⑤）。

(b)　簡易課税制度の適用可否判定

　新設分割を行った場合の簡易課税制度の適用可否判定も，新設分割を行った場合の納税義務判定と同様に判定を行います（消令55）。

【新設分割後の簡易課税制度適用可否判定】

		基準期間における課税売上高（5,000万円超か否か）		
分割法人	分割事業年度※	分割法人の課税売上高で判定		
	翌事業年度	分割法人の課税売上高で判定		
	翌々事業年度以後	基準期間の末日において	分割承継法人と**50％超の資本関係あり**	**分割法人と分割承継法人の**課税売上高の合計で判定
			分割承継法人と50％超の資本関係なし	分割法人の課税売上高で判定
分割承継法人	分割事業年度	**分割法人**の課税売上高で判定		
	翌事業年度	**分割法人**の課税売上高で判定		
	翌々事業年度以後	基準期間の末日において	分割法人と**50％超の資本関係あり**	**分割法人と分割承継法人の**課税売上高の合計で判定
			分割法人と50％超の資本関係なし	分割承継法人の課税売上高で判定

※分割事業年度とは，分割の日の属する事業年度をいいます。

②　吸収分割の場合

(a)　納税義務判定

吸収分割を行った場合の納税義務判定は，分割法人と分割承継法人とで次の図の通り異なります。

【吸収分割後の納税義務判定】

		基準期間における課税売上高（1,000万円超か否か）
分割法人		分割法人の課税売上高で判定
分割承継法人	分割事業年度	分割法人，又は，分割承継法人の課税売上高で判定※
	翌事業年度	分割法人，又は，分割承継法人の課税売上高で判定
	翌々事業年度以後	分割承継法人の課税売上高で判定

※分割法人の課税売上高により納税義務ありとなった場合は，分割の日以後の期間の課税資産の譲渡等について納税義務を負います。

(i)　分割承継法人

分割承継法人の吸収分割があった日の属する事業年度は，分割承継法人の基準期間における課税売上高が1,000万円超である場合，又は，分割法人の2事業年度前の課税売上高[9]が1,000万円超である場合，納税義務は免除されません（消法9①，12⑤，消令23⑥）。

分割法人の2事業年度前の課税売上高により納税義務ありという判定になった場合は，分割の日以後の期間の課税資産の譲渡等について納税義務を負います（消法12⑤）。分割の日前の期間の課税資産の譲渡等については納税義務を負いませんが，課税仕入れについても仕入税額控除の適用はありません（消基通11−1−8）。分割の日前の期間において生じた課税仕入れを仕入税額控除

---

[9]　厳密には，分割承継法人の吸収分割があった日の属する事業年度開始の日の2年前の日の前日から同日以後1年を経過する日までの間に終了した分割法人の各事業年度における課税売上高の合計額を，当該各事業年度の月数の合計数で除し，これに12を乗じて計算した金額をいいます（消令23⑥）。

の対象としないように注意が必要です。

　　(ⅱ)　分割法人
　　分割法人の納税義務は，自社（分割法人）の基準期間における課税売上高により判定します。分割があったことによる特殊な判定はありません。

　(b)　簡易課税制度の適用可否判定
　　吸収分割を行った場合の簡易課税制度の適用可否判定には，分割があったことによる特殊な判定はありません。分割法人，分割承継法人とも，自社の基準期間における課税売上高が5,000万円超の場合，簡易課税制度の適用はできません。

【吸収分割後の簡易課税制度適用可否判定】

基準期間における課税売上高（5,000万円超か否か）	
分割法人	分割法人の課税売上高で判定
分割承継法人	分割承継法人の課税売上高で判定

大誤算！

分割承継法人の納税義務判定と簡易課税制度適用可否判定を
混同してしまった。

　A社はT社（12月決算法人）が行うα事業を次の手法により取得した。

① 　T社はX3年2月1日に，現金出資により分割承継準備会社S社（資本金300万円，12月決算）を設立する。S社はα事業の遂行に必要な許認可の取得を行う。

② 　S社が許認可取得後のX3年7月1日に，T社を分割法人，S社を分割承継法人とする分割を行い，α事業をS社に移転する。

③ 　A社はS社の株式の全てを，分割と同日にT社から株式譲渡により取得する。

　買収後A社は，S社の消費税の納税義務の有無について検討を行った[※]。その結果，分割法人T社のX1年12月期及びX2年12月期の課税売上高が1億円であったことから，分割承継法人であるS社のX3年12月期の分割の日以後の期間，及び，X4年12月期は納税義務があるという判定になった。S社の簡易課税制度の適用可否判定も同様に考え，X3年12月期及びX4年12月期は簡易課税制度の適用はできないと判断した。

　その後，S社のX3年12月期確定申告書の作成段階になって，S社はX3年12月期及びX4年12月期において簡易課税制度の適用が可能であったことが判明した。S社の事業計画から，X4年12月期までは簡易課税制度を選択した方が明らかに有利であったが，消費税簡易課税制度選択届出書の提出期限[10]が過ぎていたため適用不可となった。

[※] S社は他の判定方法により課税事業者に該当しないことを前提とします。

10　S社がX3年12月期から簡易課税制度を適用する場合の消費税簡易課税制度選択届出書の提出期限は，X3年12月31日です。当該届出書には，X3年2月1日からX3年12月31日までの課税期間を適用開始課税期間として記載します（消法37①，消令56①一，消規17①三）。

【吸収分割承継法人と簡易課税制度】

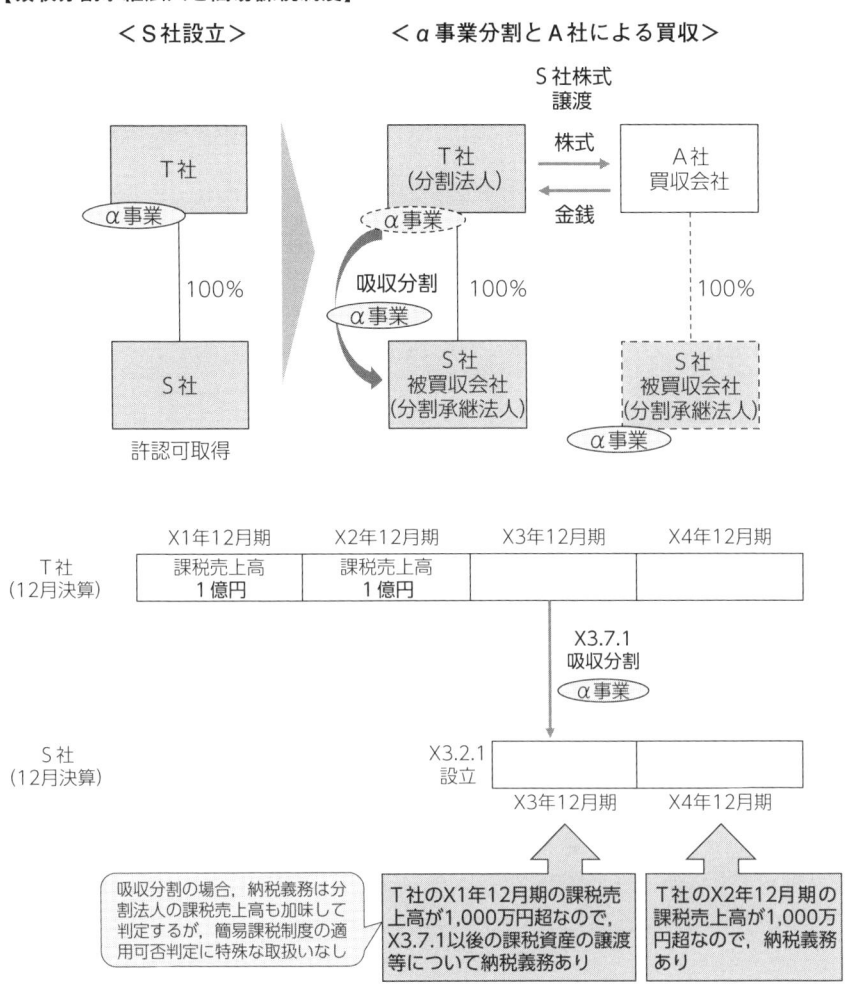

解　説

　分割承継法人の簡易課税制度の適用可否判定は，新設分割と吸収分割とで判定方法が異なります。

　新設分割の場合，分割承継法人の分割事業年度及びその翌事業年度の基準期間における課税売上高は，分割法人の課税売上高で判定します。他方，吸収分

割では特殊な取扱いはなく，分割承継法人の課税売上高で判定します。したがって，吸収分割で分割承継法人の基準期間がない課税期間（設立事業年度及び翌事業年度）は簡易課税制度の適用が可能です。課税仕入れの発生見込み等を勘案し，適用する場合には期限までに消費税簡易課税制度選択届出書を提出することが必要です。

　なお，消費税関係の届出書に限らず，法人税の青色申告の承認申請書や法人税等の申告期限の延長特例に関する申請書など，法人の設立に伴い提出すべき申請書や届出書は，誰が提出するか（買収会社側が提出するのか，被買収会社側が提出するのか）を明確にし，期限までの提出の事実を複数名で確認するなど，提出漏れが発生しないように注意を払う必要があると考えます。

> ## 教 訓
>
> 　組織再編成を行う場合に検討が必要なのは，適格判定や繰越欠損金の取扱いだけではない。消費税の取扱いも慎重に検討すべし。

巻末資料

組織再編成の手法別
適格要件

- 連続した組織再編成が見込まれている場合の判定上の留意点は,「第2章 2．適格判定 (4)連続して組織再編成を行う場合の適格判定」を参照してください。
- 無対価で組織再編成を行う場合の判定上の留意点は,「第2章 2．適格判定 大誤算！ 無対価で合併を行ったら非適格になった。」を参照してください。

1. 合　併[1]

◆適格要件◆

完全支配関係法人間	支配関係法人間	共同事業
ⅰ．対価要件 ⅱ．完全支配関係要件	ⅰ．対価要件 ⅱ．支配関係要件 ⅲ．従業者従事要件 ⅳ．事業継続要件	ⅰ．対価要件 ⅱ．事業関連性要件 ⅲ．事業規模要件又は 　　特定役員引継要件 ⅳ．従業者従事要件 ⅴ．事業継続要件 ⅵ．株式継続保有要件

(1)　完全支配関係法人間の合併[2]

	適格要件	要件の概要	
ⅰ	対価要件	合併法人株式又は合併親法人株式以外の資産が交付されないこと※	
ⅱ	完全支配関係要件	右のいずれかに該当すること	合併前に被合併法人と合併法人との間にいずれか一方の法人による完全支配関係があること
			合併前に被合併法人と合併法人との間に同一の者による完全支配関係があり，合併後に同一の者と合併法人との間に同一の者による完全支配関係が継続する見込みであること

※①合併の直前において，合併法人が被合併法人の発行済株式等（自己株式を除きます。）の総数の3分の2以上を有している場合の，被合併法人の少数株主に対する金銭等の交付，②合併に反対する株主等の買取請求に基づく対価としての金銭等の交付，③剰余金の配当等としての金銭等の交付は，対価要件に抵触しないこととされています（以下，合併において同じ。）。

1　新設合併の適格要件の記載は省略しています。
2　法法2十二の八イ，法令4の3①②。

(2)　支配関係法人間の合併[3]

	適格要件	要件の概要	
i	対価要件	合併法人株式又は合併親法人株式以外の資産が交付されないこと	
ii	支配関係要件	右のいずれかに該当すること	合併前に被合併法人と合併法人との間にいずれか一方の法人による支配関係があること
			合併前に被合併法人と合併法人との間に同一の者による支配関係があり，合併後に同一の者と合併法人との間に同一の者による支配関係が継続する見込みであること
iii	従業者従事要件	被合併法人の合併直前の従業者のおおむね80％以上の者が，合併後に合併法人の業務（合併法人との間に完全支配関係がある法人の業務を含む。）に従事する見込みであること	
iv	事業継続要件	被合併法人の合併前に行う主要な事業が，合併後に合併法人（合併法人との間に完全支配関係がある法人を含む。）において引き続き行われる見込みであること	

3　法法２十二の八ロ，法令４の３①③。

(3)　共同事業を行うための合併[4]

適格要件		要件の概要
i	対価要件	合併法人株式又は合併親法人株式以外の資産が交付されないこと
ii	事業関連性要件	被合併法人の主要な事業のうちのいずれかの事業（被合併事業）と合併法人のいずれかの事業（合併事業）に関連性があること
iii	事業規模要件 （いずれかを満たせばOK）	被合併法人と合併法人の資本金の額，被合併事業と合併事業（被合併事業と関連する事業に限る。）の売上金額，従業者の数，又はこれらに準ずるものの規模の割合が，おおむね5倍を超えないこと
	特定役員引継要件	被合併法人の特定役員（社長，副社長，代表取締役，代表執行役，専務取締役，常務取締役，これらに準ずる者で経営に従事している者）のいずれかと，合併法人の特定役員のいずれかとが，合併後に合併法人の特定役員になる見込みであること
iv	従業者従事要件	被合併法人の合併直前の従業者のおおむね80%以上の者が，合併後に合併法人の業務（合併法人との間に完全支配関係がある法人の業務を含む。）に従事する見込みであること
v	事業継続要件	被合併法人の被合併事業（合併事業と関連する事業に限る。）が，合併後も合併法人（合併法人との間に完全支配関係がある法人を含む。）において引き続き行われる見込みであること
vi	株式継続保有要件	被合併法人に支配株主がいる場合は，その支配株主が合併により交付を受ける合併法人株式等の全部を継続して保有する見込みであること※

※無対価の場合は，別途計算規定が設けられています。

4　法法2十二の八ハ，法令4の3①④。

2. 分 割[5]

◆適格要件◆

完全支配関係法人間	支配関係法人間	共同事業
ⅰ．対価要件 ⅱ．完全支配関係要件	ⅰ．対価要件 ⅱ．支配関係要件 ⅲ．主要資産負債引継要件 ⅳ．従業者従事要件 ⅴ．事業継続要件	ⅰ．対価要件 ⅱ．事業関連性要件 ⅲ．事業規模要件又は 　　特定役員引継要件 ⅳ．主要資産負債引継要件 ⅴ．従業者従事要件 ⅵ．事業継続要件 ⅶ．株式継続保有要件

(1) 分割型分割

① 完全支配関係法人間の分割型分割[6]

適格要件			要件の概要
ⅰ	対価要件		● 分割承継法人株式又は分割承継親法人株式以外の資産が交付されないこと ● 分割法人株式の保有割合に応じて，分割の対価が交付されること
ⅱ	完全支配関係要件	吸収分割	右のいずれかに該当すること
			分割前に分割法人と分割承継法人との間に分割承継法人による完全支配関係があること
			分割前に分割法人と分割承継法人との間に同一の者による完全支配関係があり，分割後に同一の者と分割承継法人との間に同一の者による完全支配関係が継続する見込みであること
		単独新設分割	分割後に分割法人と分割承継法人との間に同一の者による完全支配関係があり，同一の者と分割承継法人との間に同一の者による完全支配関係が継続する見込みであること

②　支配関係法人間の分割型分割[7]

適格要件			要件の概要
i	対価要件		● 分割承継法人株式又は分割承継親法人株式以外の資産が交付されないこと ● 分割法人株式の保有割合に応じて，分割の対価が交付されること
ii	支配関係要件	吸収分割	右のいずれかに該当すること	分割前に分割法人と分割承継法人との間に分割承継法人による支配関係があること
				分割前に分割法人と分割承継法人との間に分割法人による支配関係があり，分割後もその支配関係が継続する見込みであること
				分割前に分割法人と分割承継法人との間に同一の者による支配関係があり，分割後に同一の者と分割承継法人との間に同一の者による支配関係が継続する見込みであること
		単独新設分割		分割後に分割法人と分割承継法人との間に同一の者による支配関係があり，同一の者と分割承継法人との間に同一の者による支配関係が継続する見込みであること
iii	主要資産負債引継要件		分割により移転する事業（分割事業）に係る主要な資産・負債が分割承継法人に移転していること
iv	従業者従事要件		分割直前の分割事業の従業者のおおむね80％以上の者が，分割後に分割承継法人の業務（分割承継法人との間に完全支配関係がある法人の業務を含む。）に従事する見込みであること
v	事業継続要件		分割事業が，分割後に分割承継法人（分割承継法人との間に完全支配関係がある法人を含む。）において引き続き行われる見込みであること

5　複数新設分割の適格要件，及び，独立して事業を行うための分割型分割（スピンオフ税制）の適格要件（法法２十二の十一二，法令４の３⑨）の記載は省略しています。

6　法法２十二の十一イ，法令４の３⑤⑥。

7　法法２十二の十一ロ，法令４の３⑤⑦。

③　共同事業を行うための分割型分割[8]

適格要件			要件の概要
ⅰ	対価要件		● 分割承継法人株式又は分割承継親法人株式以外の資産が交付されないこと ● 分割法人株式の保有割合に応じて，分割の対価が交付されること
ⅱ	事業関連性要件		分割により移転する事業（分割事業）と分割承継法人のいずれかの事業（分割承継事業）に関連性があること
ⅲ	事業規模要件	いずれかを満たせばOK	分割事業と分割承継事業（分割事業と関連する事業に限る。）の売上金額，従業者の数，又はこれらに準ずるものの規模の割合が，おおむね5倍を超えないこと
	特定役員引継要件		分割法人の役員（又は常務取締役以上の役員に準ずる者で経営に従事している者）のいずれかと，分割承継法人の特定役員（社長，副社長，代表取締役，代表執行役，専務取締役，常務取締役，これらに準ずる者で経営に従事している者）のいずれかとが，分割後に分割承継法人の特定役員になる見込みであること
ⅳ	主要資産負債引継要件		分割事業に係る主要な資産・負債が分割承継法人に移転していること
ⅴ	従業者従事要件		分割直前の分割事業の従業者のおおむね80％以上の者が，分割後に分割承継法人の業務（分割承継法人との間に完全支配関係がある法人の業務を含む。）に従事する見込みであること
ⅵ	事業継続要件		分割事業（分割承継事業と関連する事業に限る。）が，分割後に分割承継法人（分割承継法人との間に完全支配関係がある法人を含む。）において引き続き行われる見込みであること
ⅶ	株式継続保有要件		分割法人に支配株主がいる場合は，その支配株主が分割により交付を受ける分割承継法人株式等の全部を継続して保有する見込みであること[※]

※無対価の場合は，別途計算規定が設けられています。

8　法法２十二の十一ハ，法令４の３⑤⑧。

(2)　分社型分割

①　完全支配関係法人間の分社型分割[9]

適格要件				要件の概要
i	対価要件			分割承継法人株式又は分割承継親法人株式以外の資産が交付されないこと
ii	完全支配関係要件	吸収分割	右のいずれかに該当すること	分割前に分割法人と分割承継法人との間にいずれか一方の法人による完全支配関係があり，分割後もその完全支配関係が継続する見込みであること
				分割前に分割法人と分割承継法人との間に同一の者による完全支配関係があり，分割後もその完全支配関係が継続する見込みであること
		単独新設分割	右のいずれかに該当すること	分割後に分割法人と分割承継法人との間に分割法人による完全支配関係があり，その完全支配関係が継続する見込みであること
				分割後に分割法人と分割承継法人との間に同一の者による完全支配関係があり，その完全支配関係が継続する見込みであること

9　法法２十二の十一イ，法令４の３⑤⑥。

② 支配関係法人間の分社型分割[10]

	適格要件	要件の概要		
i	対価要件	分割承継法人株式又は分割承継親法人株式以外の資産が交付されないこと		
ii	支配関係要件	吸収分割	右のいずれかに該当すること	分割前に分割法人と分割承継法人との間にいずれか一方の法人による支配関係があり，分割後もその支配関係が継続する見込みであること
				分割前に分割法人と分割承継法人との間に同一の者による支配関係があり，分割後もその支配関係が継続する見込みであること
		単独新設分割	右のいずれかに該当すること	分割後に分割法人と分割承継法人との間に分割法人による支配関係があり，その支配関係が継続する見込みであること
				分割後に分割法人と分割承継法人との間に同一の者による支配関係があり，その支配関係が継続する見込みであること
iii	主要資産負債引継要件	分割により移転する事業（分割事業）に係る主要な資産・負債が分割承継法人に移転していること		
iv	従業者従事要件	分割直前の分割事業の従業者のおおむね80％以上の者が，分割後に分割承継法人の業務（分割承継法人との間に完全支配関係がある法人の業務を含む。）に従事する見込みであること		
v	事業継続要件	分割事業が，分割後に分割承継法人（分割承継法人との間に完全支配関係がある法人を含む。）において引き続き行われる見込みであること		

10　法法2十二の十一ロ，法令4の3⑤⑦。

③　共同事業を行うための分社型分割[11]

適格要件		要件の概要
i	対価要件	分割承継法人株式又は分割承継親法人株式以外の資産が交付されないこと
ii	事業関連性要件	分割により移転する事業（分割事業）と分割承継法人のいずれかの事業（分割承継事業）に関連性があること
iii	事業規模要件（いずれかを満たせば○K）	分割事業と分割承継事業（分割事業と関連する事業に限る。）の売上金額，従業者の数，又はこれらに準ずるものの規模の割合が，おおむね5倍を超えないこと
	特定役員引継要件（いずれかを満たせば○K）	分割法人の役員（又は常務取締役以上の役員に準ずる者で経営に従事している者）のいずれかと，分割承継法人の特定役員（社長，副社長，代表取締役，代表執行役，専務取締役，常務取締役，これらに準ずる者で経営に従事している者）のいずれかとが，分割後に分割承継法人の特定役員になる見込みであること
iv	主要資産負債引継要件	分割事業に係る主要な資産・負債が分割承継法人に移転していること
v	従業者従事要件	分割直前の分割事業の従業者のおおむね80％以上の者が，分割後に分割承継法人の業務（分割承継法人との間に完全支配関係がある法人の業務を含む。）に従事する見込みであること
vi	事業継続要件	分割事業（分割承継事業と関連する事業に限る。）が，分割後に分割承継法人（分割承継法人との間に完全支配関係がある法人を含む。）において引き続き行われる見込みであること
vii	株式継続保有要件	分割法人が分割により交付を受ける分割承継法人株式等の全部を継続して保有する見込みであること※

※無対価の場合は，別途計算規定が設けられています。

11　法法2十二の十一ハ，法令4の3⑤⑧。

3. 現物出資[12]

◆適格要件◆[13]

完全支配関係法人間	支配関係法人間	共同事業
ⅰ．対価要件 ⅱ．完全支配関係要件	ⅰ．対価要件 ⅱ．支配関係要件 ⅲ．主要資産負債引継要件 ⅳ．従業者従事要件 ⅴ．事業継続要件	ⅰ．対価要件 ⅱ．事業関連性要件 ⅲ．事業規模要件又は 　　特定役員引継要件 ⅳ．主要資産負債引継要件 ⅴ．従業者従事要件 ⅵ．事業継続要件 ⅶ．株式継続保有要件

(1) 完全支配関係法人間の現物出資[14]

	適格要件			要件の概要
ⅰ	対価要件	被現物出資法人の株式のみが交付されること		
ⅱ	完全支配関係要件	既存法人への現物出資	右のいずれかに該当すること	現物出資前に現物出資法人と被現物出資法人との間にいずれか一方の法人による完全支配関係があり，現物出資後もその完全支配関係が継続する見込みであること
				現物出資前に現物出資法人と被現物出資法人との間に同一の者による完全支配関係があり，現物出資後もその完全支配関係が継続する見込みであること
		単独新設現物出資	右のいずれかに該当すること	現物出資後に現物出資法人と被現物出資法人との間に現物出資法人による完全支配関係があり，その完全支配関係が継続する見込みであること
				現物出資後に現物出資法人と被現物出資法人との間に同一の者による完全支配関係があり，その完全支配関係が継続する見込みであること

４．現物分配[15]

◆適格要件◆

完全支配関係法人間	支配関係法人間	共同事業
ⅰ．完全支配関係要件	該当なし	該当なし

	適格要件	要件の概要
ⅰ	完全支配関係要件	内国法人を現物分配法人とする現物分配のうち，現物分配により資産の移転を受ける者が，現物分配の直前において，その内国法人との間に完全支配関係がある内国法人のみであること

12　複数新設現物出資の適格要件の記載は省略しています。

13　支配関係法人間の現物出資，及び，共同事業を行うための現物出資の適格要件は，事業を現物出資することが前提となっています。実務上，事業の現物出資が行われることは稀であるため，本書では完全支配関係法人間の現物出資の適格要件のみ記載しています。

14　法法２十二の十四イ，法令４の３⑬。国境をまたぐ現物出資は原則として適格現物出資に該当しませんが，外国法人に発行済株式等の25％以上を有する外国法人株式を現物出資する場合は，他の要件を満たせば適格現物出資に該当します（法法２十二の十四，法令４の３⑩～⑫）。

15　法法２十二の十五。

5. 株式交換

◆適格要件◆

完全支配関係法人間	支配関係法人間	共同事業
ⅰ．対価要件 ⅱ．完全支配関係要件	ⅰ．対価要件 ⅱ．支配関係要件 ⅲ．従業者従事要件 ⅳ．事業継続要件	ⅰ．対価要件 ⅱ．事業関連性要件 ⅲ．事業規模要件又は 　　特定役員引継要件 ⅳ．従業者従事要件 ⅴ．事業継続要件 ⅵ．株式継続保有要件 ⅶ．完全支配関係継続要件

(1) 完全支配関係法人間の株式交換[16]

	適格要件	要件の概要	
ⅰ	対価要件	株式交換完全親法人株式又は株式交換完全支配親法人株式以外の資産が交付されないこと※	
ⅱ	完全支配関係要件	右のいずれかに該当すること	株式交換前に株式交換完全子法人と株式交換完全親法人との間に株式交換完全親法人による完全支配関係があり，株式交換後もその完全支配関係が継続する見込みであること
			株式交換前に，株式交換完全子法人と株式交換完全親法人との間に同一の者による完全支配関係があり，株式交換後に，同一の者と株式交換完全親法人及び株式交換完全子法人との間に同一の者による完全支配関係が継続する見込みであること

※①株式交換の直前において，株式交換完全親法人が株式交換完全子法人の発行済株式（自己株式を除きます。）の総数の3分の2以上を有している場合の，株式交換完全子法人の少数株主に対する金銭等の交付，②株式交換に反対する株主等の買取請求に基づく対価としての金銭等の交付，③剰余金の配当としての金銭等の交付等は，対価要件に抵触しないこととされています（以下，株式交換において同じ。）。

---

16 法法2十二の十七イ，法令4の3⑰⑱。

(2)　支配関係法人間の株式交換[17]

	適格要件	要件の概要	
i	対価要件	株式交換完全親法人株式又は株式交換完全支配親法人株式以外の資産が交付されないこと	
ii	支配関係要件	右のいずれかに該当すること	株式交換前に株式交換完全子法人と株式交換完全親法人との間にいずれか一方の法人による支配関係があり，株式交換後もその支配関係が継続する見込みであること
			株式交換前に，株式交換完全子法人と株式交換完全親法人との間に同一の者による支配関係があり，株式交換後に，同一の者と株式交換完全親法人及び株式交換完全子法人との間に同一の者による支配関係が継続する見込みであること
iii	従業者従事要件	株式交換完全子法人の株式交換直前の従業者のおおむね80％以上の者が，株式交換完全子法人の業務（株式交換完全子法人との間に完全支配関係がある法人の業務を含む。）に引き続き従事する見込みであること	
iv	事業継続要件	株式交換完全子法人の株式交換前に行う主要な事業が，株式交換完全子法人（株式交換完全子法人との間に完全支配関係がある法人を含む。）において引き続き行われる見込みであること	

(3)　共同事業を行うための株式交換[18]

適格要件		要件の概要
i	対価要件	株式交換完全親法人株式又は株式交換完全支配親法人株式以外の資産が交付されないこと
ii	事業関連性要件	株式交換完全子法人の主要な事業のうちのいずれかの事業（子法人事業）と株式交換完全親法人のいずれかの事業（親法人事業）に関連性があること
iii	事業規模要件 いずれかを満たせばOK	子法人事業と親法人事業（子法人事業と関連する事業に限る。）の売上金額，従業者の数，又はこれらに準ずるものの規模の割合が，おおむね５倍を超えないこと
	特定役員引継要件	株式交換完全子法人の特定役員（社長，副社長，代表取締役，代表執行役，専務取締役，常務取締役，これらに準ずる者で経営に従事している者）の全てが，株式交換に伴って退任するものでないこと
iv	従業者従事要件	株式交換完全子法人の株式交換直前の従業者のおおむね80％以上の者が，株式交換完全子法人の業務（株式交換完全子法人との間に完全支配関係がある法人の業務を含む。）に引き続き従事する見込みであること
v	事業継続要件	子法人事業（親法人事業と関連する事業に限る。）が，株式交換完全子法人（株式交換完全子法人との間に完全支配関係がある法人を含む。）において引き続き行われる見込みであること
vi	株式継続保有要件	株式交換完全子法人に支配株主がいる場合は，その支配株主が株式交換により交付を受ける株式交換完全親法人株式等の全部を継続して保有する見込みであること※
vii	完全支配関係継続要件	株式交換後に，株式交換完全親法人と株式交換完全子法人との間に，株式交換完全親法人による完全支配関係が継続する見込みであること

※無対価の場合は，別途計算規定が設けられています。

18　法法２十二の十七ハ，法令４の３⑰⑳。

6. 株式移転

◆適格要件◆

完全支配関係法人間	支配関係法人間	共同事業
ⅰ. 対価要件 ⅱ. 完全支配関係要件	ⅰ. 対価要件 ⅱ. 支配関係要件 ⅲ. 従業者従事要件 ⅳ. 事業継続要件	ⅰ. 対価要件 ⅱ. 事業関連性要件 ⅲ. 事業規模要件又は 　　特定役員引継要件 ⅳ. 従業者従事要件 ⅴ. 事業継続要件 ⅵ. 株式継続保有要件 ⅶ. 完全支配関係継続要件

(1) 完全支配関係法人間の株式移転[19]

適格要件		要件の概要
ⅰ	対価要件	株式移転完全親法人株式以外の資産が交付されないこと
ⅱ	完全支配関係要件	**共同株式移転**　株式移転前に，株式移転完全子法人と他の株式移転完全子法人との間に同一の者による完全支配関係があり，株式移転後に，同一の者と株式移転完全親法人・株式移転完全子法人・他の株式移転完全子法人との間に同一の者による完全支配関係が継続する見込みであること
		単独株式移転　株式移転後に，株式移転完全親法人と株式移転完全子法人との間に株式移転完全親法人による完全支配関係が継続する見込みであること

19　法法２十二の十八イ，法令４の３㉑㉒。

(2)　支配関係法人間の株式移転[20]

	適格要件	要件の概要	
i	対価要件	株式移転完全親法人株式以外の資産が交付されないこと	
ii	支配関係要件	右のいずれかに該当すること	株式移転前に，株式移転完全子法人と他の株式移転完全子法人との間にいずれか一方の法人による支配関係があり，株式移転後に，株式移転完全親法人と株式移転完全子法人及び他の株式移転完全子法人との間に株式移転完全親法人による支配関係が継続する見込みであること
			株式移転前に，株式移転完全子法人と他の株式移転完全子法人との間に同一の者による支配関係があり，株式移転後に，同一の者と株式移転完全親法人・株式移転完全子法人・他の株式移転完全子法人との間に同一の者による支配関係が継続する見込みであること
iii	従業者従事要件	各株式移転完全子法人の株式移転直前の従業者のおおむね80%以上の者が，株式移転完全子法人の業務（株式移転完全子法人との間に完全支配関係がある法人の業務を含む。）に引き続き従事する見込みであること	
iv	事業継続要件	各株式移転完全子法人の株式移転前に行う主要な事業が，株式移転完全子法人（株式移転完全子法人との間に完全支配関係がある法人を含む。）において引き続き行われる見込みであること	

20　法法２十二の十八ロ，法令４の３㉓。

(3)　共同事業を行うための株式移転[21]

	適格要件		要件の概要
i	対価要件		株式移転完全親法人株式以外の資産が交付されないこと
ii	事業関連性要件		株式移転完全子法人の主要な事業のうちのいずれかの事業（子法人事業）と他の株式移転完全子法人のいずれかの事業（他の子法人事業）に関連性があること
iii	事業規模要件	いずれかを満たせば○K	子法人事業と他の子法人事業（子法人事業と関連する事業に限る。）の売上金額，従業者の数，又はこれらに準ずるものの規模の割合が，おおむね５倍を超えないこと
	特定役員引継要件		各株式移転完全子法人それぞれの特定役員（社長，副社長，代表取締役，代表執行役，専務取締役，常務取締役，これらに準ずる者で経営に従事している者）の全てが，株式移転に伴って退任するものでないこと
iv	従業者従事要件		各株式移転完全子法人の株式移転直前の従業者のおおむね80％以上の者が，それぞれ各株式移転完全子法人の業務（各株式移転完全子法人との間に完全支配関係がある法人の業務を含む。）に引き続き従事する見込みであること
v	事業継続要件		子法人事業と他の子法人事業（相互に関連する事業に限る。）が，各株式移転完全子法人（各株式移転完全子法人との間に完全支配関係がある法人を含む。）において引き続き行われる見込みであること
vi	株式継続保有要件		株式移転完全子法人に支配株主がいる場合は，その支配株主が株式移転により交付を受ける株式移転完全親法人株式の全部を継続して保有する見込みであること
vii	完全支配関係継続要件		株式移転後に，株式移転完全子法人と他の株式移転完全子法人との間に，株式移転完全親法人による完全支配関係が継続する見込みであること

21　法法２十二の十八ハ，法令４の3㉔。

【著者略歴】

佐々木　みちよ (ささき　みちよ)

税理士　佐々木みちよ税理士事務所所長
早稲田大学大学院法学研究科修了。組織再編税制やグループ通算制度を中心とした企業税務に関するアドバイザリー業務に従事するほか，税務専門誌への寄稿，税理士及び事業会社経理・税務担当者に対するセミナー講師を行う。
著書に，『論点整理で見落としを防ぐ　組織再編の税務リスク発見ガイド〔第2版〕』（共著・中央経済社），『成功する合併　適格判定・繰越欠損金と税務調査対策のポイント』（共著・税務研究会出版局）等がある。

齋藤　洋祐 (さいとう　ようすけ)

税理士　あいわ税理士法人　シニアマネージャー
2016年あいわ税理士法人入所。中小企業から上場企業まで幅広い企業に対して組織再編成に関する各種アドバイザリー業務を中心に行うほか，2022年より，あいわ税理士法人の組織再編室長を務める。クライアントに対するサービス提供だけでなく，所内の組織再編成業務全般に係る品質管理にも重点を置いている。

あいわ税理士法人

2002年11月，藍和共同事務所を母体として設立された税理士法人。多くの公認会計士・税理士を擁し，会計・税務コンサルティングをはじめ，株式公開支援，事業承継・相続コンサルティングやM&Aアドバイザリーサービス，組織再編・グループ通算制度の支援サービスなどを提供している。また，各種セミナーの開催，専門誌への情報提供なども積極的に行っている。
代表社員　杉山　康弘
〒108-0075　東京都港区港南二丁目5番3号　オリックス品川ビル4F
TEL　03-5715-3316　　FAX　03-5715-3318
URL　https://www.aiwa-tax.or.jp/　　E-mail　info@aiwa-tax.or.jp